■ 本论丛是重庆大学"双一流"学科重点建设项目"新闻传播学一级
学科水平提升计划"研究成果，由项目经费资助出版。

新闻传播研究论丛

沟通与善治：网络时代的媒体与政策传播

曾润喜 著

重庆大学出版社

图书在版编目（CIP）数据

沟通与善治：网络时代的媒体与政策传播 / 曾润喜
著. -- 重庆：重庆大学出版社，2023.8
（新闻传播研究论丛）
ISBN 978-7-5689-3945-4

Ⅰ.①沟… Ⅱ.①曾… Ⅲ.①互联网络—传播媒介—
研究—中国 Ⅳ.①G219.2

中国国家版本馆CIP数据核字（2023）第096882号

沟通与善治：网络时代的媒体与政策传播
GOUTONG YU SHANZHI：WANGLUO SHIDAI DE MEITI YU ZHENGCE CHUANBO

曾润喜　著
策划编辑：唐启秀　陈筱萌
责任编辑：姜　凤　　　版式设计：唐启秀
责任校对：关德强　　　责任印制：赵　晟
＊
重庆大学出版社出版发行
出版人：陈晓阳
社址：重庆市沙坪坝区大学城西路21号
邮编：401331
电话：（023）88617190　88617185（中小学）
传真：（023）88617186　88617166
网址：http：//www.cqup.com.cn
邮箱：fxk@cqup.com.cn（营销中心）
全国新华书店经销
重庆市国丰印务有限责任公司印刷
＊
开本：720mm×1020mm　1/16　印张：13.25　字数：225千
2023年8月第1版　　2023年8月第1次印刷
ISBN 978-7-5689-3945-4　定价：78.00元

总序（一）

马胜荣 [1]

重庆大学新闻学院推出一套新闻传播研究丛书，书稿涉及的内容比较广泛，有独到的视角和理论思考，是学院中青年教授在不同时间段的研究成果。

重庆大学文科教育有着近 100 年的历史，1929 年建校之初设立了文学院。新闻教育起步于 20 世纪末期，1998 年成立人文艺术学院，开设了广播电视新闻学专业。2007 年，学校组建文学与新闻传媒学院。2012 年，学校调整学科布局，更名为重庆大学新闻学院。此后，学院不断引进人才，教学和科研不断加速，成果显著。目前，新闻学院已经拥有新闻传播学一级学科硕士授权点、新闻与传播硕士专业学位点，新闻传播学一级学科博士点，形成了本—硕—博完整的新闻传播人才培养体系。

这套研究丛书成稿的时间跨度由各位作者跟踪各自所研究问题的时间不同而定，有的是多年来相关论文的选集，有的侧重传播史的研究，如书稿作者在前言或后记中所言，所著文字都是他们紧密结合不断变化的新闻传播实际进行的理论探讨与思考，或是自己对所关注领域的新闻传播史的研究。书稿所涉及的问题涵盖新闻传播研究的这些方面，迫切需要不断和深入地探讨、思考和追踪研究。我以为，新闻传播研究对现有一些观点或者权威论断进行阐述和解释是有必要的，但更重要的是要发现新闻传播中的现实问题，分析和研究这些问题存在的环境和内在逻辑，提出新的思路和看法，以推进问题研究的深化和相关理论的提升，或是进一步研究新闻传播史上的一些重要问题，提出新的见解。

新闻传播学是实践性很强的学科。我认为，在新闻传播研究的过程中，坚持历史的观点和实践的观点是同样重要的。恩格斯在《路德维希·费尔巴哈和德国古典哲学的终结》这本具有典型代表性的马克思主义哲学著作中批评了历史领域中的"非历史的观点"。他指出，这种观点"不能把世界理解为一种过程，理解

1　马胜荣：第十一届全国政协委员、新华社原副社长兼常务副总编辑。

为一种处在不断的历史发展中的物质"。他写道："在这里，反对中世纪残余的斗争限制了人们的视野。中世纪被看作是由于千百年来普遍野蛮状态所引起的历史的简单中断；中世纪的巨大进步……欧洲文化领域的扩大，在那里一个挨着一个形成的富有生命力的大民族，以及 14 和 15 世纪的巨大技术进步，这一切都没有被人看到。这样一来，对伟大历史联系的合理看法就不可能产生，而历史至多不过是一部可供哲学家使用的例证和插图的汇集罢了。"[1] 恩格斯的这个观点对新闻传播研究有重要的启示意义。

实践的观点同样重要。新闻传播研究无疑需要深刻的理论思考，但这种理论思考应当建立在考察和研究实践问题的基础之上，应当而且必须同新闻实践紧密地联系起来。著名新闻传播学教授方汉奇先生 1999 年讲过："21 世纪是一个高度信息化的时代，是信息经济和知识经济占主导地位的时代。信息经济和知识经济有两大支柱，一是以高新科技为代表的传播技术产业，二是从事新闻和信息产品生产的媒体产业。新闻传播学作为将这两大领域有机联结的桥梁，在今后的国家建设和社会发展中必将发挥越来越重要的作用。"方汉奇先生当年的提醒是准确和重要的。进入 21 世纪后，随着传播技术的不断革新，新闻传播的环境发生了极其深刻的变化，新闻传播的形态、模式、渠道、受众等与传统媒体为主的时代极其不同，人工智能和算法等新技术给新闻传播领域带来的变化是颠覆性的。在这种传播环境中，越来越多的新闻学者认识到，新闻传播研究要更加关注新闻实践中遇到或者已经存在多年的问题，不断针对具体问题深入进行研究和理论思考。

关注和重视当代新闻传播实践是这套丛书的特点。八位教授的书稿涵盖面比较广，突出体现了他们关注实践的问题意识以及在研究方法和理论思路上独有的视角，反映了他们研究所关注问题的进程与轨迹。董天策长期从事新闻理论的教学、研究和新闻教育管理工作，是很有成就的中年学者，现任重庆大学新闻学院院长。他的书稿《提要探微：新闻传播理论纵横》选编了过去四分之一世纪中所发表论文中的 28 篇文章。他对在这一时期"有幸参与其中"的"新闻传播研究波澜壮阔、高歌猛进"岁月深深怀念，这些文章"算是汇集了个人在新闻传播学

1　恩格斯.路德维希·费尔巴哈和德国古典哲学的终结［M］中共中央马克思恩格斯列宁斯大林著作编译局，译.北京：人民出版社，1988：23.

术河流中的几朵浪花"。郭小安的《反思与重构：新时代舆论学研究的知识转型》、刘海明的《混沌与秩序：新闻伦理探微》、张小强的《颠覆与创新：新媒体生态及其治理》、曾润喜的《沟通与善治：网络时代的媒体与政策传播》等书稿紧密联系新闻传播实际，"眼睛始终没有离开业界的前沿问题"，时刻注意"去瞄准一个随时移动的靶子"，关注"没有得到足够重视"的有关领域，从实际问题入手进行深入的理论思考，提出了一些解决问题的思路与理论框架。龙伟的《历史的褶皱：近代中国的媒介与社会》、齐辉的《反击侵略：抗战时期的报界动员与新闻救国》、张瑾的《开放与嬗变：文献记录中的重庆形象》资料丰富、考证严谨，侧重从研究新闻传播史的视角，阐述他们各自研究领域的相关观点。张瑾、龙伟和齐辉三位教授历史学的造诣相当深厚，对各自领域的研究对象进行过多年的跟踪研究，成果比较突出，张瑾教授的一些研究在海外也产生了影响。无论是研究视角还是理论思考，他们的研究都有助于拓宽新闻传播史研究的视野。

我以为，新闻教育中教学与研究是相互支撑的两个方面，两者互为作用、相互完善，推动新闻教育的整体发展。教学主要是对学生的培养，为新闻媒体和其他有类似业务的机构输送人才。研究应该是对新闻传播领域各个方面的规律性研究和相关的理论研究，为新闻传播理论作出贡献。教师的出色科学研究无疑会推动教学工作，使学生能够在学习的过程中更直接分享教师的研究成果，从而推动教学。同样，出色的教学也会给研究注入动力。在丛书的书稿中，有一些研究是有学生参与的，能力比较强的学生肯定可以更多地贡献自己的智慧。丛书的这八位教授是学生十分欢迎和尊敬的老师，同时他们的科研成就也非常突出，在教学和科研两个方面都为学院作出了贡献。

我相信，随着重庆大学新闻学院的不断发展，学院的教师们一定会有更多的新闻传播研究著作问世，继续为推动新闻传播教育和研究而努力。

是为序。

马胜荣

2022 年 10 月 8 日于北京

总序（二）|

董天策

2019 年，对重庆大学新闻学院来说，是个具有重要意义的时间节点。这一年，经校内外专家评审与重庆大学学位委员会审议，新闻传播学成为重庆大学自主审核通过的首个一级学科博士点；这一年，"新闻传播学一级学科水平提升计划"获得学校支持，列入重庆大学"双一流"学科重点建设项目。

从 1999 年招收广播电视新闻学本科生，历经 20 年发展，重庆大学建成了新闻传播学本—硕—博的完整人才培养体系，学科专业水平不断提升。2019 年、2021 年，新闻学、广播电视学两个本科专业先后获批教育部国家级一流本科专业建设点。2020 年，重大新闻传播学团队获批重庆市高校协同创新研究团队。同年，新闻传播学在软科排名中进入全国高校同类学科前 20%。2021 年，软科首次发布专业排名，两个本科专业均在全国高校同类专业前 20 位以内。

面对这样的发展态势，在推进"新闻传播学一级学科水平提升计划"的过程中，我提议出版一套新闻传播学研究丛书，让新闻学院的教授们在建院 15 周年之际来个集体亮相。经过一两年筹划与准备，"新闻传播研究论丛"终于完成了八本书稿的编撰，交付重庆大学出版社出版。

重庆大学是中央直管、教育部直属的全国重点大学，国家"211 工程"和"985 工程"重点建设的高水平研究型综合性大学，国家"世界一流大学建设高校（A 类）"。20 世纪 40 年代，重庆大学就发展成为拥有文、理、工、商、法、医 6 个学院的国立综合性大学。1952 年全国院系调整，重庆大学成为以工科为主的多科性大学。改革开放以来，学校大力发展人文社科类学科专业，逐步发展成为研究型综合性大学。

1998 年，重庆大学成立人文艺术学院，开设广播电视新闻学专业。1999 年，成立广播电视新闻系，招收广播电视新闻专业本科生。2004 年，获批新闻学、传播学、广播电视艺术学三个二级学科硕士学位授权点；2006 年，获批新闻传播学一级学科硕士授权点，新闻学成为重庆市拟建设重点学科。

为了促进新闻传播学科专业的建设与发展，学校 2007 年组建文学与新闻传媒学院，聘任第十一届全国政协委员、新华社原副社长兼常务副总编辑马胜荣为院长。文学与新闻传媒学院在马院长的率领下稳健发展。学院成立当年，即与学校宣传部共建舆情信息研究所（中宣部直报点）。2010 年，获批新闻与传播硕士专业学位点。2011 年，学院与中国人民大学新闻与社会发展研究中心共建新闻传播与区域发展研究院。2012 年，学校调整学科布局，将中文系划出，文学与新闻传媒学院更名为新闻学院。

正是在这个时候，学校物色我来主持新闻学院院务。这是我从未想过的。在学校领导的感召之下，我接受了邀请，深为能够服务于家乡的顶级大学而备感荣幸。当年，林建华校长曾提出一个问题：重大新闻学院能否不办博士教育而专注于硕士教育尤其是专业硕士教育，办出特色，像美国哥伦比亚大学那样？个人以为这是一个富有创意的构想，但考虑到国情，我不得不坦率回答：恐怕不行。在中国，一个学科专业没有博士点，大家就觉得水平不够。重大新闻学院还是要努力创建新闻传播学博士点。

就任院长后不久，重大人文社科学部负责人要我做一个比较完善的学科专业规划，我未能圆满完成任务，因为当时的师资队伍还不足以支撑一个理想的学科专业规划。我只好说：不急，"草鞋没样，边打边像"。幸好重大有个"百人计划"人才招聘项目，我能够陆续引进几位具有学术发展潜力的"百人计划"青年学者，同时努力招聘国内外的优秀博士，在三四年内逐渐组织起具有学术研究能力的基本科研与教学队伍。

2015 年，新闻学院成功申报教育部、财政部高等学校"专业综合改革试点"项目"新闻学—卓越计划"，启动卓越新闻传播人才培养；新闻学专业获批重庆市特色专业。2016 年，新闻学院成为中国记协确定的中国新闻奖试点报送 18 家新闻院所之一。2017 年，新闻传播学入选重庆市重点学科，新闻传播与影视艺术专业群（与电影学院联合申报）获批重庆市特色学科专业群，新闻传播与区域发展研究院更名为新闻传播与社会发展研究院，获批校级研究平台，后再更名为数字媒体与传播研究院。学院的发展受到学界关注，被誉为国内高校十所"最具成长力的新闻学院"之一。

成长，是后起学院的主题，甚至是后起学院长期的主题。重大新闻学院2013年确立了"入主流，有特色，成品牌"的办学思路，2019年提出了"好学求真，力行至善"的院训，期待学院成长，期待教师成长，期待学生成长。令人欣慰的是，这些年来，重大新闻学院一直在成长，教师和学生也一直在成长。"新闻传播研究论丛"系列著作，就是重大新闻学院教师学术成长的部分记录，也是重大新闻传播学者参与中国新闻传播学术研究的个人见证。

对重庆大学这样的高校来说，建成新闻传播学一级学科博士点，新闻传播学进入软科学科排名前20%，只不过是真正的学科起步，未来的发展道路还很漫长。我相信，重大新闻学院的专任教师，包括"新闻传播研究论丛"的各位作者，一定会奉献更多更好的学术力作。

在此，特别感谢创院院长马胜荣先生。2007年，马老从新华社副社长兼常务副总编辑的领导岗位退下来，千里迢迢来到重庆大学创办文学与新闻传媒学院。2012年，为了支持我顺利开展工作，马老主动让我走上前台，改任名誉院长。即使按规定结束在重庆大学的所有工作之后，马老仍然一如既往，始终关心、支持、爱护重大新闻学院。请允许我代表新闻学院师生道一声：尊敬的马院长，感谢您为重大新闻学院所做的一切，我们向您致敬！

董天策

2022 年 10 月 8 日 于重庆

目　录

网络舆情的信息
传播与治理

网络时代的政策议程设置

政策议程互动过程中的公民网络参与及合作解

一、引言

信息技术推动了组织及社会结构的网络化，这为公民在网络空间中表达个体价值提供了现代性场域。公民通过网络参与获知真相或增进政策议题合法性并非现实公域分化后的偶然行为[1]。相对于纯粹的网络行为或线下行为，网络与现实交织型参与行为对政策议程有着更为显著的影响[2]。因而，不同于曝光监督、情绪泄愤或道德反思，公民抗争有着更为理性的价值表达，往往能够通过议题建构影响政策议程[3]。并且，基于制度内参与的非正式对抗逐渐成为主流，如"依法对抗""以理对抗""弱者身份"等[4]，这些行为虽临界制度外参与，但并未超出制度内界限，其主要意图是引起政府的注意和回应，将相关社会问题上升到政府视野或转化为政策议程。从影响趋势看，被动回应和高回应是未来政府应对公民网络参与行为的主要策略选择[5]。可以说，我国的议程设置过程包含"公民参与"与"政府回应"两个方面[6]，体现了公民在"价值被表达"与"行为失范"方面的话语分歧与行为冲突。

在传播学中，研究注意力主要集中在媒介议程与公众议程之间的关系，而较少将政策议程纳入考察视野。议程设置理论最早可追溯到李普曼提出的"人们对世界的认知很大程度上源于媒体设置的议题"和拉斯韦尔提出的"媒体、公众和政策制定者同时关注某些议题所形成的依存关系"。1972年，McCombs和Shaw提出议程设置理论，将媒介—公众议程的关系称为议程设置。20世纪80年代中

1　约翰·托马斯.公共决策中的公民参与［M］.北京：中国人民大学出版社，2010：49.

2　李丁，张华静，刘怡君.公众对环境保护的网络参与研究：以PX项目的网络舆论演化为例［J］.中国行政管理，2015（1）：68-72.

3　高恩新.互联网公共事件的议题建构与共意动员：以几起网络公共事件为例［J］.公共管理学报，2009，6（4）：96-104.

4　韩志明.利益表达.资源动员与议程设置：对于"闹大"现象的描述性分析［J］.公共管理学报，2012，9（2）：52-66.

5　翁士洪.参与-回应模型：网络参与下政府决策回应的一个分析模型：以公共工程项目为例［J］.公共行政评论，2014，7（5）：109-130.

6　孙柏瑛.我国公民有序参与：语境、分歧与共识［J］.中国人民大学学报，2009，23（1）：65-71.

期至 90 年代，议程设置被理解为三种议程间的互动过程：媒介议程、公共议程和政策议程，议程设置过程是不同议题的倡导者为获取媒体、公众和政策制定者的关注而不断展开的竞争与合作。显然，将议程设置过程理解为"政府—媒介—公众"三者间的互动关系更适合新场域议程设置的问题研究。在传统媒介环境下，议程设置是单向封闭的内创或动员过程，政府单向支配媒介锁定议题，通过让公众接受媒介议程间接寻求政策议题合法化。而在互联网环境下，来自政府架构之外"自下而上"的议程设置情形明显增多[1]，公众、媒介与政策议程之间正演进为一种交互关系[2]。

　　同人与人的关系一样，组织之间的关系本质上也是基于合作的自利性与互利性的统一[3]。面对日益增加的网络参与行为，当前我国的议程设置亟待解决的问题不是能否扼杀这类集体行动或社会运动，而是寻求一种政府与媒体如何和公民对话与共治的合理制度安排。作为现代政治的重要表征，公民网络参与是在现代网络公域诞生后出现的具有"网络交互"话语转向特征的政治参与行为，即公民或组织有能力运用网络媒介直接或间接影响政策制定以达成个体的理性价值目标。由于网络中信息多向传播的特征，网络赋予了公民或组织前所未有的话语权和知情权，突破了政府与公民之间信息不对称的常态，从而使得网络参与逐渐成为当代政治生活中不可或缺的组成部分，促使政府治理由"单一中心治理"向"多中心治理"模式转变。但是，公众通过网络参与政策议程设置不仅仅是分化权力与话语，也是分担社会责任。政府与公众应当基于民主协商发挥集体效用，构建一种回应性网络社会治理模式[4]，而网络治理与服务回应理念也要求公共政策强调议程设置主体间的良性互动和互利互补的合作[5]。

　　而按照张康之等学者的观点，社会的再度脱域化使得物理空间距离不再成为获取政策问题建构权的障碍，人们必须通过沟通与合作的途径有序行使这种权

1　王绍光.中国公共政策议程设置的模式［J］.中国社会科学，2006（5）：86-99.

2　陈姣娥，王国华.网络时代政策议程设置机制研究［J］.中国行政管理，2013（1）：28-33.

3　黄少安，张苏.人类的合作及其演进研究［J］.中国社会科学，2013（7）：77-89.

4　汪伟全.风险放大、集体行动和政策博弈：环境类群体事件暴力抗争的演化路径研究［J］.公共管理学报，2015，12（1）：127-136.

5　鄞益奋.网络治理：公共管理的新框架［J］.公共管理学报，2007，4（1）：89-96.

利[1]。当然，个体理性与集体理性并非总是一致的，人们有能力偏离集体价值。相对于传统的公民参与形式，网络参与具有影响甚至改变政策议程设置中利益聚合与分配格局的优势，同时也因个体理性与集体理性的冲突对政策议程设置构成了潜在风险。因此，合作是复杂的，合作也需要在实践中不断探索和进化。那么，在多元主体互动的议程设置环境中，政府回应与公众参与间的议程互动合作价值实质是什么，以及存在什么困境？更重要的是，决策者该如何纾解网络参与的强外压力，以及如何在集权弱化的互动环境中达成合作解？这已成为议程设置互动过程中前瞻且紧迫的研究问题。

二、政策议程互动过程中公民参与的价值与困境

议程互动的落脚点是政策议程，即设置议程的最终目的是影响政府政策的走向。媒介、公众和决策者是网络时代议程设置中相互关联的三个具有多元利益的主体，分别扮演议程参与主体、议程参议主体和议程决策主体的角色。在建构话语的交往活动中，议程设置中权力、信息及责任的流向格局已经发生逆转，公众或组织有能力运用网络媒介直接或间接影响政策议题建构，公民至此拥有了新载体，能够程序性参与公共领域的塑造。

（一）主体重构与过程优化：议程互动中公民网络参与的价值

1. 重构议程设置主体关系

信息资源分配转移。传统的议程设置主体关系结构是一种控制信息流动的支配关系，决策者与利益集团基本控制了信息的生产、处理与传播，而公众则"因初始位置较差且远离网络桥梁"成为信息的被动接受者[2]。伴随媒介议程中的信源扩张，网络参与的虚拟性、多元性、平等性与互动性等特点所衍生出来的信息资源的可扩展性、信息供需的平等性与信息样态的多样性使得公众、智囊团与决策者都成了信息供给与信息需求的复合体，促成传统议程设置主体支配关系的解体与议程设置主体间的信息资源依赖关系的重构。

议程设置权力转移。议程设置权力来源的知识化提高了引导、劝服和协调的知识权力（相对于暴力、财富等强制性权力）的相对地位，继而合法化了议程参

—————————————

1 张康之，向玉琼.网络空间中的政策问题建构［J］.中国社会科学，2015（2）：123-138.

2 林南.社会资本：关于社会结构与行动的理论［M］.张磊，译.上海：上海人民出版社，2005.

与主体的独立性与自主性。知识权力强化了议程设置过程中信息生产与流动的控制权及对博弈规则的支配权，而"知识产生高质量的权力"也以承认主体间的依赖关系和权力向非决策主体的理性回归为代价。同时，公众的价值表达可以在网络的任何节点自由嵌入，从而促使议程决策主体更加强调决策结构由垂直式向交互式发展。此外，社会问题近乎无限制地离散于各个彼此关联的网络节点，从而决定了决策主体权力向非决策主体权力的分散与决策主体权力自身的分散化，实现议程设置主体关系从控制型向分权型转变。

2. 优化议程设置过程结构

议题合理性的改进。当前，政策议程设置的合理性问题的关键是"专业理性和价值参与的双重缺位"[1]，即经常处于被单向支配状态的公众价值偏好难以表达而智囊团与决策者的专业知识又无法被程序化地运用到议程设置过程中。网络空间的议程合作能够从形式合理性与实质合理性两方面争取议题的程序正义。形式合理性主要体现在政策议程设置的程序化，实质合理性即强调议题价值的公共性[2]。一方面，从技术网络到组织网络的网络复合打破了封闭的信息源流，公众—媒介角色位置被重置，决策者不得不考虑将其价值偏好与公众价值偏好进行整合。另一方面，公众的价值偏好与智囊团的专业知识通过网络媒介的实质性融合影响决策主体，从而构建了一种以制衡议程决策主体为主的权力制约体系。

议题回应性的增强。公众价值偏好在多大程度上能够最终被认定为政策议题引申出了议题回应性问题。网络参与议程设置，实现了媒介议程和公众议程超时空性的交叉推进，在增加价值偏好不确定性与多元导向需求高强度关联的同时也实现了公众议题显要性的转移。议题价值从国家战略层面到注重公共服务的转变与从注重决策者偏好到公众价值偏好的转变对政策议题回应形成了正效应。同时，网络参与议程设置，能够缩减议题周期，促使议题定向地集聚与扩散，从而自下而上推动政府的有效回应。

（二）困局迁移与议题偏向：议程互动过程中公众网络参与的困境

政策议程设置是对各种议题的动态选择，而且主要表现为公民与政府间的政

1　王锡锌，章永乐.专家、大众与知识的运用：行政规则制定过程的一个分析框架[J].中国社会科学，2003（3）：113-127.

2　李建华.公共政策程序正义及其价值[J].中国社会科学，2009（1）：64-69.

策博弈，最终使社会冲突得以解决[1]。因此，议程互动中公民网络参与的价值实现程度，也会在组织、行为及议题三方面受到"权力流—利益流—信息流"的条件约束。

1.传统参与困局的网络迁移

议程决策主体的利益悖论。在政策议程设置主体的多元利益博弈中，任何利他投资都是基于"隐藏的利益（hidden benefit）"，这种隐藏利益沉淀在"持续性合作"中[2]。既存的传统官僚等级制政府模式不是为网络空间设计的，决策者或体制内核心政策共同体也可能在网络空间的议程互动中偏离公共价值，比如寻租与腐败。因此，政策议题追求"模糊共识"或"不决策"的困境会蔓延迁移到网络空间中。

议程参与主体的主体性缺失。一方面，话语权让渡的直接后果就是媒介公信力与决策者公信力不断丧失。公信力问题与人们在网络空间的缺场有关。议程互动的主体是在一种互信资本缺失的环境中进行合作。一些领导干部仍然对公众参与的效果持怀疑及恐惧态度，认为公民只是基于"闹大"逻辑的乌合之众。同时，公众也认为传媒与政府是操控议题，阻碍其价值表达的罪魁祸首。另一方面，网络参与议程设置过程的程序形式化。我国的政策议程设置多从政治权威主导模式出发，如若仅强调议题效率而忽视议程设置程序的民主性，公众容易被排斥在议程设置之外。

理性议程参与主体的非理性行为。历史上所形成的对权威服从的心理积淀，使公众在短时间内很难形成独立人格，很难认识到自己在公共资源分配过程中的权利与地位。在网络参与的政治环境下，集体行动与社会运动将成为一种常态，政策议题产出的负外部性将更为显著，容易造成"搭便车"的参与悲剧：旁观议程设置的参与过程，以零成本获得等比例的福利改进。

2.网络信息集权引致议题泡沫

媒介议程中的网络信息集权。相对于公民，媒介在议题建构中属于享有较高信息资源位置的主体。随着媒介在网络空间中的延伸，其结构性优势将得到进一

1 汪伟全.风险放大、集体行动和政策博弈：环境类群体事件暴力抗争的演化路径研究［J］.公共管理学报，2015，12（1）：127-136.
2 罗伯特·阿克塞尔罗德.合作的进化［M］.吴坚忠，译.上海：上海人民出版社，2007.

步扩展。公众往往会对优势意见采取从众反应，非公共价值偏好越来越具有代表性，而真实公共价值却呈螺旋式地沉默下去。议程设置中的自利主体一旦掌握了媒介议程的信息支配权，就可能通过媒介形成意见气候诱导公众，将携带自私基因的问题提上政策议程，形成议题偏向。

公众议程中的网络信息集权。网络生态环境的开放性和复杂性决定了议题的复杂性，缺乏专业知识的公众容易对复杂的议题信息造成曲解。部分代表了公众价值的议题得不到公众认同而被排除公众议程。网络社群中的强势群体往往会掌握对意见气候的支配权，比如城市和经济发达地区或者受过高等教育的网民是网络民意表达的主流[1]，而公众的价值偏好极有可能被公众内部这少部分强势群体所代表。

议程决策主体的网络信息专制。网络参与在分散议程决策主体权力的同时，也集中和强化了议程决策主体的权力。网络打破了信息垄断，但是社会中大部分信息仍然是由社会位置具有结构性优势的决策主体单向掌握，议题信息资源封闭，造成决策者与公众之间的政策信息不对称和渠道不畅。网络的信息专制不过是重复了传统议程决策主体对传媒控制的套路，公众可能会成为绝对的信息受者。公众价值偏好在网络媒介中被有限制地表达甚至根本无法表达，导致政策议题更多表达了体制内政策共同体的利益偏好。

三、政策议程互动过程中的合作模式有可能出现吗？

在虚拟社会与现实社会交叉的网络空间中，公共话语正在渐变的"瓦解"中逐步实现"觉醒"。公民通过网络空间的议题建构影响政策，本质上属于"弱政治"行为[2]。如果能够找到公民参与与政府回应的合作解，就有可能在避免政治失序或秩序动荡的情况下，为政府纾解外在压力并有效回应公民网络参与提供可能性途径。那么，议程设置合作模式有可能在网络空间中出现吗？这是研究合作解首先需要解释的问题。

（一）网络参与介入政策议程设置过程的扩展模型

本文在扬弃金登的多源流分析框架与科布等提出的议程类型等理论解释的基

1　钟智锦，曾繁旭.十年来网络事件的趋势研究：诱因、表现与结局［J］.新闻与传播研究，2014，21（4）：53-65.

2　张康之，向玉琼.网络空间中的政策问题建构［J］.中国社会科学，2015（2）：123-138.

础上引入网络媒介，构建了网络参与介入政策议程设置过程的扩展模型（图1）。在这个模型中，政府外参与的主体结构是一个包含了新闻记者、专家学者、意见领袖、NGO、当地居民、农民、工人、网友调查团等的网络体系。政策议题均源于社会现实问题，通过话语集结、辩论形成意见气候，继续扩散议题，或通过公众议程构建体制议题影响政策议程设置，或直接为政策议程所关注构建制度议题，影响政策议程设置，更多则是媒介议程、公众议程及政策议程的交互扩展，形成了一个从以焦点事件为主要特征的社会问题到政策议题形成的非线性政策系统全过程。

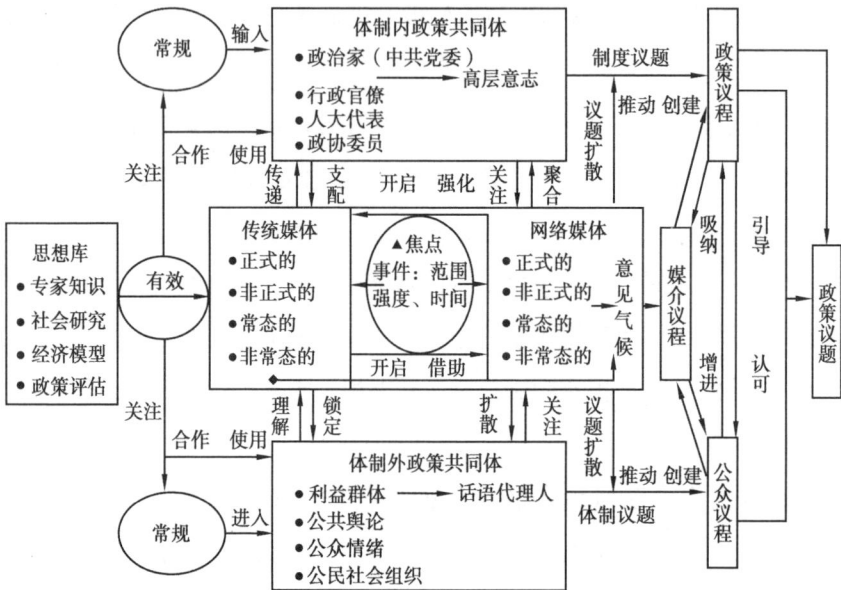

图1　网络媒介介入政策议程设置过程的扩展模型

　　在网络参与介入议程设置过程的扩展模型中，公众议程、媒介议程与政策议程构成了一种相互制约、相互促动的议程设置状态。议程设置主体的社会位置结构性差异形成了利益链中的体制内政策共同体与体制外政策共同体，政策议题的源问题也因危机扩散程度与方向的异质性决定了其被提上政策议程的可能性与渠道[1]。政策议题的源问题可以根据体制内政策共同体在议程建立中所起的不同作用分为体制内政策共同体提出的社会问题与体制外政策共同体提出的社

1　拉雷・格斯顿.公共政策的制定：程序和原理［M］.朱子文，译.重庆：重庆出版社，2001：25.

会问题；根据源问题的扩散程度可以分为常规性社会问题与焦点事件；根据焦点事件源问题的扩散方向又可以分为直接扩散为体制内政策共同体所关注的制度议题和扩散为公众所关注并间接影响政策议程的体制议题。传统的体制内政策共同体与媒体把关人支配信息的格局被打破，公众价值偏好通过网络媒介与传统媒介的互动得以扩散，体制内与体制外政策共同体间的关系得以重构，以焦点事件为源问题进入政策议程为主要特征的设置模式演绎出了议程设置正逐渐改变政府传统的封闭决策过程并形成了公众议程、媒介议程和政策议程的互动合作议程设置状态的趋势。

（二）政策议程互动过程中"参与—回应"策略矩阵

可以看出，在议程主体多元性、多元利益异质性和政策议题公共性的网络参与中，议程设置主体是一种基于资源依赖与分权化的合作关系。王绍光曾依据"议程提出者的身份与民众参与的程度"区分出六种政策议程设置的模式（表1），认为当今中国六种公共政策议程设置模式依然并存[1]。随着专家、媒介、利益相关群体及公众影响力增强，动员模式与关门模式的日渐式微，上书模式因其先天性缺陷而表现不佳，内参模式因具备工具理性又接近权力中心会持续成为设置常态，同时"外压和借力"模式因高参与的可能性空间拓展与高回应的不可回避而表现出强大活力。有研究也曾通过"体制—过程"模型揭示了当代中国政策议程创建正经历从政治权威主导、经济理性引导到多元主体互动的模式嬗变[2]。

表1　中国公共政策议程设置模式

		议程提出者		
		决策者	智囊团	民间
民众参与程度	低	Ⅰ 关门模式	Ⅲ 内参模式	Ⅴ 上书模式
	高	Ⅱ 动员模式	Ⅳ 借力模式	Ⅵ 外压模式

议程提出者的身份及其提出议程的行为能在一定程度上体现政策议题的回应程度。实际上，参与程度和回应程度既是研究议程设置模式的两个维度，也是公

1　王绍光.中国公共政策议程设置的模式［J］.中国社会科学，2006（5）：86-99.
2　刘伟，黄健荣.当代中国政策议程创建模式嬗变分析［J］.公共管理学报，2008，5（3）：30-40.

众与政府的策略选择行为，本质上是人们在议程互动过程中通过分配议题建构权继而影响他者的策略性行动。如果以公众参与与政府回应的关键行为为分界标志，被动回应又可以分为被动消极回应和被动高回应，且被动高回应和高回应之间往往没有明确的界线，在同一案例中前期为被动消极回应，中期为被动高回应，到了后期则聚化为高回应态势，如"厦门（2007 年）、茂名（2014 年）PX 项目"等。因此，议程设置中的参与和回应不仅仅是议程设置主体的主动行为，相对于传统对参与和回应的类型划分，如果引入高参与与高回应的被动概念，将更能显示出议程设置过程中主体策略选择从程度到性质的变化。议程设置主体间的被动状态主要理解为政策议题偏离公众价值偏好的被动高参与状态和政策议题偏离政府价值偏好的被动高回应状态。

基于上述分析，本文从公众参与程度和政府回应程度两个维度并适度糅合"王绍光模式"，构建了简化的议程互动过程中的"参与—回应"策略矩阵（图 2），旨在借助策略矩阵的重复博弈与合作进化的宏观发展视域来考察议程设置模式中的合作解是否有可能在合作并不占优的议程设置环境中出现。基于上述矩阵构建方法，简化后可以归纳出由 9 种策略组合而成的"参与—回应"策略矩阵，依次对应 5 类共 9 种议程设置模式。

第一类：绝对集权型，是一种（低参与—低回应）的集体稳定策略。此类模式的特征是绝对集权，政治统治无处不在，完全没有公民价值偏好的空间，在现代民主社会已基本消失。

第二类：议程决策主体主导型[1]。此类模式的特征是政府最高决策层的单向主导，即政府单方面集权并且垄断信息，极少考虑公众需求就确定议题。在议程决策主导型模式中，动员模式因缺乏执行资源会充分考虑公众价值、最大限度争取公众支持；而关门模式可以认为是绝对集权模式渐进演变后的最初状态，差别在于关门模式中的决策主体相对而言会更主动关注议题的公众价值。

第三类：议程参与主体主导型。此类模式强调议程变化的动力主要来自体制内政策共同体之外的公众，拥有一定的参与资源与渠道，源问题主要来自焦点事

1　翁士洪.参与 - 回应模型：网络参与下政府决策回应的一个分析模型——以公共工程项目为例［J］.公共行政评论，2014，7（5）：109-130.

件，更注重对决策者形成强压，可形成弱外压与强外压两种强压扩散效果。弱外压是公众价值偏好与政府价值偏好完全异质导致决策者选择低回应策略的结果，强外压则是价值存在一定同质性且公众舆论压力巨大驱迫决策者倾向于选择被动高回应。

第四类：议程参议主体提出型。这种由议程参议主体提出议题直接或间接获取公众支持并最终由政府主导的模式是议程决策主体主导型模式的延伸与变异。议程参议主体一般是智囊团或公共知识权威，智囊团既来自社会又接近权力核心的特殊身份决定了智囊团在行动上具有选择体制内政策共同体价值偏好的优先性，而相对决策者又代表了更多的公众价值偏好。公共知识权威因其远离权力核心且议题更倾向与决策者价值偏好相冲突，导致了议题很难被决策主体重视。

第五类：合作互动型，是一种具有帕累托优势的（高参与—高回应）合作策略。此种模式是理想模式，特点是公众参与程度高，而且政府回应程度也很高，表现出高度的多中心互动合作。在此模式中，以合作与网络为中心，既强调公众参与渠道的创新也强调公众价值偏好的优先性，公众有制度化的正式参与机制，政府决策者也有完备的议题信息反馈机制。

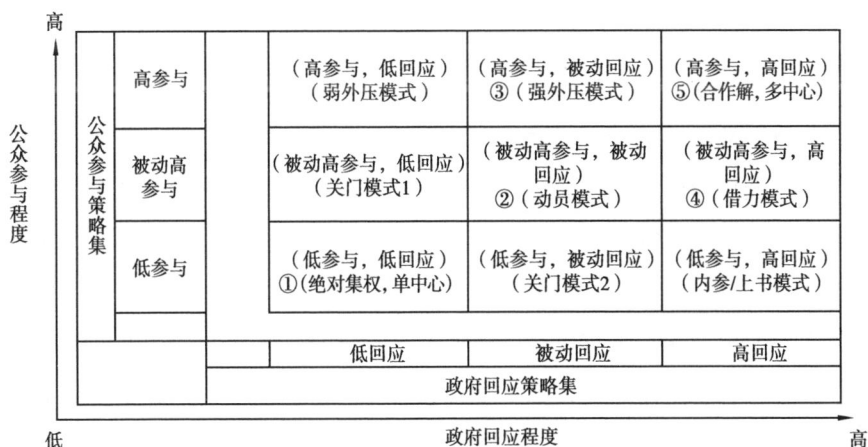

公众参与策略集		低回应	被动回应	高回应
	高参与	（高参与，低回应）（弱外压模式）	（高参与，被动回应）③（强外压模式）	（高参与，高回应）⑤（合作解，多中心）
	被动高参与	（被动高参与，低回应）（关门模式1）	（被动高参与，被动回应）②（动员模式）	（被动高参与，高回应）④（借力模式）
	低参与	（低参与，低回应）①（绝对集权，单中心）	（低参与，被动回应）（关门模式2）	（低参与，高回应）（内参/上书模式）
		低回应	被动回应	高回应
		政府回应策略集		

图 2　政策议程设置中网络参与的策略矩阵

综观之，策略矩阵演示出了从（低参与—低回应）一极，经由议程决策主体主导分散到议程参与主体主导与议程参议主体提出进而向（高参与—高回应）一极演进的趋势。虽然几种模式或策略间存在一定的交互作用，但被议程参与主体所代表的高参与策略与议程参议主体所代表的高回应策略所驱迫的议程决策主导策略已然是一种对体制内外共同体都不利的劣策略。从宏观发展视域看，议程设置过程正经历从决策主体单向主导到决策、参与、参议多元互动合作的逻辑变迁，预示绝对集权的解体与合作解出现的可能。

四、政策议程互动过程中合作解的析出条件

合作解，起初是一个博弈均衡概念，即每个参与者从集体理性出发能够最大化合作收益的（合作—合作）占优均衡解[1]。然而，每个人既有合作特性，也有竞争特性。现实中的博弈结果经常是与合作解相悖的非合作解，如（背叛—背叛）。如前所述，低参与—低回应的议程互动占优均衡就曾长期处于集体稳定的状态。事实上，公众与政府的博弈动机是一致的，都希望能掌控议题建构权，从而影响社会价值的权威性分配。然而，议程设置模式的历史演进趋势证明：议题建构的源问题已经超越了时间与空间的限制，议题建构权不再单方面掌握在任何一方手中，任何单方面的议题建构都不具备合法性。"低参与—低回应"的绝对集权型议程设置模式在现代民主社会近乎完全消失，并进化为更高级模式，显然有其内在机理。也就是说，合作困境之所以经常在现实中被破解，是因为现实中存在种种约束机制。因此，弄清了从"低参与—低回应"到"高参与—高回应"的析出条件，就有可能推动现实从非合作解逐步演化到合作解。

人与人之间的社会依存性决定了合作既是一种交往手段，也是目的[2]。显然，基于共同利益的理性自觉是促成合作的基础之一，持久的合作还需要客观保障机制。按照合作进化理论，在社会的公共领域，即使存在根本性的利益对抗，而以相互回报合作作为宗旨的小群体之间一旦有交往的可能，"合作甚至可以在没有集权的自利世界中产生"[3]。问题在于，在议程设置过程中，是否存在以相互回报合作为宗旨的小群体？最有可能从哪里产生？同时，基于利益的回报如何显性化，又是通过什么机制促使更多的个体选择合作，特别是在集权弱化的网络空间环境中？

1　黄少安，张苏. 人类的合作及其演进研究［J］. 中国社会科学，2013（7）：77-89.

2　张康之. 论合作［J］. 南京大学学报（哲学·人文科学·社会科学），2007，44（5）：114-125.

3　RIOLO R L, COHEN M D, AXELROD R. Evolution of cooperation without reciprocity［J］. Nature, 2001, 414（6862）：441-443.

（一）小群体的出现：一种象征符号

合作型小群体的出现是合作行为能够初始成活的关键。不论人性善恶，人们有边界的思维都只能在持续试错的理性演化中渐进达成否定性的正当行为。由此看，合作型小群体的出现可以认为是"偶然性行为"或"试错学习"的结果。这等于说，合作策略的出现只是静态中的暂时"优胜"而非永久的正当存在，即今日的"合作"也可能是明日的"非合作"。比如，我国议程设置的动员模式相对于关门模式是合作的，而相对外压模式则可能是非合作的。

合作型小群体的出现，是由集体行动内在的结构性缺陷决定的。其一，集体行动的社会依存性因素。斯梅尔塞曾将集体行为理解为"在重新规定社会行为的信念基础上产生的社会动员"[1]。集体行动经常被认为可以产生集体利益，而且是对某一共同影响或刺激产生的反应行为。集体行动能够发生，本质上需要个体间的平等沟通与合作，即使可能只是短暂的。其二，集体行动的破坏性因素。"总是背叛"策略总是集体稳定的，在这个群体里没有人会回报任何合作行为[2]。然而，合作还是大量出现在非合作占优的世界中，主要是因为集体行动本身带有破坏性。永久的背叛只会带来永久的报复，集体行动既可能产生合作形式，也可以作为一种打破（背叛—背叛）均衡的破坏性临时手段。

当然，合作型小群体必须要成为一种象征符号，才有可能吸纳更多的非合作个体选择合作。体制外合作型小群体的形成或出于利益群体和公共知识权威的同质利益诉求，或出于情绪抗争等动机。学者发现，在当前社会转型期的利益冲突中，"闹大"已经成为公民抗争的重要逻辑[3]。这证明了上述观点，当公民认为政府总是选择低回应时，集体行动就成为公民打破非合作均衡的破坏性临时手段。相对于正式途径，"闹大"更易为政府所关注并针对公众设置的议程提出解决方案，公民甚至还会有"额外回报"。因此，最初选择一起合作来集体"闹大"的合作型小群体就成为一种象征符号。值得注意的是，"闹大抗争"并非一贯不变的合作逻辑，毕竟"闹大抗争"的代价太高。人们已经发现，采取非对抗性的

1　SMELSE N J. Theory of Collective Behavior［M］. New York: Free Press, 1963：43.

2　罗伯特·阿克塞尔罗德. 合作的进化［M］. 吴坚忠，译. 上海：上海人民出版社，2007.

3　韩志明. 利益表达、资源动员与议程设置：对于"闹大"现象的描述性分析［J］. 公共管理学报，2012，9（2）：52-66.

抵制一样可使他们面临的问题公共化，从而获得行动合法性，比如农民选择不被"拿走（剥夺）"的机会来参与、抵制和守护农村土地[1]。

合作型小群体不只出现在公民之间，也存在于政府之中。体制内合作型小群体的形成或出于政治家的改革雄心，或出于智囊团与民意代表的话语权与自身价值的实现，或出于行政官僚要求权力横向结构扁平化的需要等互动动机。以环境治理为例，传统的地方政府行为存在一个搭制度便车的逻辑，既不需要对当地政府的公信力买单，也不需要对当地生态环境的破坏负责。但是，总是有政府选择投入大量政策资源治理地方环境问题，可能出于官员的晋升激励，也可能是精英人物的集体推动。比如，在PX项目系列网络公共事件的治理中，厦门、大连、宁波与茂名等市政府回应的程度各不一样。同一事件中同一政府在不同时段回应公民参与的方式也存在明显差异。

（二）合作型小群体的生存环境

合作型小群体成为一种象征符号很大程度上受到生存环境的约束。信息技术的发展将现实领域分割并扩展成了虚拟与现实相交织的网络空间，为政策议程互动提供了新的开放性场域。议题在公众、政府及媒介间的互动传播实际上等同于一种去中心化的陌生人之间的传播学习。不仅议程互动主体间的身份标识被清除，议题建构也可以在人们彼此缺场的环境下实现超越地域性的建构。吉登斯将这种脱离了时间定序与地域性的社会关系现象称为"脱域"[2]。事实上，并非只有新技术和新空间支持合作型小群体的网络化发展。政府服务型理念与官僚制的原初设计也存在冲突，因此政府也希望通过吸纳媒介议程和公众议程改进社会治理模式。政府管理者一直也在积极引导网络参与，打造互利互惠的合作关系。相对于政府，媒介议程本身也存在扩大议题合法性影响力的需要，同时传统媒介与新媒介之间的融合本身即可被认为是一种媒介合作模式。

在议程互动过程中，合作型小群体如果要成为一种象征性符号，就必须通过接触对其他个体产生影响。显然，议程互动主体在网络空间中将接触得更加频繁，合作型群体的议题建构与共意动员价值更有可能传播到非合作群体中。而且，网

1　折晓叶.合作与非对抗性抵制：弱者的"韧武器"［J］.社会学研究，2008，23（3）：1-28.

2　安东尼·吉登斯.现代性的后果［M］.田禾，译.南京：译林出版社，2011：18.

络空间的分权化、社会化与市场化为合作型小群体的发展提供了更富弹性的容错机制。合作型小群体之所以能够在合作不占优的环境中成长起来，很重要的就是新环境提供了一种较旧环境更为开放的包容性机制。传统环境中被认为非理性、非正式的参与行为，在新场域下被制度化为正式行为的可能性大大增加。

（三）合作解的内在结构

合作解的析出不仅与生存环境有关，也是由其内在结构决定的。（低参与—低回应）等策略之所以逐渐消失，很重要的原因在于合作型小群体所采用的策略极可能是温和且可预知的。

在议程互动过程中，政府回应是针对公民参与程度采取的后发性策略行动。在大部分情况下，公民不会直接选择借助媒介建构议题，更不必说诉诸暴力抗争。相对于低参与，公民往往愿意采取被动参与表达个体利益诉求。可以认为，这种策略是温和的，即不会首先选择不合作，这可以帮助合作型小群体避免一些麻烦。虽然，公民参与议程互动的策略有时也颇具报复性，但当政府粗暴干预或强制关闭政策议程时，公民就可能通过"曝光""闹大""理性抗争"甚至大规模群体性事件报复政府的低回应策略。当然，这种报复并非无休止的，这就保证了重新恢复合作的可能性。只要政府回应诉求或给出了合理的解决方案，公民依然愿意与政府进行理性沟通，避免冲突。另外，合作型小群体基于合作得到的回报很容易被有识别能力的群体所感知。他们即使暂时无法识别，也能够通过持续的试错学习扩散合作的影响。

总之，合作型小群体本身会基于网络空间环境增加与其他群体持续交往的机会，将合作的策略与回报传播扩散出去。其他群体一旦与合作型小群体相遇，就能够保证自己成为一种象征符号，减少被识别出来的可能性。而一旦被识别出来，就要保证基于合作的回报是稳定且可信的。换言之，合作型小群体最有可能首先在同质性互动中产生，继而通过异质性互动获取不合作占优环境的资源并成功侵入，从而使得合作解成功析出。

五、政策议程互动合作解的稳定进化机制

在议程设置过程中，（低参与—低回应）策略总是风险占优的，且是集体稳定策略。不论公众参与程度多大，政府回应的最优策略都是低回应，而不论政府回应策略如何，公众选择低参与的收益总是最优的，这种与公众价值和政府的本质追求都相悖的非理性构成了议程设置中的两难困境。因此，合作解析出后的策略角色转换又导致出现了另一个问题：合作解能否稳定进化，即合作解能否抵御不合作策略的侵入？不可逆转的历史事实已证明，（低参与—低回应）风险占优策略是不稳定的（图3）。本文拟从增加未来关系的重要性、改变收益值以及提升识别合作策略高占优回报的意识与能力四个方面考察议程互动的合作解可能的稳定进化机制。

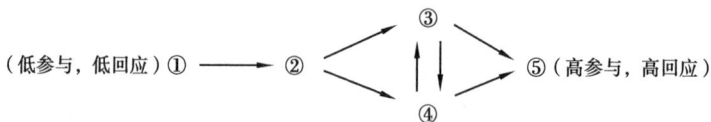

（低参与，低回应）①　——→　②　→　③　→　⑤（高参与，高回应）
　　　　　　　　　　　　　　　　④

图 3　合作解析出的不可逆转性演变进程

（一）增加未来关系的重要性

长期的相互关系对合作的稳定性十分重要。或者说，人们会因为彼此之间存在持续的相互关系而合作。因此，在政府、媒介与公众的议程互动过程中，应当通过制度化（参与—回应）和自由配对增加三者未来关系的重要性。

首先，最直接促进合作的方法是从公民高参与和政府高回应两方面实现制度化。制度化本身即是对公民与政府关系的结构化。从公民高参与来看，有序的公民网络参与本身需要使用新媒介表达与抗争。目前，公众议程经常以"抗争"为核心，通过争取媒介资源和集群力量，倒逼政府决策者将公众提出的议题置于清单的显要位置。因此，公民应当在高参与的行为中，减少"抗争"的成分，理性利用互联网结合线下行为"反强制"，将非正式抗争融入正式参与中以获取行动合法性。同时，网络问政是公众议程进入政策议程的制度化路径，公民应当积极地运用网络问政平台参与行政事务的讨论和表达自身权利，通过网络媒介与政府合作。从政府高回应来看，压制式管理无非就是要单方面粗暴切断与公众的关系，一次性消费公众对政府的信任。政府应当构建回应性治理机制，从"决定—宣布—辩护"模式走向"参与—协商—共识"模式。

其次，增加人与问题、人与人的自由配对频度及成功率。人们在对议题重要性进行排序的过程中，存在差异和分歧是正常的，关键是要增强参与主体在公民参与中的接触与交往，建立人们自由配对的参与协商机制[1]。互联网本身就是调和政治精英、中间组织与公众关系的信息资源，而其传播的公众价值更是有话语象征的关键信息。因此，媒介应当是真正的象征符号。一方面营造集权弱化的网络空间自由配对所需要的信任环境；另一方面通过自我的扩展延伸，在服务政府与服务公民间寻求一种平衡。

（二）改变收益值

网络参与介入议程设置过程，通过增大对未来关系的影响促进合作关系的持续性，并引入冲突协调机制推动"元规范"[2]的形成。网络参与破坏了体制内政策共同体对信息的支配地位，体制内外形成了一种信息资源依赖关系，这种关系紧密地将体制内政策共同体内部与外部联系在一起。而且，政策共同体中的个体或小群体的社会位置流动受到了网络的即时监控，议程设置主体间相互作用的历史被跟踪。这增大了对议程设置主体间未来关系的影响，在议程设置过程中主体间的策略选择将不得不更多考虑现在行为的未来收益值。

收益或回报是合作产生的主要动机之一。为了保证个体追求自身利益最大化的时候不偏离集体利益，就需要对其实施正负两面激励。那么，最直接也最有效的方式即改变收益值。只要使双方长期合作的激励大于对其背叛的短期激励即可。

从政府回应的角度来看，需要构建"回应—问责"机制。特别是在回应公民网络参与的过程中，政府是否在话语集结阶段有序引导舆情；在达成议题共识前，政府是否进行了多元主体间的风险沟通；在出现线上线下抗争时，政府是否及时客观地与公众实现事件真实信息共享；在式微阶段，政府是否采纳了公众设置的议题，或者是否为议题安排了合理的解决方案。各个环节，都可以实施精准化的问责，从而保证政府官员能够高度回应公民参与。

从公众参与的角度来看，应该增加合作的回报，加大对不合作的惩罚[3]。通过体制内外的多次重复博弈，融合后的合作型小群体的占优回报会逐步从隐性状

1　孙柏瑛.我国公民有序参与：语境、分歧与共识［J］.中国人民大学学报，2009，23（1）：65-71.

2　罗伯特·阿克塞尔罗德.合作的复杂性：基于参与者竞争与合作的模型［M］.梁捷，高笑梅，等，译.上海：上海人民出版社，2008.

3　张国庆.论理性主义公共政策分析的局限性［J］.北京大学学报（哲学社会科学版），1997（4）：66-75，159.

态扩散为显性状态，最终选择不合作的大范围群体将逐渐被吸纳或同化，使得合作型小群体成功侵入不占优的非合作政策共同体。

网络参与介入议程设置过程的一个突出作用即引入了冲突协调机制即元规范，这种机制更多情况下可能是非正式的。对合作与背叛都要给予回报是合作解得以析出的基本回报准则，背叛只是非合作中的一种形式。元规范不仅强调对背叛的回报，更强调对非合作中的另一种形式（背叛与合作之间的第三种状态）的回报，即惩罚那些没有成范围被规范的群体。正是基于关系的持续性影响与元规范的协调约束，不合作策略很难再侵入合作策略，合作策略就会不可逆转地演进为集体稳定策略。

（三）提升识别能力与回报意识

从过去接触的历史中识别对方并记忆这些接触的特征，对维持长久的合作是必要的。通过提升识别能力和回报意识，有助于合作解的稳定进化。

其一，政府应当在横向行动线方面更强调公共价值。传统官僚制的原初设计与现有社会组织的网络结构存在诸多冲突，政府如果不能识别网络参与的规模、边界与形态、互动频次及持久性等就难以做到高回应。因此，政府需要构建跨部门、跨层级、跨区域信息共享与公开服务的供给侧"小前端＋大后台"，特别是推动智慧门户网站、政府信息服务供给事项清单及流程、"一号一窗一网"的协同建设。这将有助于政府组织在内部形成一种基于海量数据识别体系的协商学习机制，促进并激励不合作决策者识别并被吸纳进合作性决策者群体中，从强调效率与成本转向关注公共价值和政策回应程序。

其二，网络身份唯一认证及个人征信。这种认证既改变了收益值，更重要的是能够让个体过去的合作记录显性化。通过观察个人征信历史信息，识别和预测其可能的行为倾向。如果议程互动主体间有欺骗他者却不被惩罚的个体，那么每一个个体都不会有足够的激励维持和履行合作协议。互联网的匿名性为这种欺骗行为提供了很大程度的保护，所以政府对议程设置主体的网络行为应当有足够的追溯力。因此，对不当行为的负激励必须可操控，同时每一个负激励实施行为也应当被利益相关者广泛认可。网络身份唯一认证是一种追溯与甄别机制，这种自然个体的现实身份再信度化有助于甄别出无差异结点的异常值。这样网络空间才能构建起可信任的场域，话语也才有了符号意义与交互价值。

媒介议题、公众议题与政策议题的转变及关系

一、引言

政策议程是离公共政策形成最近的议程设置。由于政策制定的过程同时也是资源分配的过程，因而政策决策者认为重要并进行讨论的政策议题对相对应的社会问题的解决起着决定性作用。在政策议程设置的过程中，因为议题设置主体的不同，同样的议题可能会有着截然相反的命运，比如，以媒体或公众为主体设置的议题，可能会因为得不到政府的重视无疾而终。因而，公众和媒体经常就自身关注的社会问题向政府施压，努力将其议题推送到政府的决策框内，促使政府解决本群体关注的问题以满足其利益诉求。尽管媒体和公众的议程设置工具和方法各异，但殊途同归，都是为了获得政策决策者的关注和支持。

与以往文献不同，本文针对非政策议题转变为政策议题的影响因素展开研究。媒介议题和公众议题需具备怎样的条件才能上升为政策议题？在转换的过程中受哪些因素的影响？探讨这类问题对丰富议程设置知识体系具有重要的理论意义，同时，认清媒介议题和公众议题向政策议题转化的机理，以期为提高民众话语权以及建设更加民主的社会提供参考。

二、文献回顾

（一）政府的政策决策模式

政策议程设置是政府政策决策模式的关键环节。在政策决策方法上，先后出现过理性决策、有限理性决策和渐进决策等模式。理性主义学派认为决策者可以利用一切可能得到的信息，通过科学计算得到最优决策[1]。但批判理性主义决策理论认为政策是许多复杂的力量出于某种原因结合在一起产生出的结果[2]，加之赫伯特·西蒙认为决策者的认知是有限的，不可能预知所有策略及结果，因

---

1 张国庆.论理性主义公共政策分析的局限性［J］.北京大学学报（哲学社会科学版），1997，34（4）：66-75，159.

2 孙昶林.从组织决策过程到渐进决策过程：对西蒙和林布隆两种决策思路的比较［J］.复旦学报（社会科学版），1991，33（2）：15-19.

此决策者不可能总是选择最优策略，而应该选择满意策略[1]。基于理性决策和渐进决策的不足，学者们又开辟了非理性主义道路。垃圾桶决策模型认为政策议程并非有预先设计，而是问题解决方案、议程参与者及其资源在"垃圾桶"中以随机混合的方式所生成的产物[2]。垃圾桶决策模型强调决策条件的复杂性和模糊性，却没有给出较为具体的决策途径。约翰·金登在垃圾桶模型基础上进行完善并提出多源流决策模型，认为进入垃圾桶的各种复杂混乱因素包括问题流、政策流和政治流，三者在特殊条件下导致"政策之窗"开启，"政策之窗"是政策建议的倡导者提出其解决办法或促使特殊问题得以关注的机会[3]。

（二）政策议程设置模式

政策议程模式随着时代的发展逐渐发生变化。1976年，Cobb和Ross提出三种政策议程模型：创始模式、动员模式和内在创始模式[4]。但有研究批判认为，这只是现实世界抽象化的模型，是不可能实现的理想状态[5]。有研究在分析我国现行的公共政策决策模式时，提出了六种模式：关门模式、动员模式、内参模式、借力模式、上书模式、外压模式[6]。

也有许多研究关注到媒体在议程设置中有其特殊功效，认为媒介可以建构议题走进政府的渠道，"通过对社会问题选择性地报道，大众传媒具有提醒政府注意公共问题并建构政策议程的特别功效"[7]。同时，媒体报道能够加大和扩散弱小群体议题走向体制议题的冲突范围[8]，使不同利益群体就某些共同的议题达成一致，促进不同利益群体之间的对话。另外，公众设置议程的主动性也在逐渐提高。互联网为市民的政治参与提供了一种新的途径，个体和社群的议程影响力日

1　陈玲，赵静，薛澜.择优还是折衷？——转型期中国政策过程的一个解释框架和共识决策模型［J］.管理世界，2010（8）：59-72.

2　COHEN M D, MARCH J G, OLSEN J P. A Garbage can model of organizational choice［J］.Administrative Science Quarterly, 1972, 17（1）：1.

3　曾令发.政策溪流：议程设立的多源流分析：约翰·W.金登的政策理论述评［J］.理论探讨，2007（3）：136-139.

4　Cobb, Ross. Agenda building as a comparative political process［J］.American Political Science Review, 1976, 70（1）：126-138.

5　赵江鹏.基于制度视角的公共政策议程［J］.发展，2009（9）：61-62.

6　王绍光.中国公共政策议程设置的模式［J］.中国社会科学，2006（5）：86-99.

7　陈堂发.政策议题建构中的新闻报道作用分析［J］.南京社会科学，2008（4）：95-101.

8　吴锡泓，金荣枰.政策学的主要理论［M］.上海：复旦大学出版社，2005：334.

益增强，微议程成为大众媒体议程和公众议程的重要来源[1]。调查显示，46% 的网友认为"网络舆论压力可以促使问题更快得到解决"[2]，例如"孙志刚事件""厦门 PX 事件""网络反腐"等就是民间力量发挥作用解决社会问题的例子，折射出民众对民主和公正的渴望。

综上所述，政策议程是解决社会问题的希望，政策议题的确立是政策制定的先决因素，决策层就像"看门人"，对议题的挑选具有重要作用，同时决策者选择的决策方法也会影响政策议程的结果。媒介在政策议题的构建中起到中介作用，但并非被动的中介，而是具有一定选择权的中介。在新媒介环境下，政府、媒介、公众三者的话语权比重较传统媒介环境有所变化。普通议题上升为政策议题的影响因素有哪些？围绕政策议题的确立和决策理论的发展，结合政府、媒介和公众的关系，我们对非政策议题上升为政策议题的影响因素进行了进一步研究，探讨非政策议题向政策议题转化所可能需要具备的重要条件或影响因素。

三、突发事件开启政策之窗：上海踩踏事件

为什么有些问题受决策者的青睐而另一些问题却被冷落？金登认为，"问题溪流""政策溪流"和"政治溪流"是构成决策系统的三个要素，在"政策之窗"打开时，触发机制促使三者融汇于一点，决策者才能完成决策。也就是说，突发事件与社会因素存在三种融合可能性：突发事件与既有问题的结合、突发事件与潜在威胁的结合、突发事件与关联事件的融合[3]。因此，突发事件的发生是偶然性和必然性结合的产物，可以在短时间内迅速打开"政策之窗"。"触发机制"模型强调突发事件对议程设置的触发作用，认为应该从突发事件的影响范围、影响强度和时机三方面来衡量政策议程的触发机制[4]。我们可以从 2014 年 12 月 31 日发生在上海外滩的踩踏事故中得以验证。

（一）问题溪流：城市应急管理问题

上海外滩踩踏事件不仅是一个突发事件，也是城市应急管理问题。重大问题

1 高宪春 . 微议程、媒体议程与公众议程：论新媒介环境下议程设置理论研究重点的转向［J］. 南京社会科学，2013（1）：100-106.
2 谢尚果 . 网络社会反腐的法律困境与出路［J］. 中国行政管理，2014（2）：91-94.
3 约翰·W. 金登 . 议程、备选方案与公共政策［M］.2 版 . 丁煌，方兴，译 . 北京：中国人民大学出版社，2004：3.
4 黄俊辉，徐自强 .《校车安全条例（草案）》的政策议程分析：基于多源流模型的视角［J］. 公共管理学报，2012，9（3）：19-31.

能在短时间内引起广泛关注。由于上海外滩踩踏事件人员伤亡惨重（36死49伤）、地理位置特殊（中国上海），加之互联网媒介的传播效应，该事件在事发后引发大量媒体报道和网友转发微博、跟帖、参与讨论等行为。因此，城市应急管理问题就从众多社会问题中凸显出来，成为亿万民众关注的社会头条新闻。

根据百度指数数据（图1），在2014年12月31日事件发生后，人们对此事件的关注度呈现将近90°曲线的上升率，至2015年1月1日达到峰值，百度新闻搜索量超过47万。尽管此后关注度处于下滑趋势，但一直高位运行。在1月31日新闻发布会后，又出现一个新的关注高潮。媒体指数大致与此类似，目前，在百度新闻收录的相关新闻达到44 800篇，媒体涵盖了《人民日报》、新华社、中央电视台等国家级媒体以及大部分省级媒体。在新浪微博，话题"上海外滩踩踏事故"的参与讨论量在事件发生的一周内超10万人次。

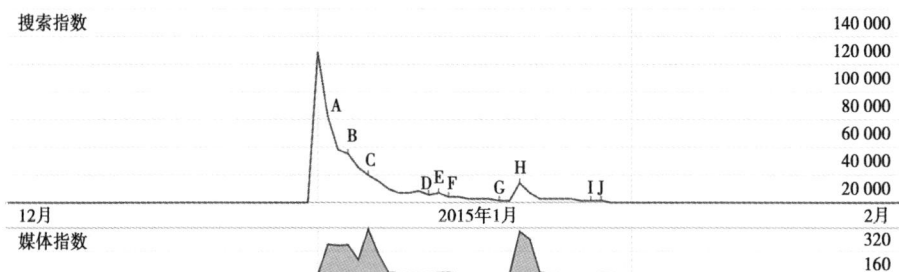

图1 "上海踩踏事件"百度搜索指数

（二）政策溪流：应急管理预警机制建设

过去，我国政府应急管理预警机制存在"缺乏公共安全的防范意识、缺乏基本的风险判断和评估机制、缺乏应急决策系统的协调机制、缺乏足够的灾害应急准备、预案启动时间不够明确"等问题[1]。作为中国改革开放的前沿阵地，上海一直被视为经济社会发展的样本和典范。"上海市在20世纪80年代甲肝大面积流行以后，就开始着力重视城市应急管理工作……上海市围绕城市应急管理的'一案三制'初具规模[2]。"从2001年起，上海就从防灾减灾角度出发探索建立城市应急管理体系，在此基础上，2003年开始探索符合上海特大型城市特点的应急

1　张维平.政府应急管理预警机制建设创新研究［J］.中国行政管理，2009（8）：34-38.
2　王佃利，沈荣华.城市应急管理体制的构建与发展［J］.中国行政管理，2004（8）：68-72.

管理新模式,形成了 1 个上海市总体预案、19 个区县预案和 51 个专项与部门预案、若干专题预案于一体的突发事件应急预案体系 [1]。2013 年,上海市政府编辑出版了《上海应急管理报告(2008—2012)》,全面总结上海市五年来的应急管理实践,表明其在预防预警、应急处置、灾后恢复等方面拥有很好的政策自觉、政策基础和政策惯性。

(三)政治溪流:国民情绪

上海外滩踩踏事件主要触及的政治溪流是国民情绪,国民情绪是一定社会生活状况下多数人共有的社会情绪现象,如非典、汶川地震、北京奥运会等都会引发一定时期的社会情绪。由于城市安全是可控的,并非像地震、飓风等不可抗力无法控制,上海外滩踩踏事件造成 36 人被踩死,在国内引起了强烈的国民情绪,同情、愤怒、呼吁加强安全建设等声音随处可见。国民情绪不仅仅存在于公众之中,也存在于政治精英群体之中以及媒体之中。多家媒体以深度报道的方式不断挖掘事件发生的原因,新华社发表评论《三问上海外滩踩踏事件:管理部门难辞其咎》,《新京报》评论《十问上海外滩踩踏事故:因何发生、怎样善后、如何追责》,《南方周末》报道《踩踏事件:失守的守夜人》等,均被大量转载。在官方行为中,事故发生后,国家主席习近平和国务院总理李克强作出批示。生命安全高于一切,上海外滩踩踏事件引起了社会各类群体对城市安全问题的警惕和重视,形成一股要求加强城市安全建设的政治溪流。

2015 年上海市政府报告明确提出上海将强力推进人员密集场所的"应急管理单元"建设,2015 年 5 月,发布了《上海市公共场所人群聚集安全管理办法》。上海外滩踩踏事件作为一起突发事件,将城市应急管理问题(问题溪流)、应急管理预警机制建设(政策溪流)、国民情绪(政治溪流)汇集在一起,成功打开了政府城市应急管理"政策之窗"。

总结整个案例可以发现,在突发事件打开"政策之窗"的过程中,一些不可忽视的因素共同影响了政策议程设置。其一,作为问题溪流的突发事件本身的压力。这些压力主要来自事件影响的范围、强度以及时机。作为衡量互联网影响的两大指标:百度搜索和新浪微博,均显示出上海外滩踩踏事件具有非常大的影响

---

1 韩正 . 探索符合上海特大型城市特点的应急管理新模式 [J] . 中国应急管理,2008(1):14-17.

范围和强度；上海外滩踩踏事件发生于跨年夜晚，踩踏惨案与本应欢聚的元旦形成鲜明对比，加速了影响范围和强度的进一步提升。其二，作为政策溪流的政策资源性优势。上海市作为我国改革开放的试验区，无论是政策本身基础性架构的完备性，还是领导干部的政策自觉程度，都走在国内前列。这种政策惯性为新的公共政策的制定或旧的公共政策的修订准备了很好的政策嫁接机会。因而，当上海外滩踩踏事件发生后，上海市政府能够较快地从单纯的应急管理上升到综合性地完善应急管理体系的政策高度。其三，政治溪流中民众的情绪及政治上层的态度。民众的情绪是自下而上的政策压力，政治上层态度是自上而下的政策压力。因为政府行为不当而造成的突发事件极易引起国民情绪甚至群体事件或社会运动，自下而上施压。从议题属性来看，上海外滩踩踏事件显然属于"人祸"，而非"天灾"。"天灾"与"人祸"有时会互相转化，例如，非典事件本属于"天灾"，却因事件后期应急管理处置不当成为"人祸"，引发较高的国民情绪，河南郑州"7·20"特大暴雨灾害事件也蕴含这一因素。同时，在我国国情语境中，还应考虑一个更为关键的因素，即各级领导人对事件的重视程度。

四、在政治较量中缩短权力距离：雾霾环境治理

权力距离能反映社会中弱势成员和强势成员的价值观，用于衡量社会对权力不平等的接受度[1]。议题倡议者影响决策核心的有效距离大小决定了对决策者的影响程度。当议题倡议者影响力大时，议题引起公众的广泛关注，对决策层的压力随之增大；当议题倡议者与决策层关系密切，议题符合决策者价值取向时，权力距离较小，议题进入正式议程的可能性较大[2]。因此，将普通议题转变为政策议题的过程即决策倡议者努力缩短权力距离的过程。

雾霾问题自产生以来，从未离开过人们的关注视野。据 2013 年《气候变化绿皮书》显示，2013 年中国 25 个省份被雾霾缠身，平均雾霾天数逼近 30 天，创 52 年来之最。各大媒体争相报道雾霾状况，及时追踪报道空气情况，雾霾一时多次成为每日新闻头条。2014 年 2 月 25 日，沈阳居民李贵欣状告石家庄市环境保护局，成为全国首例由空气污染问题引起的民告官案例，引发民间和学界的

---

1 HOFSTEDE G, Motivation, leadership, and organization: Do American theories apply abroad [J].Organizational Dynamics, 1980, 9（1）：42-63.

2 鲁先锋 . "权力距"视野下的政策议程设置研究 [J]. 上海行政学院学报，2012，13（2）：69-75.

讨论。2015 年 2 月 28 日，一部关于雾霾的纪录片在互联网上引起轰动，再次引发关于雾霾问题的讨论。

在雾霾问题的舆论持续发展过程中，从中央到地方政府对雾霾问题的关注和回应也趋于积极和主动。2013 年国务院发布了《大气污染防治行动计划》，2013 年十八届三中全会首次明确提出"建立系统完整的生态文明制度体系"，2014 年 1 月，中华人民共和国环境环保部（以下简称"环保部"）与全国 31 个省（区、市）签署了《大气污染防治目标责任书》，2015 年两会指出："空气质量直接关系到广大群众的幸福感……要把控制 $PM_{2.5}$ 作为改善空气质量的首要任务。"并有 28 个省份将大气污染防治写进政府工作报告。

民众和政府关于雾霾问题的相关事件见表 1。其中，民告官和雾霾纪录片为公民反抗雾霾的代表性事件，其间媒体的报道从未中断过，政府的政策回应逐渐具体化，虽然雾霾问题没有彻底解决，但是在公众、媒体的呼吁下，政府对雾霾问题的治理态度和行动都有了一些进步。由于雾霾问题关系利益甚广，它从一项各界关注的社会问题上升为多种复杂因素混合的政策议题。从权力距离的角度而言，在缩小权力距离的过程中，雾霾问题主要通过三种方式影响决策者。

表 1　民众和政府关于雾霾问题的相关事件

时间	事件
2013 年 1—3 月	北京市严重雾霾
2013 年 9 月	华北、华中地区严重雾霾
2013 年 9 月 12 日	国务院发布《大气污染防治行动计划》
2013 年 11 月	十八届三中全会首次明确提出"建立系统完整的生态文明制度体系"
2014 年 1 月 7 日	环保部牵头签署《大气污染防治目标责任书》
2014 年 2 月 25 日	首例雾霾民告官
2015 年 2 月 28 日	某雾霾纪录片
2015 年 3 月 3—15 日	两会 28 省提到大气污染防治

（一）直接利益受损

决策者作为社会公民中的一员，本身会受到雾霾的危害并注意和思考雾霾问题。正如浙江省环境保护厅厅长徐震说："现在到了该反思的时候，以牺牲环境为代价的发展背后，我们究竟要什么，我们到底要什么样的发展。"[1]

（二）舆论压力增大

雾霾问题爆发后，媒体、公众都在呼吁治理污染，出现了 NGO 组织呼吁对抗雾霾、自费拍雾霾纪录片等民间力量抗争雾霾的形式，呼吁治理雾霾，促使决策者提高对雾霾问题的重视程度。

（三）内部阻碍减弱

社会精英人士纷纷要求将环境问题与政绩挂钩，"过去政绩是以 GDP 为标准，现在可否选部分污染严重的大城市，将治霾成果纳入官员政绩考核体系。"[2]环境出了问题，诸多直接和间接的政府部门需要对此负责，因此利益相关部门会通过自身的行动主动影响政府决策。政绩考核目标的转变促使从中央到地方各级政府在发展经济时，将环保问题纳入思考范围，可持续发展成为共识，环保改革的阻力在较大程度上减弱。

从以上三点来看，雾霾问题会随着多方舆论主体的努力，缩小与决策者的权力距离，通过对政府内部和外部施压，促进雾霾议题政策化、法律化。从《大气污染防治行动计划》到国务院发布三大举措加强雾霾等大气污染治理以及 28 个省份将大气污染防治写进政府工作报告来看，雾霾问题已经成功进入政府政策议程之列。

五、新媒介环境的民意表达形式：网络反腐运动

科恩提出："多数时间，媒体在告诉它的读者该怎样想时可能并不成功；但它在告诉它的读者该想些什么时，却惊人地成功。"[3]显然，媒介通过对特殊事件和信息的报道构建人们对现实世界的看法，这些看法来自大众传播媒介营造的虚拟环境，而不是自己的直接经验。互联网、手机等新媒介也正在影响着人们的

1　徐秀勇，杨嘉.网络监督：成因、局限及政府应对［J］.天津行政学院学报，2010，12（1）：21-25.

2　钟南山.雾霾危害并非"耸人听闻"［N］.新京报，2013-02-01.

3　COHEN B C. The press and foreign policy［M］.Princeton, NJ: University Press, 1963: 288.

思考和行为方式，构建了全新的拟态环境。当媒体报道的议题长时间盘踞人们头脑时，该议题更容易获得民众和决策者的关注。

媒介环境有大小之分。媒介大环境指的是，在信息网络发达的新媒体时代人们可以通过各种途径获取足够多自己想要的信息。媒介小环境指的是，在信息海洋中仍然存在一些与外界隔绝的信息孤岛，例如农村、山区等网络不发达的地方。即使在网络基础设施较好的地方，也有些由于年龄、性格等原因不会或不愿意使用网络的群体，这些群体很难获取和传达信息。在议程设置过程中，媒介大环境有利于促进网络舆论的诞生和扩散，进而扩大舆论的影响力[1]，从而有可能引起政策决策者的注意。而媒介小环境就像信息世界的片片孤岛，舆论分散不统一，无法形成强大的舆论攻势，也无法影响决策者，因此议程设置能力较弱。

腐败问题自古存在，反腐一直是老百姓的心声。传统反腐方式如"信访、举报、上访、媒体曝光等存在危险大、成本高的弊端，且存在部分办案人员责任心不强的现象和时有发生打击报复举报人的行为。"[2]同时由于民众的分散性、知识结构多样性、公民意识不强等，普通民众与腐败问题做斗争显得力不从心。网络反腐的出现，扭转了这一局面。

2009年"网络反腐"一词被正式收录《党的建设辞典》，在一定意义上显示这一方式被官方所认可和接受。网络反腐作为新媒介环境下民意表达的便捷方式受到人民青睐和使用，《人民日报》与人民网一项调查显示：87.9%的网民非常关注网络监督；当遇到社会不良现象时，99.3%的网民愿意选择网络曝光[3]。

（一）网络反腐的媒介环境

网络反腐得益于信息技术的发展和应用，从表2可以看到，网络反腐的发展与互联网、信息技术和新媒体社交化平台等技术发展阶段时间契合度较高。可以说，宽带和移动网络基础设施的建设，智能手机的普及以及微博、微信、贴吧、论坛等平台的开发，民众拥有了相对于传统环境更为畅通、安全和有效的反腐渠道与环境。反腐不再是遥不可及和令人生畏的事情，相反，更多民众积极主动地

1　曾润喜，徐晓林.网络舆情的传播规律与网民行为：一个实证研究［J］.中国行政管理，2010（11）：16-20.
2　徐秀勇，杨嘉.网络监督：成因、局限及政府应对［J］.天津行政学院学报，2010，12（1）：21-25.
3　刘怡，谢耘耕.网络反腐舆情事件的形成与演变机制研究：基于2011—2013年重大公共网络反腐舆情事件的研究［J］.现代传播（中国传媒大学学报），2014，36（4）：69-74.

在网络上表达意见和助力反腐行动，互联网成为监督政府官员的有效工具。

表2　网络反腐发展阶段[1]与信息技术发展阶段

网络反腐发展阶段	时间	信息技术发展阶段	时间
网络反腐诞生	2003 年	中国互联网进入普及和应用的快速增长期	1999—2002 年
萌芽阶段	2003—2005 年	贴吧上线；搜索引擎步入社区化时代	2004 年
发展阶段	2005—2008 年	安卓系统诞生；笔记本电脑成为平民化产品	2007 年
		我国成功开发出中国 3G	2008 年
趋于成熟阶段	2008 年至今	新浪微博诞生	2009 年

（二）媒介环境差异导致网络反腐发展程度差异

媒介环境差异导致的数字鸿沟始终存在，在我国总体互联网媒介迅速发展的大环境之下，还存在着由于地理、经济等因素造成的信息环境闭塞的地区，研究显示华北、华东、华中地区的网络反腐倡廉事件数量明显高于东北、西北和西南地区[2]。在媒介环境较差的地方，一个腐败官员的事迹可能会因为网络条件的限制无法扩散、传播，或者传播速度较慢也使网络反腐发展缓慢。

（三）网络反腐转向中央反腐和政策反腐

网络反腐主要以民众为中坚力量，为社会营造反腐倡廉的氛围，也使官员有了抵制腐败的警惕，为中央反腐和政策反腐作了很多民众启蒙和前期铺垫。十八大以来，中央反腐决心明显，力度空前强大。2012—2013 年，网络反腐是主要反腐力量，"2013 年'网络反腐'相较于 2012 年出现了下降，排在'习近平反腐'和'中央反腐'之后"[3]，说明从以民众为基础的网络反腐到以中央为核心的中央反腐，媒介在这个转化中提供了载体和发挥了创造反腐氛围的作用，互联网技术的发展和媒体的报道，为反腐倡廉从民众网络反腐到中央反腐的转变提供了力

1　李国青，杨莹.网络反腐研究：主要问题与拓展方向 [J].理论与改革，2013（1）：205-208.

2　刘怡，谢耘耕.网络反腐舆情事件的形成与演变机制研究：基于 2011—2013 年重大公共网络反腐舆情事件的研究 [J].现代传播（中国传媒大学学报），2014，36（4）：69-74.

3　喻国明，李彪，李慧娟，等.反腐与"打老虎"背后的舆情效应 [J].人民论坛，2014（9）：64-66.

所能及的助推作用。

六、研究讨论：政策议程设置如何可能

综上分析，与传统的媒介环境不同，在网络新媒介环境下，公众和媒介设置议程更便捷和更有主动性，政府决策者也更容易关注到群众的诉求。媒介、公众或其他主题设置的非政策议题向政策议题转化的过程，受议题紧急程度、权力距离、媒介环境等因素的影响。图2描述了非政策议题上升为政策议题的影响因素模型。

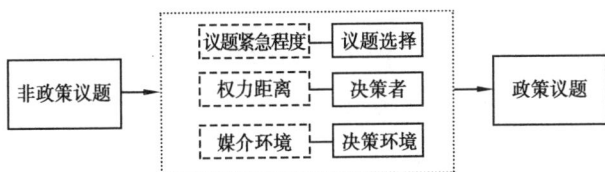

图2 非政策议题向政策议题转化的影响因素

第一，普通议题必须上升为政策议题才有得到解决的可能。社会中存在成千上万的社会管理问题，政府资源的有限性决定了政府没有足够的时间和精力关注所有的问题，也不会对所有关注到的问题进行解决。在政府的政策议程设置中脱颖而出的问题，受问题性质、决策者、决策方法、决策环境等多种因素的影响。由于资源稀缺，普通议题只有努力上升为政策议题才有获得资源支持的可能。

第二，普通议题如何上升为政策议题，受哪些因素的影响？虽然突发事件可以在短时间内聚焦政府注意力，但是指望"突发立法"可能会造成一些本可以避免的社会伤害，最重要的是从根本上治理突发事件发生的源头。缩小权力距离是影响决策者挑选议题的途径之一，但是其过程可能漫长而艰辛。媒介环境是影响舆论传播的重要场域，利用互联网工具制造舆论攻势是促使普通议题转变为政策议题的重要条件。

第三，互联网加强了政府议程、媒体议程和公众议程之间的互动。互联网在替政府传达声音的同时也给政府带去了不少舆论上的压力；公众不再是被动接收信息，而是积极生产和传播信息；媒体在传达信息的过程中，不仅是简单的桥梁和纽带，而且是具有一定主动权的选择性报道，并在一定时期内影响和改变舆论风向，在不同议题的转化中起重要催化作用。

于政府而言，随着公民意识的觉醒，政府、媒介、公众争夺话语权趋于激烈，形式亦越来越多样化。政府作为"大管家"管理着我们生活的社会，不可能面面俱到。在分配资源占有时可能不尽全面，但利益相关者可以通过自身努力将本利益群体讨论的议题转化成政策议题来满足自身诉求。政府应该尽量做到公正和尽责，及时发现并解决自身管辖区内的社会问题，减少和避免因突发事件带来的社会伤害，同时应该以积极主动的态度面对来自社会的舆论，以有效的方式化解矛盾、高效的办法解决问题。此外，媒体在设置议程中也应该尽一份社会责任，考虑媒体报道对人们认知社会的影响，媒体应该慎重选择和筛选报道的内容，在帮助解决社会问题中发挥作用，提高媒介的社会地位和影响力。公众应积极学习，提升自身素养，做到合理、合法运用互联网表达民意，适时利用可能条件维护自身权益。

议程设置只是争取资源的手段，其最终目的是满足不同群体的利益诉求，健康合理的议程设置会促进社会发展。相信在政府、媒介和公众共同配合和进步下，我国的政策制定会朝着更加科学和民主的方向发展。

互联网环境下媒介议程与政策议程设置的相关性

一、引言

政策议程是公共政策的初始环节，在公共政策制定中扮演着重要角色。在新的媒介生态下，新媒介传播速度、方式、内容设置都迥异于传统媒介，而传统媒介内容设置也呈现出新形式。作为政策过程的行动主体之一，大众传媒在政策议程中的作用主要体现在两方面：一是作为政府与公众沟通的桥梁，实现信息传递；二是作为公众利益的汇集者，通过社会舆论引导政策议程。

在传播学领域，关于传统媒介与新媒介互动的研究较多，但目前国内对政策议程的研究尚不多见。在中国学术期刊网以"政策议程"作为篇名关键词查询，结果显示仅有 73 篇 CSSCI 论文。多数研究聚焦于以下几方面：一是利用案例研究方法分析我国当前热门的政策议程，例如食品安全法[1]、校车安全法[2]、单独二胎政策[3]、异地高考政策[4]、政府机构改革[5]、养老保险[6]等案例以及公共意识形态[7]等；二是在国际关系领域研究我国对外的政策议程设置等[8,9]；三是就政策议程设置的模式进行了探讨，从不同的理论视角结合当前社会现实进行理论模型的建

---

1 吴磊. 多源流理论视角下的公共政策议程设置研究：以《食品安全法（修订草案）》为例 [J]. 生态经济，2015，31（5）：179-182.

2 黄俊辉，徐自强.《校车安全条例（草案）》的政策议程分析：基于多源流模型的视角 [J]. 公共管理学报，2012，9（3）：19-31.

3 吴阳熙. 多源流理论视阈下"单独二胎"的政策议程分析 [J]. 理论与现代化，2014（4）：30-36.

4 张建. 我国异地高考政策的议程设置机制分析：基于多源流理论视角 [J]. 国家教育行政学院学报，2014（3）：70-74.

5 于永达，药宁. 政策议程设置的分析框架探索：兼论本轮国务院机构改革的动因 [J]. 中国行政管理，2013（7）：27-31.

6 鲁全. 基于中央地方关系的养老保险政策议程模式研究 [J]. 中国人民大学学报，2011，25（3）：113-119.

7 任锋，朱旭峰. 转型期中国公共意识形态政策的议程设置：以高校思政教育十六号文件为例 [J]. 开放时代，2010（6）：68-82.

8 焦传凯，叶江. 中印两国关于联合国 2015 年后发展议程的官方立场比较及政策协作 [J]. 山东大学学报（哲学社会科学版），2015（1）：149-160.

9 查尔斯·E. 莫里森，李雪. 东北亚政策研究机构的议程 [J]. 社会科学战线，2014（1）：234-243.

构[1, 2]。少数研究论及在新媒体环境下政策议程设置所面临的挑战及变化。有研究针对"肝胆相照"论坛的案例，就互联网对于政策议程设定的影响进行了分析，认为互联网的发展具有促进政策议程设定过程民主化的工具性价值[3]；有研究针对不同类型的非政府组织，从"权力距"的角度考察了官方非政府组织和商业非政府组织对政策议程影响的区别及其不同网络策略[4]；在定量研究方面，陈姣娥、王国华利用公民自媒体数据，分析触发公共政策议程的现象，提出政策议程设置的"自媒体触发模式"[5]。

因而，已有研究侧重于探讨媒介议程对公众议程的影响，关于媒介议程对政策议程的影响过程和效果研究成果较少；或多集中于从规范的角度分析政策议程模式，对于传统媒介和网络媒介与政策议程关系的定量研究较少。作为一项基础数据性研究，对三者之间的关系进行实证探索，可以揭示其内在联系，对理解政策议程设置有较大的理论价值。

本文采用 2013 年以天涯社区、凯迪论坛、强国论坛为代表的网络媒介议程数据和以《南方周末》《人民日报》为代表的传统媒介议程数据，并统计 2014 年两会代表委员建言分类及数量作为政策议程数据进行实证分析，研究对比网络媒介议程与传统媒介议程对政策议程的影响力。

二、理论基础与研究假设

（一）网络媒介议程与政策议程

互联网出现前，受政治因素和渠道限制，议程设置主体呈现集中化，政策议程设置通道资源主要被决策者和智囊团掌握[6]。而作为政府和公众沟通桥梁的媒介，由于政治体制限制，媒介在议程设置中主要充当着政策议程的传递者，偶有主动议程设置。内容设置、思想意见等方面趋于雷同和单一，很难听到不同发

1　潘军.社会政策转型中议程设置的内在动力学分析［J］.马克思主义与现实，2010（5）：122-125.

2　王春福.论公共政策议程的协同回应模式：以温州金融体制综合改革试验区议程为例［J］.浙江社会科学，2013（7）：60-65.

3　朱亚鹏.网络社会下中国公共政策议程设定模式的转型：基于"肝胆相照"论坛的分析［J］.中山大学学报（社会科学版），2010，50（5）：159-166.

4　鲁先锋.网络条件下非政府组织影响政策议程的场域及策略［J］.理论探索，2013（3）：78-82.

5　陈姣娥，王国华.网络时代政策议程设置机制研究［J］.中国行政管理，2013（1）：28-33.

6　王绍光.中国公共政策议程设置的模式［J］.中国社会科学，2006（5）：86-99.

声[1]。同时议题来源比较单一，在"沉默的螺旋"理论下，对有争议的问题，公众可能因为害怕被孤立而顺从大众媒介的议程倾向，媒介霸权导致重要的问题或重要的观点缺少表达而无法形成政策问题建构，成为政策议程死角，影响政策议程效果[2]。网络媒介作为信息源和信息接收者的中介平台，通过自下而上的方式搭建了政策问题通向政策系统的桥梁[3]。网络媒介打破传统诉求渠道局限性，拓宽传统政策诉求渠道，减少政策问题输入决策系统链条；同时网络媒介传播速度快，传播途径多样，弥补传统媒介在敏感地带失声的不足；网络媒介通过汇聚民意进入公众议程，形成舆论压力进入政策议程[4]。网络媒介在公共需求与政府掌握公共资源有限的矛盾中提供了沟通路径，有助于缩短社会问题转化为政策议程时限[5]。基于上述分析，本文提出如下假设。

假设1：网络媒介议程对政策议程具有正向影响。

（二）传统媒介议程与政策议程

传统媒介公共属性决定了其公共利益倡导者和公共权力批评者的社会定位，在与政策议程互动中，传统媒体通过选择价值取向和突出部分社会话题和社会事实进行自身议程设置，影响政府对社会事务轻重缓急的认知，进而影响政策议程[6]；传统媒介还担当着政府和公众的中介联结，及时向政府反映社情民意，使公众利益和社会问题通过媒介进行利益诉求的表达，推进问题构建，为政策议程提供参照；政府也通过媒介引导公众"想什么"，引导舆论设置政策议程[7]；传统媒介作为公众与政府沟通的桥梁，具有向政府传递舆论民意和信息的功能，汇聚公共意见并将其上升为政策问题，进入政府政策议程[8]。因此，本文提出如下假设。

假设2：传统媒介议程对政策议程具有正向影响。

与网络媒介相比较，传统媒介信息权威性和可信度都相对较高。传统媒介在

1　张婷.论新闻媒体在政策议程设置中的作用［J］.四川行政学院学报，2009（3）：47-49.

2　徐晓林.试论中国行政审批制度改革［J］.中国行政管理，2002（6）：6-8.

3　高宪春.新媒介环境下议程设置理论研究新进路的分析［J］.新闻与传播研究，2011，18（1）：12-20.

4　叶冰莹，赖帝水.网络舆论对公共政策议程设置的影响研究［J］.辽宁行政学院学报，2011，13（4）：20-23.

5　邸振伟.网络传媒：我国政策议程建立的路径选择［J］.淮海工学院学报（社会科学版），2010，8（7）：111-113.

6　赵玉峰.论公共政策议程建立过程中媒体的影响［J］.四川行政学院学报，2007（4）：19-22.

7　张莉.网络时代大众媒介、公众、政府议程互动模式的建构与解读：基于网络事件中媒介议程设置的思考［J］.社会科学论坛，2012（3）：214-220.

8　陈堂发.政策议题建构中的新闻报道作用分析［J］.南京社会科学，2008（4）：95-101.

中国一直被定位为党的喉舌和宣传机器，且多为党组织所管辖，基于政治因素、媒介性质等多重因素，媒介在议程设置中主要具有先天的便利性，和政府权力距离更近[1]，因而，传统媒介议题更易得到公众和政府信任，也更容易进入政策议程。基于上述分析，本文提出如下假设。

假设3：传统媒介议程对政策议程影响力较网络媒介议程对政策议程影响力更大。

三、研究样本

（一）议题类型的划分

本文将常见议题划分为10种。剔除纯消息类无政治诉求性质事件，通过对近7年热点关注事件对应诉求议题的分析，大类可以归为经济民生、法治、资源环境、医药改革、政府改革、食品安全、教育、社会安全、文化价值观、社会公平10种主要类型，并分别编码为1，2，3，4，5，6，7，8，9，10。后续介绍的网络媒介议程、传统媒介议程、政策议程的归类和编码均以此为划分依据。

（二）网络媒介议程确定

1.数据源网站的选择

在本文研究中，媒介议程既涉及网络媒介议程，也涉及传统媒介议程，并通过统计分析分别研究两者对政策议程具有的影响力。随着网络纵深发展，可获得网络媒介数量呈几何式增长状态，样本选择无法穷尽所有网络媒介[2]。我国当前网站数量众多，研究时不可能穷尽所有网站进行统计，本文研究目的主要是检验媒介议程对政策议程影响机制，基于本研究目的，在选择样本网站时选取天涯社区、凯迪社区和强国论坛作为网络媒介研究对象。天涯社区、凯迪社区、强国论坛均关注社会问题，是国内颇具影响力的论坛，同时又具有受众差异和性质差异。选择天涯社区、凯迪社区和强国论坛作为网络媒介议程研究对象，检验其议程，具有较强的代表性。

2.样本的采集与编码

根据2007—2013年天涯社区、凯迪社区和强国论坛热点关注事件对应指向确定网络媒介议程。发帖量是网络媒介议程的重要体现，本研究选择天涯社区、

1　张婷.论新闻媒体在政策议程设置中的作用［J］.四川行政学院学报，2009（3）：47-49.

2　张兆本.新公共政策分析［M］.北京：人民出版社，2006：117-131.

强国论坛、凯迪社区三家网络媒介，根据事件对应议题进行主题分类，并对每一主题代表性事件发帖量进行汇总，确定网络媒介议程。本研究根据网络媒介热点关注事件对应政府职能和问题诉求指向进行具体归类。在这140个网络媒介热点关注事件中，一个事件可能对应多重问题，将选取其关键指向划分类型而不做重复统计。比如，李刚之子校园撞人案，从表面来看是交通事故，但背后公众诉求点指向社会公正，因此该事件的分类为社会公正大类。再如，2008年地震中校舍倒塌，虽然是一次自然灾害，但背后反映的是腐败问题，对应的诉求是反腐倡廉。

（三）传统媒介议程确定

1.数据源媒体的选择

传统媒介议程统计方法一般是根据报道哪些议题、所报道议题排版情况和议题数量确定传统媒介议程。中国报纸林林总总，难以穷尽所有报纸作为研究对象。根据中国现实国情，传统媒介以报纸为例可以分为两种理想类型：一种是党政机关报纸，一种是市场化报纸[1]。《人民日报》是党政机关报纸的典型代表，《南方周末》发行量和传阅量都是同类报纸无法企及的，因而将其选作市场化报纸代表。两种报纸具有不同的受众和性质代表性，因而选择《人民日报》头版和《南方周末》全版既能够较全面涵盖传统媒介议程，也能够突出传统媒介重点议程。

2.样本的采集与编码

对2013年度《人民日报》头版所载新闻进行汇总统计，统计每种议题新闻数量并排序，进而得到2013年度《人民日报》媒介议题；同样对《南方周末》全版所载内容进行归类和编码，统计每种议题新闻数量并排序，进而得到《南方周末》2013年度媒介议程。将2013年度《人民日报》和《南方周末》每种议题新闻数量进行汇总并排序，确定传统媒介议程。

（四）政策议程确定

1.数据源的确定

如前文所述，我们认为政策议程是从政策问题到政策行为的过程，和政策执行、政策评估等其他政策环节共同构成公共政策过程。在我国，人民代表大会制

1　刘伟.当代中国政策议程创建模式发展研究：探寻一种政治社会学的分析框架［M］.北京：国家行政学院出版社，2012：86-88.

度是根本政治制度，中国共产党领导的多党合作和政治协商制度是基本政治制度，两会代表委员建言提案即政策主体对社会问题感知进而提出建议，是感知到的社会问题进入政策议程的一个重要体现，本文政策议程主要依据两会代表委员提案进行确定。

2. 样本的采集与编码

根据相应数据公开情况，在 2007—2012 年，政策议程确定参考人民网舆情观测室发布的《2012 全国两会舆情蓝皮书》，其中有统计 2007—2012 年热点议题受关注情况，并根据关注量进行议题排序确定 2007—2012 年度政策议程。而 2013—2014 年政策议程则根据中国政府网公开数据中代表委员建言数量、分类情况确定，2013 年代表委员建言 200 项，2014 年代表委员建言 60 项，并将 2014 年 60 项代表委员建言进行主题归类和编码。统计各年议案数量并根据主题数量进行由多及少排序，确定为政策议程。

（五）数据分析方法

采用描述统计方法对网络媒介议程、传统媒介议程、政策议程进行分析和呈现；对于网络媒介议程对政策议程的影响，以网络媒介议题分类中具体每类对应的总发帖量和两会建言对应每项议题的议案数量进行排序并进行相关分析；同样，对于传统媒介议程对政策议程的影响，采用传统媒介议题分类中具体每类对应的总报道数量和两会建言对应每项议题的总议案数量进行排序并进行相关分析。

需要说明的是，在 2007—2013 年网络媒介数据中，2007—2012 年数据主要应用于内容分析，反映网络媒介议程流向变化，而在相关分析中，主要应用 2013 年网络媒介议程数据；2007—2013 年政策议程数据主要用于内容分析，两会召开时间基本为每年 3 月，对应的媒介议程则为上年次，在影响力具体测度上，主要应用 2014 年政策议程数据与 2013 年度网络媒介议程和传统媒介议程进行相关分析。

四、研究数据结果

（一）基本分布统计

1. 网络媒介议程统计量分布

2013 年网络媒介议程总发帖量最小值为 39 370，对应议题类型为教育；最大值为 3 629 992，对应议题类型为法治；均值为 770 482，标准差为 1 119 837，具体结果见表1。而通过对2013年20起网络媒介热点关注事件内容分析，具体归类结果见表2，主要涉及法治（47.11%）、资源环境（20.81%）、医药改革（11.64%）、政府改革（7.92%）、经济民生（6.34%）、食品安全（2.13%）、社会安全（2.01%）、文化价值观（0.97%）、社会公平（0.55%）、教育（0.51%）10种主要类型。

表1　2013年网络媒介议程数据基本统计量

名称	总发帖量 / 条	对应议题类型
最小值	39 370	教育
最大值	3 629 992	法治
均值	770 482	
标准差	1 119 837	

表2　网络媒介议程议题类型比重表

议题	比重 /%	议题	比重 /%
法治	47.11	食品安全	2.13
资源环境	20.81	社会安全	2.01
医药改革	11.64	文化价值观	0.97
政府改革	7.92	社会公平	0.55
经济民生	6.34	教育	0.51

2.传统媒介议程统计量分布

2013年传统媒介议程总量最小值为19，对应议题类型为社会公平；最大值为608，对应议题类型为经济民生；均值为188，标准差为177，具体结果见表3。而通过对2013年以《人民日报》和《南方周末》为代表的传统媒介议程内容分析，具体归类结果排序见表4。传统媒介议程内容排序为经济民生（32.29%）、政府改革（15.99%）、资源环境（13.91%）、法治（13.60%）、教育（7.75%）、医药改革（5.79%）、文化价值观（3.72%）、食品安全（3.40%）、社会安全（2.55%）、社会公平（1.01%）等。

表3 2013年传统媒介议程数据基本统计量

名称	议题数量／项	对应议题类型
最小值	19	社会公平
最大值	608	经济民生
均值	188	
标准差	177	

表4 传统媒介议程议题类型比重表

议题	比重／%	议题	比重／%
经济民生	32.29	医药改革	5.79
政府改革	15.99	文化价值观	3.72
资源环境	13.91	食品安全	3.40
法治	13.60	社会安全	2.55
教育	7.75	社会公平	1.01

3. 政策议程统计量分布

2014年两会代表委员建言最小值为2，对应议题类型为社会公平；最大值为10，对应议题类型为经济民生；均值为5.7，标准差为2.86，见表5。而通过2014两会代表委员建言内容分析，具体归类结果排序见表6。政策议程内容排序为经济民生（17.54%）、法治（15.79%）、资源环境（14.04%）、医药改革（14.04%）、政府改革（10.53%）、食品安全（7.02%）、教育（7.02%）、社会安全（5.26%）、文化价值观（5.26%）、社会公平（3.51%）等。

表5 2014年政策议程数据基本统计量

名称	议题数量／项	对应议题类型
最小值	2	社会公平

续表

名称	议题数量 / 项	对应议题类型
最大值	10	经济民生
均值	5.7	
标准差	2.86	

表6 传统媒介议程议题类型比重表

议题	比重 /%	议题	比重 /%
经济民生	17.54	食品安全	7.02
法治	15.79	教育	7.02
资源环境	14.04	社会安全	5.26
医药改革	14.04	文化价值观	5.26
政府改革	10.53	社会公平	3.51

4.事件首发媒介统计

在2013年20起热点事件中，由传统媒介首发事件共计8起，所占比重为40%，网络媒介首发事件共计12起，所占比重为60%，说明网络媒介在事件发生中反应速度更快，事件传播更加及时。

（二）相关分析结果

1.网络媒介议程与政策议程相关分析结果

对于网络媒介议程对政策议程的影响，我们主要从天涯社区、凯迪论坛、强国论坛三家网络媒介10项议题分类中对具体每类对应的总发帖量和两会建言对应每项议题的议案数量进行排序并进行关系检测。如图1所示，在做网络媒介议程与政策议程相关分析前，先通过SPSS图表构建程序，观察两会委员建言数量对应的网络媒介议题发帖量散点图，初步判断网络媒介议程与政策议程存在一定的正相关关系。用斯皮尔曼等级相关系数对其进行检测，检测结果见表7，网络媒介议程与政策议程之间的斯皮尔曼等级相关系数达到0.777的强相关。

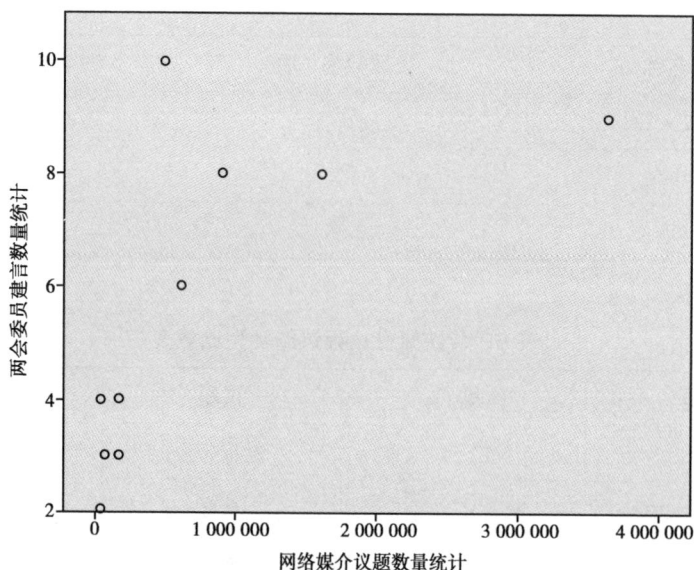

图 1   两会委员建言数量对应的网络媒介议题发帖量散点图

表 7   政策议程与网络媒介议程相关分析结果表

	相关系数	两会委员建言数量统计
网络媒介议程	Spearman's rho	0.777**

注：* $p<0.05$；** $p<0.01$。

2.传统媒介议程与政策议程相关分析结果

对于传统媒介议程对政策议程的影响，我们主要从《人民日报》头版和《南方周末》全版十项议题分类中对具体每类对应的总报道数量和两会建言对应每项议题的总议案数量进行排序并进行关系检测。如图 2 所示，在做传统媒介议程与政策议程相关分析前，观察两会委员建言数量对应的传统媒介议题报道量散点图，初步判断传统媒介议程与政策议程存在一定的正相关关系。用斯皮尔曼等级相关系数对媒介议程与政策议程关系进行双侧检测，分析结果见表 8，传统媒介议程与政策议程之间的斯皮尔曼等级相关系数达到 0.838 的强相关关系，在 0.01 的显著性水平（双侧检验）上非常显著。

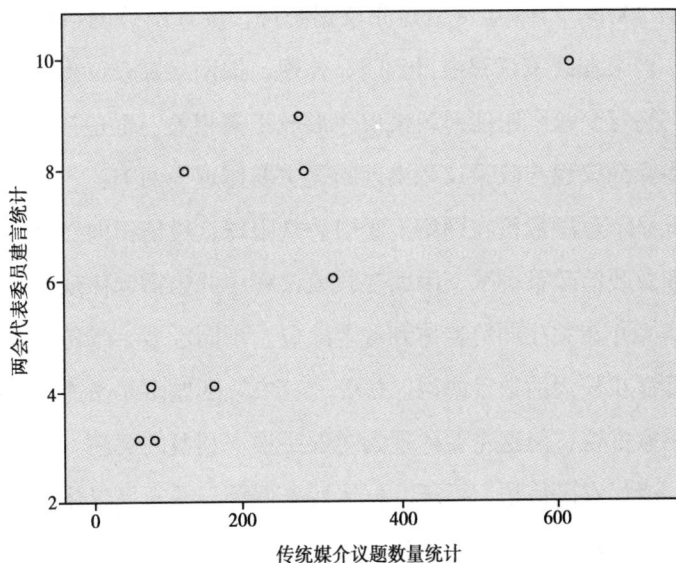

图2　两会委员建言数量对应的传统媒介议题数量散点图

表8　政策议程与传统媒介议程相关分析结果表

	相关系数	两会委员建言数量统计
传统媒介议程	Spearman's rho	0.838**

注：* $p < 0.05$；** $p < 0.01$。

五、研究讨论与结论

本文探讨的是一个经典的话题：互联网和传统媒体，谁的能量更大？许多前期研究已经关注了二者之间的关系，本文将因变量聚焦到政策议程，思考在当前环境中，何者的影响力更大。事实上，本文的研究模型虽然从研究方法而言并不复杂，但是简单的数据分析结果却揭示出传统媒体依然保持着强劲的影响力。

（一）传统媒介、网络媒介议程与政策议程的共振与断裂

从总体上看，传统媒介、网络媒介议程和政策议程具有正相关关系。尽管相关关系并不一定必然导致因果关系，但不妨碍我们推断传统媒介议程、网络媒介议程对政策议程存在非常显著的议程设置效果。在媒介议程、公共议程及政策议程的排他性循环中，相关性近似地可视为因果关系，即使自变量和因变量之间的区分并不明朗。

但通过对 2007—2013 年网络媒介议程统计，发现部分网络媒介议程虽然关注度非常高，但未在政策议程中得到明显体现，即网络媒介议程和政策议程出现部分断裂。网络媒介议程未能对政策议程形成正向相关，也是其影响机制内容的一部分。网络媒介议程与政策议程出现断裂主要体现为两类：一是信息描述类议题。虽然统计显示金融危机在网络上吸引公众眼球，舆情指向对该事件描述和关心，但并不涉及政治政策诉求，因而在政策议程中并未得到体现；二是数字鸿沟问题导致网络媒介在关注弱势群体利益上缺位。不同区域、省份、城乡之间及不同阶层之间都存在较大的数字鸿沟。尽管"三农"问题多年来连续以中央一号文件的形式被国家重视，但这主要体现为对农民根本利益的关注，而非对农民直接利益的回应。诸如农民信访、拆迁、群体性事件等，并未得以体现。一个可能的解释是，农民在互联网信息技术问题上占据劣势一端，农民发生利益受损或"三农"出现重大事件，网络群体缺少利益相关者，因而很难受到关注。

（二）传统媒介议程与网络媒介议程对政策议程设置效果对比

传统媒介议程与政策议程相关关系无论从三个相关系数强弱，还是从相关性的显著水平来讲，较网络媒介议程与政策议程相关关系都呈现更显著的相关性。尽管不能完全就此断定传统媒介议程较网络媒介议程对政策议程有更强的影响力，但二者存在的差距不容忽视。这与传统媒介和网络媒介作为社会信息工具的公信力，关注社会问题角度、广度、深度差异有关。传统媒介在公信力、专业度以及关注社会问题广泛度上的优势促使其议题更容易进入政策议程。随着媒介融合不断推进，这种优势正在逐步被改变。然而，从权力距离角度而言，传统媒体具有先天的优势，离决策层更近，其本身的性质也决定了传统媒体更懂体制内的想法和程序；而网络媒介更多地通过聚集眼球，以多元但强力的网络舆论施压决策者。二者的不同方式可能决定了影响效果的强弱。

尽管存在相关性强弱的差异，但网络媒介近年来对政策议程所施加的压力有目共睹，且逐年上升，体现了网络媒介相较传统媒介对政策议程设置效果的优势。以 2013 年互联网热点舆情事件为例，在 2013 年 20 起热点事件中，由网络媒介首先曝光 12 起，占总体的 60%，而由传统媒介议程首发事件 8 起，占总体的 40%。在互联网环境下，网络媒介与传统媒介相较，发布信息更加及时、内容更加直观、互动沟通更加便捷。基于新媒介特点，互联网时代议程设置在议题来源上更加丰富，在设置模式上更加民主，网络媒介成为议程转化加速器，缩短公众议程和政策议程距离。在互联网出现前，公众议程进入政策议程的渠道除经过传统媒介议程外，主要还是人大代表制度，从问题发生到受到代表关注，再进行调查列入议案，每个过程都繁琐漫长。而互联网出现后，其"裂变式"传播速度和发展以及快速聚焦功能，可以由公众议程直接影响政策议程，大大缩短社会问题转化为政策议题的时间。由此可见，传统媒介和网络媒介各具优势，并都试图对政策议程产生影响。因而，传统媒介和网络媒介应加快融合，形成"传统媒介—新媒介—传统媒介—新媒介"的媒介互动模式，增强对社会问题聚焦的能力，形成合力突围，促进"政策之窗"的开启。

（三）不足与展望

本研究的不足之处主要体现在样本的代表性和数据统计方法上的断裂。选取的数据具有一定的代表性，但并不详尽准确。在网络媒介议程代表事件统计问题上，并不是任何有关议题对应事件均计入统计，因而网络媒介议程统计存在一些偏差。在政策议程统计上，由于数据开放程度差异和数据可得性，在不同年份可得数据存在差异，虽然不影响对问题的判别，但是 2013 年和 2014 年两会议案数据统计方法和 2007—2012 年数据统计方法未能保持一致性。同时在事件指向划分归类中，也存在一定的主观性。网络媒介议程既包括党政媒介机构主办的政治性论坛、爱好类论坛，也包括门户网站、社交媒介等。同时，传统媒介议程和网络媒介议程互动设置议程也是媒介议程内容的重要方面，进一步研究应可扩展样本来源，从这些方面更加深入全面地对媒介议程和政策议程关系进行实证，探讨媒介议程对政策议程影响机理。

互联网环境下公众议程与政策议程的议题排序

一、引言

随着互联网的普及，中国政策环境发生了巨大的改变，公众政策参与意识逐步上升，传统的政策议程设置方式受到冲击，公众议程对政策议程的影响力也日渐明显。随着 BBS、SNS、微博这些自媒体的兴起，个体也具备了影响媒介和政策的能力，网民自主议程设置的能力得到加强，这些变化对议程设置理论产生重大影响[1]。传统媒体环境下议程设置模式具有单向性和封闭性，政府在制定一项政策议程时，先对媒介议程进行设置，进而媒介议程又对公众议程施加影响，因此公众议程在传统模式下处于被动地位。随着互联网的普及，公众既能选择他人设置的议程，又能参与设置议程，公共议程、媒介议程和政策议程相互作用，是多向、开放的过程。同时，随着媒介环境的变化，个体或者社群议程比较容易形成公共议程，通过与媒介议程互动形成公共议程，进而上升为政策议程，影响公共政策的制定和执行[2]。

公众议程是否能够获得政策议程制定者的关注，决定着公众议程是否能够进入政策议程，那么公众议程在何种条件下能够进入政策议程呢？在互联网环境下，网民、网民行为的变化以及网络与民主关系的改变从宏观角度上形成公共议程进入政策议程的条件。国内一些学者主要研究了公众议程进入政策议程的若干模式，如上书模式、闭门模式等六种模式[3]、"参与—回应"模型[4]、自上而下与自下而上的交互模式[5]、价值取向模型[6]、非制度化途径[7]等，总体都在回应"多源流模型"，

1　苗海洋. 从媒介议程设置到受众自我议程设置：网络媒体议程设置理论的新特点 [J]. 北京邮电大学学报（社会科学版），2011, 13（6）：30-33.

2　高宪春. 微议程、媒体议程与公众议程：论新媒介环境下议程设置理论研究重点的转向 [J]. 南京社会科学，2013（1）：100-106.

3　王绍光. 中国公共政策议程设置的模式 [J]. 中国社会科学，2006（5）：86-99.

4　翁士洪. 参与 - 回应模型：网络参与下政府决策回应的一个分析模型：以公共工程项目为例 [J]. 公共行政评论，2014, 7（5）：109-103.

5　陈姣娥，王国华. 网络时代政策议程设置机制研究 [J]. 中国行政管理，2013（1）：28-33.

6　刘伟，黄健荣. 当代中国政策议程创建模式嬗变分析 [J]. 公共管理学报，2008, 5（3）：30-40.

7　韩志明. 利益表达、资源动员与议程设置：对于"闹大"现象的描述性分析 [J]. 公共管理学报，2012, 9（2）：52-66.

即在一定程度上解释了为什么有些公众议程顺利进入政策议程而有些却没有。该模型将社会问题、政策环境以及政策制定者三个要素结合在一起，指出一个公众议程能够顺利进入政策议程的必备条件即问题源流、政策源流以及政治源流能够融合，同时有触发性事件将"政策之窗"开启[1]。另一个理论则是"权力距"理论[2]。该理论认为政策议程的制定并不能太过于依赖偶然性因素，因为公众议程进入政策议程的过程实际上是社会上各个利益群体互相博弈的过程，议题能否从公众议程进入政策议程，最主要看博弈力量之间的对比结果，这个结果的衡量则看"权力距"之间的大小。在互联网环境下，公众议程构建者与政策议程构建者之间的距离因互联网的开放性而变小，公众议程可进入政策议程的可能性因而变大。

本文试图研究公共议程与政策议程的差异性，即从微观视角描述哪些公共议程没有进入政策议程，或是哪些公共议程得到了政策议程的回应和接纳。通过收集十二届全国人大三次会议和全国政协十二届三次会议的相关数据，对互联网环境下公众议程对政策议程影响现状进行定量分析，并与公共议程数据进行对比分析，发现公众议程与政策议程的排序差异所在。

二、数据来源与采集

（一）公众议程参考数据收集

在互联网环境下，可作为公众议程参考数据的来源很多，论坛、微博、网上投票等平台均可作为公众议程的参考数据源。目前，国内论坛、微博平台数量众多，用户数量巨大，是最能反映公众议题关注情况的重要参考数据源，但论坛和微博平台信息量大，更新速度快，各平台间相互引用、转载频繁，易致数据收集误差，收集难度较大。网上投票平台能够直接统计参与用户的观点和倾向且不受时间地域限制，是互联网环境下问卷调查的有效平台。人民网作为人民日报社重点打造的国家级网络媒体，旗下拥有"强国论坛""人民网舆情监测室""地方领导留言板"等多个品牌栏目，是官方和民众沟通的重要平台。自 2002 年起，人民网每年都会推出两会热点网上调查，提前设定好投票时间，设置 20 个左右

---

1 KINGDON J W. Agendas, alternatives, and public policies [M]. 2nd edn. London: Longman, 2011.

2 HOFSTEDE G. Motivation, leadership, and organization: do American theories apply abroad? [J]. Organizational Dynamics, 1980, 9（1）: 42-63.

热点候选项，由用户投票选出最受关注的 10 个议题，以此收集公众的关注热点。随着人民网影响力的不断增加，公众关注度和参与积极性不断增强，参与投票的人数逐年增长，从 2002 年的数千人次上升到 2015 年的 372 万余人次。

由上可知，人民网两会公众调查数据的代表性、权威性、真实性较高，其投票结果能够反映一段时间内的公众议题关注度排序。因此，本文采用人民网两会公众调查数据作为公众议程参考数据来源，对其进行收集、整理、分析、研究。本文收集了 2013 年、2014 年、2015 年人民网两会热点调查数据，将其作为研究公众议程的重要参考。2013 年、2014 年、2015 年，分别有 2 136 782，3 358 566，3 729 008 人次参与人民网两会热点调查，参与调查的网友分别从 17，21，16 个热点候选词中选取最多 10 项最关注的问题进行投票。本文对近三年两会热点调查投票相关数据进行汇总，列出每一年得票数最多的前 10 个热点议题，见表 1。

表 1　2013—2015 年人民网两会热点调查公众投票结果排序

排序	2015 年	2014 年	2013 年
1	收入分配	社会保障	社会保障
2	重拳反腐	反腐倡廉	收入分配
3	经济新常态	食品药品安全	反腐倡廉
4	食药品安全	收入分配	住房保障
5	简政放权	干部作风	医疗改革
6	从严治党	计划生育	稳定物价
7	环境保护	环境治理	食品药品安全
8	教育改革	教育改革	法治中国
9	社会保障	住房	行政体制改革
10	住房	新型城镇化	国防建设

数据来源：人民网 2015 年、2014 年、2013 年两会调查。

（二）政策议程参考数据收集

在每年召开的全国人民代表大会上，来自各地的全国人大代表都会向会议秘书处提交大量议案和建议。这些议案和建议是我国立法的重要依据，是政策制定和修改的重要参考。收集、整理这些议案建议，对分析研究我国政策议程具有重要意义。为此，本文先后使用搜索引擎检索相关关键字、向《中国人大》编辑部发送电子邮件、电话短信联系全国人大各代表团新闻联络官等方式收集关于人大议案的相关信息，截至 2015 年 3 月 30 日，除辽宁代表团和解放军代表团新闻联络官给予侧面答复外，还未获得其他相关信息。由此可知，目前通过公开途径收集政策议程数据十分困难。

《人民日报》是由中共中央主管、人民日报社主办公开发行的综合性报纸，在全国乃至全世界范围内具有较大影响力和较强的权威性，是外界观察中国政府政策议程的良好窗口。每年两会期间该报都会开辟两会专版，对全国人大代表和政协委员们的提案与议案进行全面报道，以及对政府官员、专家学者、民主党派等各界人士的相关观点、言论进行关注。经初步统计，在两会期间《人民日报》全部 264 个版面中，两会专版共有 94 个，所占比例达到 35.6%，在非两会专版中也存在着大篇幅有关两会的即时报道，相关信息分布在 125 个版面中，占总版面数的 47.34%。

本文通过收集《人民日报》的相关信息进行间接的政策议程数据收集，共收集了 2015 年 3 月 3 日至 15 日《人民日报》刊载的各界人士发表的言论观点信息共计 1 193 条（每条信息均包括发言人姓名、职务、人物界别、发言主题以及发言所在的版面、日期等内容）。根据言论观点的内容，对全部 1 193 条信息进行了分类，为每条信息标记一至两个分类标签，共得到 1 482 条分类标签数据，并对这些信息分类标签进行初步统计（因篇幅有限，没有列出数据情况）。

三、数据分析结果

（一）公众议程数据统计与分析

一是参与人民网两会热点调查的人数逐年增加。从 2013 年的 213.6 万人次到 2015 年的 372.9 万人次，两年内投票人数增加了 74%，远高于同期中国网民人数增速（据《CNNIC 中国互联网络发展状况统计调查》，2013 年到 2015 年网民增速为 5.01%）。

二是每年公众关注热点不尽相同，每年热点候选词表述也略有不同。如关于反腐败的热点候选词，2013 年和 2014 年的表述是"反腐倡廉"，2015 年为"重拳反腐"。这表明公众的关注热点会随时间不断变化，人民网两会热点调查、热点候选词设置也随着主流话语体系的变化不断调整。

三是公众关注的热点议题具有一定的连续性。连续三年均进入投票排序前10名的热点候选词有5个（收入分配、反腐倡廉、食药品安全、社会保障、住房）。三年内两次进入投票排序前10名的热点候选词有：环境保护、教育改革。这说明公众对关系到切身权益问题的关注具有长期性和持续性。

四是部分议题第一次进入公众议程就受到广泛关注，如热点候选词"经济新常态"在2015年第一次进入公众议程前10名，公众关注度排名即已排序第3。这说明政府通过主动设置议题，可以有效影响公众议程，为新政策施行奠定良好的社会基础。

（二）政策议程数据统计与分析

1. 政策议程来源界别多样化[1]

根据发言人所属界别的不同，本文统计了全部1 193条信息的发言人界别，其中，全国人大代表的观点言论761条，全国政协委员367条，政府官员39条，专家学者20条，企业家3条，民主党派3条（编码说明见注［130］），分布如图1所示。

图1以柱状图的形式显示出互联网环境下中国在进行政策议程设置时呈现出多元主体参与的趋势，而不再是传统的仅由内部精英参与的闭门模式。这种发展趋势代表着传统的议程模式受到冲击与挑战。从各个主体所占比例我们可以发现，全国人大代表数量处于主导地位，所占比例达到63.79%，而全国人大代表的建言建议代表着公众的利益诉求。全国政协委员所占的比例为30.76%，发挥着参政议政的作用。此外，我们可以看到政府官员、专家学者、企业家、民主党派所占比例分别为3.27%，1.68%，0.25%，0.25%，说明我国在进行政策议程设置时，更注意考虑多方利益关系和议程设置需要专业知识与技术的支撑。

1　关于界别的编码说明：界别的编码按照全国人大代表、全国政协委员、政府官员、专家学者、企业家、民主党派六个类别进行。全国人大代表、全国政协委员按照官方提供的名单进行分类，政府官员是指没有担任全国人大代表、全国政协委员的公务人员，如教育部部长袁贵仁，并非十二届全国人大代表，也不是十二届全国政协委员，因而归入此类；专家学者、企业家、民主党派等都参照此说明进行编码。

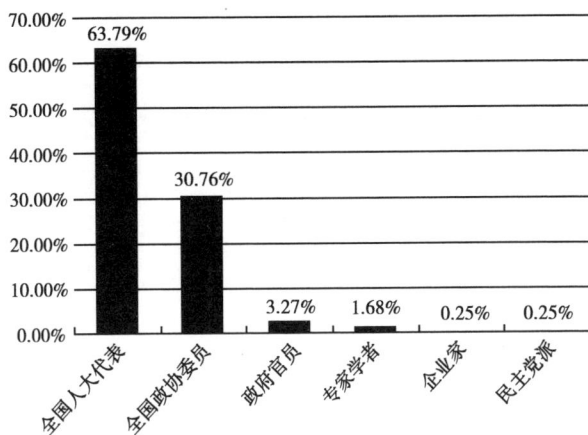

图1　人民日报2015年两会期间言论观点来源统计

2.政策议程前十项议题备受关注

根据信息内容，对全部1 193条信息标记一至两个分类标签，共得到1 482条分类标签数据，对不同的标签进行计数、统计、排序，统计部分排序结果参见表2。

表2　《人民日报》2015年两会期间刊载言论观点分类排序表

排序	关键词	数量/条	比例/%
1	环境保护	124	8.37
2	法治建设	96	6.48
3	"三农"问题	91	6.14
4	文化建设	76	5.13
5	经济建设	61	4.12
6	经济新常态	57	3.85
7	医疗卫生	52	3.51
8	教育改革	42	2.83
9	司法	38	2.56
10	交通运输	35	2.36
11	"一带一路"	35	2.36
12	社会保障	34	2.29

续表

排序	关键词	数量 / 条	比例 /%
13	扶贫帮困	33	2.23
14	立法	29	1.96
15	简政放权	28	1.89
16	政协工作	26	1.75
17	社会建设	24	1.62
18	反腐败	24	1.62
19	行政体制改革	24	1.62
20	区域协同发展	23	1.55
21	从严治党	23	1.55
22	创新	23	1.55
23	四个全面	22	1.48
24	就业	22	1.48

注：分类标签共有 122 个，篇幅限制，此处仅列出部分排名。

政策议程前十项议题受关注度更加集中，几乎一半的政策议题与这 10 个信息分类标签相关。2015 年度两会期间，依据《人民日报》刊载信息分类标签出现频率对政策议程进行由高到低的重要性排序，前十个议题分别是环境保护、法治建设、"三农"问题、文化建设、经济建设、经济新常态、医疗卫生、教育改革、司法和交通运输。其中环境保护占 8.37%、法治建设占 6.48%、"三农"问题占 6.14%、文化建设占 5.13%、经济建设占 4.12%、经济新常态占 3.85%、医疗卫生占 3.51%、教育改革占 2.83%、司法占 2.56%、交通运输占 2.36%，前 10 项议题分类标签即占全部 122 个标签出现总次数的 45.35%，其余 112 个标签出现次数总和仅占 54.65%。

3. 不同界别人士关注点各不相同

为进一步分析不同界别人员言论观点对政策议程的影响，这里分别统计了人大代表、政协委员、政府官员和专家学者的言论观点分类标签排序（表3）。

表3　不同界别群体言论观点分类排序

排序	人大代表		政协委员		政府官员		专家学者	
1	环境保护	10.22%	文化建设	9.96%	反腐败	8.70%	法治建设	14.29%
2	"三农"问题	7.35%	法治建设	7.14%	金融	6.52%	从严治党	14.29%
3	法治建设	6.07%	环境保护	5.63%	司法	6.52%	反腐败	7.14%
4	经济建设	4.05%	政协工作	5.63%	国际贸易	6.52%	科研	7.14%
5	经济新常态	3.62%	医疗卫生	5.19%	法治建设	4.35%	预算管理	7.14%
6	司法	3.51%	"三农"问题	4.55%	医疗卫生	4.35%	经济新常态	3.57%
7	文化建设	3.19%	经济建设	4.55%	经济新常态	4.35%	教育改革	3.57%
8	扶贫帮困	3.09%	经济新常态	4.33%	教育改革	4.35%	就业	3.57%
9	"一带一路"	2.98%	教育改革	3.46%	就业	4.35%	交通运输	3.57%
10	社会保障	2.88%	社会建设	2.60%	交通运输	4.35%	环境保护	3.57%

注：民主党派和企业家群体样本数量稀少，不列入此表。

不同界别群体所关注的议题排序各不相同。作为国家权力机关组成部分的人大代表群体关注最多的是环境保护议题，占全部人大代表言论观点的10.22%；政协委员群体作为参政议政的主体，最关注的是文化建设议题，该议题占比9.96%；政府官员群体最关注反腐败议题，占政府官员全部言论观点的8.70%；专家学者群体关注最多的议题是法治建设和从严治党，均为14.29%。

对比表2和表3可知：人大代表群体关注的前10个议题中有7个（恰好是前7个）进入政策议程排序的前10位；政协委员群体关注的前10个议题中有8个进入政策议程排序的前10位；政府官员群体和专家学者群体关注的前10个议题中，各有5个进入了政策议程前10位。

（三）公众议程与政策议程数据相关性分析

在政策议程排序前10的议题中，有5个进入最近三年公众议程前10位。其中，2015年的公众议程中有3个（经济新常态、环境保护、教育改革），2014年和2013年的公众议程各有2个。

在政策议程排序前10的议题中，有5个在最近3年公众议程中未进入前10位。这5个议题是："三农"问题（排序第3）、文化建设（排序第4）、经济建设（排序第5）、司法（排序第9）、交通运输（排序第10）。

在连续三年均进入公众议程前10的5个议题中，政策议程的排序均相对靠后（表4）。连续3年进入公众议程前10的5个议题分别为：收入分配（公众议程排序分别是第2、第4和第1，在政策议程中排序第65）、反腐倡廉（公众议程排序分别是第3、第3和第2，在政策议程中排序第18）、食药品安全（公众议程排序分别是第7、第3和第4，在政策议程中排序第50）、社会保障（公众议程排序分别是第1、第1和第9，在政策议程中排序第12）、住房（公众议程排序分别是第4、第9和第10，在政策议程中排序第42）。

表4 公众议程排序与政策议程排序对比

议题	公众议程排序			政策议程排序
	2013年	2014年	2015年	
收入分配	2	4	1	65
反腐倡廉*	3	3	2	18
食药品安全	7	3	4	50
社会保障	1	1	9	12
住房	4	9	10	42

注：* 热点候选词"反腐倡廉"在2015年公众议程中设置为"重拳反腐"。

部分新议题同时进入公众议程和政策议程前10位，如"经济新常态"这一议题，在政策议程中排第6，在2015年公众议程中排第3，是同时受到官方和公众共同关注的热点议题。

四、研究发现与讨论

（一）公众议程研究发现

第一，公众关注的议程在三年内呈现基本稳定的状态，只有少许变动。公众关心的议题大多是贴近生活与公众自身利益密切相关的议题，其中收入分配、反腐、食品药品安全、社会保障、住房这五个议题在2013—2015年一直占据公众议程的主导地位。

第二，对2013—2015年的公众议程进行分析比较可以发现，与2013年相比，环境保护和教育改革连续出现在2014年和2015年的公众议程之中，由此可以推断出这两年公众对环境保护和教育改革的问题进行了广泛关注。

第三，公众议程中议题的变化与该议题所处的政治经济环境有着密切的联系。在2015年的公众议程中出现了"经济新常态"这个全新的议题，该议题的出现与当时的政治经济环境有着密不可分的联系。这个议题的出现背景是在全球经济危机环境下，最高领导人对中国目前经济发展方式作出的战略判断。由于经济的发展趋势与变化方向一直是公众倍加关注的问题，因此，"经济新常态"这个议题在2015年的公众议程中得以体现。

此外，研究还发现，一些议题很快地退出了公众议程，出现这一情况的原因可能是公众的利益诉求得到了解决，公众议程顺利进入了政策议程，并形成了政策输出。例如，2014年公众议程中出现计划生育这个议题，而在2015年该议题却并未出现在公众议程之中，出现这一现象的原因可能是国家二胎政策的颁布解决了公众对于计划生育这个议题的利益诉求，使其退出了公众的视野。

（二）政策议程研究发现

第一，不同界别群体发言的数量比重直接影响该界别群体所关注的议题在政策议程中的排序。通过数据可以直观地看出：全国人大代表的观点言论共761条，占63.79%，人大代表群体关注的前10个议题中有7个进入政策议程排序的前10位，且这7个议题在政策议程中排序恰好是前7位；而占比1.68%的专家学者群体关注的前10个议题中只有5个进入政策议程前10位，且这5个议题中除了第1、第2位的环境保护和法治建设外，其余3个均排在政策议程的第6位到10位。

第二，政策议程前 10 位的议题吸引了近一半的关注。正如前一节所述，政策议程前 10 位议题分类标签占全部标签出现总次数的 45.35%。这说明参与政策制定的群体普遍关注的议题相对集中，有利于集中集体智慧讨论问题、更加科学民主地制定政策。同时，也容易使少数受关注度不高领域的议题被忽略。

第三，不同群体关注的议题与该群体集体价值取向等因素密切相关。从不同界别群体言论观点分类排序可知，各群体关注的议题各不相同，如人大代表群体关注议题前三位是环境保护、"三农"问题、法治建设。这三个议题都是国家宏观层面最受关注的议题，人大代表群体作为国家立法机构成员，其集体价值取向更趋于国家宏观问题；政协委员群体最关注的议题是文化建设，这与政协委员群体集体价值取向密切相关。在政协委员群体中，除各民主党派人士外，文化艺术界、科学技术界、社会科学界、经济界、教育界、体育界、宗教界和新闻出版界人士数量众多，他们都是相关领域的领军人物，其特殊身份使其更易受媒体报道，职业特点导致该群体最关注文化建设方面的问题；同时发现，各民主党派人士学历层次普遍高于其他群体，这些因素的共同作用，使得文化建设成为政协委员群体最关注的议题；政府官员群体最关注的议题是反腐败，该群体更希望从国家制度顶层设计上防止腐败问题发生。

（三）公众议程与政策议程互动研究发现

第一，2015 年公众议程中的议题与政策议程中议题相重合的有环境保护、经济新常态和教育改革。顺利进入政策议程的这些公众议题都是关系到国家宏观层面的问题，对整个国家的治理以及社会的和谐稳定具有极大的影响。这些公众和官方共同关注的议题都是既具宏观政策意义又贴近公众生活的议题，是政策议程和公众议程的契合点和连接纽带。例如教育改革议题，官方往往从国家宏观层面将其视为人才培养储备或教育资源分配的议题，公众则将其视为个人或家庭成员受教育权的问题。因此，我们可以得出当公众议程的属性关系到国家治理问题时即符合政府政策议程制定的价值取向时，顺利进入政策议程的可能性较大。

第二，2015 年的公众议程中收入分配、食药品安全和住房等议题未成为高关注度政策议程。这些公众议程关注而政策议程不关注的议题都是与公众权益密切相关的议题。这些议题在政策议程中排序相对靠后，但这些议题如果长期无法妥善解决，很容易引发舆情事件甚至上升为群体性事件。

第三，在对 2015 年的公众议程与政策议程进行分析时我们可以发现，政策议程中的一些议题并没有出现在公众议程之中，例如"三农"问题、交通运输、扶贫帮困、文化建设等。这一现象出现的原因一方面可能是因为公众政治参与能力的局限性。例如，"三农"问题在 2015 年的公众议程中并未出现，通过上文的分析可知公众议程大多是与公众利益息息相关的，而"三农"问题与公众自身利益是密切相关的，但为什么该议题并未出现在公众议程之中呢？这可能是因为与这个议题的直接利益相关群体的政治参与能力不高，政治参与意识不强，在对公众议程进行调查时，他们并未参与进来。此外，他们自我利益表达能力较弱，互联网虽然为公众的政治参与路径进行了补充，但却也带来数字鸿沟问题。如今网民大多数集中在城镇，农村网民数量较少，他们对互联网技术掌握不纯熟，也是造成该现象的原因之一。另一方面的原因可能是公众自身的局限性。公众站在自我的视角，无法具有战略性眼光，对国家宏观层面的问题考虑不深。例如文化建设这个议题，一个国家文化建设的完善与否关系到这个国家的综合国力高低；同时，当今国际间文化软实力入侵现象严重，各国对文化建设都予以高度重视。虽然这些议题事关全局和国家发展战略，会对公众生活产生一定影响，但这些议题并未触及公众最直接的利益，所以公众一般将其视为国家层面上层建筑设计问题，因此这些问题并不足以引起公众广泛关注。

第四，政府可以通过主动设置议题促进政策议程与公众议程良性互动。经济新常态是中央领导近年提出的一个概念。这一议题在政策议程中排序第六，而在公众议程中排序第三，公众关注程度甚至高于官方关注，是政府主动设置议程推动政策议程与公众议程良性互动的成功案例。

总之，在互联网环境下，公众议程对政策议程的影响力大小取决于公众议程是否顺利进入政策议程、是否影响政策议程议题重要性的排序，决定将哪些议题纳入政策议程。本文采用定量研究的方法，对 2015 年两会上的政策议程与公众议程的数据进行搜集和分析，得出现实政治生活中，哪些公众议程顺利地进入政策议程，以及议题在公众议程和政策议程的重要性排序。

然而，在公众议程对政策议程影响过程中，由于政策议程制定主体、公众议程制定主体的局限性、公众议程进入政策议程路径和议题自身属性不同，可能会出现公众议程进入政策议程失败，或者公众对议题的重要性排序与政府对议题重要性排序不一致现象，造成公众议程对政策议程影响的现实困境。这种困境可能也更多地来源于公众制度化参与的不足。当前，中国除了传统的自上而下由政策制定者在互联网上对舆情进行研判和主动网络问政外，自下而上的渠道主要还依赖于突发性网络群体抗争模式和多元主体隐蔽联盟模式。二者都属于非制度化路径，这些模式依赖于外部政策环境和触发事件，一定程度上以抗争的方式进入政策议程，但更多的时候，抗争代价带来的是对社会稳定的不利影响。因为这种不利影响的存在，反而延误或遮蔽了本应重视的公共议程问题。

要解决这一难题，首先要提高公众政治参与能力，公众政治参与能力的高低直接关系到公众自我议程构建能力的高低，如果公众自我议程构建能力不强，那么公众议程对政策议程的影响也随之削弱。其次，政府作为政策议程制定的主体，其政策议程制定能力必须得到加强。政府不能被动接受公众议程的进入，作为政策议程制定者必须主动发现采纳公众议程，这样才能有助于政策议程制定更为科学和民主。最后，要完善制度化政治参与路径，保障公众有序有效的政治参与，同时对非制度化路径进行引导，保证社会的和谐与稳定。

本文只是在这一问题上做了一些初步的探讨，还有很多问题值得继续探讨研究，如为什么有些公众议程顺利进入政策议程以后，却又很快地退出了政策议程制定者的视野，即公众议程对政策影响周期大小问题；在公众议程进入政策议程路径研究上，还存在一些非常规并不具有显著代表性的路径需要进一步研究。因政府信息公开程度尚有待提升，本文对国家政策议程的数据搜集也颇费周折，但据国务院办公厅 2014 年 10 月下发的《国务院办公厅关于做好全国人大代表建议和全国政协委员提案办理结果公开工作的通知》（国办发〔2014〕46 号）文件精神，自 2017 年起原则上全文公开涉及公共权益和社会关切的建议和提案复文，这将有利于政策议程数据搜集，为相关研究提供强有力的数据支撑。

公共传媒的政策传播功能

政策传播与政策变迁的关系：
基于"农民工"公共议题

一、引言

从媒介作用于政策议程方面，传播媒介提出或评论社会公共问题，直接或间接影响传媒议程和社会议程，从而促使社会公共问题转化为政策议程。郭小聪等人将媒介在影响政策议程过程中所扮演的角色分为"议程设置者"和"公共话语平台"[1]；对于"议程设置者"角色的作用过程，孙宇提出，媒介是通过制造出一定时期与社会大众自身利益紧迫相关的"注意力"和"焦点"，对大众关心的问题进行干预、塑造某种形象，从而对公共决策形成压力，使得政府在政策议程上作出反映[2]。从媒介作用于政策执行过程来看，李若萌提出，作为政府代言人，媒介常常会充当政治宣传的工具，因此媒介往往成为公共政策内容、目标与意义的解释与宣传帮手[3]。阮博认为，媒介通过对公共政策进行"政策倾向性"报道、塑造具有政治倾向性的媒介形象，是媒介帮助政府引导社会公共舆论，重塑社会公共政策价值观，为公共政策的制定和实施扫清社会舆论障碍的重要手段[4]。

从公共政策反作用于媒介方面来看，由于政府政策是媒介报道所依赖的一个主要信息来源，尤其是对于党报党刊而言，政府更具有主导新闻框架的优势，因此政府政策反向为媒介报道及形象塑造提供了内容选择[5]。同时，出于特殊国情，金登认为，偏向于政治体系一方的媒介议题进入决策状态的可能性会大于缺乏政治支持的政策建议进入决策状态、进入政策议题的可能性[6]。这成为媒介报道选

1　郭小聪，肖生福.当代中国传媒、民意与公共决策的互动探析——以电话初装费政策调整和取消为案例［J］.公共管理学报，2008，5（3）：41-46.

2　孙宇.政府信息公开、公共政策议程和参与型治理［J］.中国行政管理，2009（2）：64-67.

3　李若萌.媒介政治化与选择性传播能力建设［J］.理论与现代化，2013（5）：92-99.

4　阮博.论公共政策的社会支持系统及其优化［J］.理论与改革，2011（6）：16-19.

5　ENTMAN R M. Projections of power：framing news，public opinion and US foreign policy［M］.University of Chicago Press，2004：2.

6　约翰·金登.议程备选方案与公共政策［M］.丁煌，方兴，译.北京：中国人民大学出版社，2004：255.

择社会公共议题进入媒介议程的重要参考标准。

可以看到，在进行媒介与公共政策之间关系的研究过程中，已有研究大都从纯理论的角度出发进行分析，或以某一具体案例作为对象进行投射，关于在政策议程形成、政策实施等政策纵向变迁具体过程中媒介报道所起的作用研究甚少。

二、研究方法与数据整理

（一）数据搜集

考虑到数据可得性，数据采集所依据的时间范围是 1980 年 1 月 1 日—2014 年 12 月 31 日，共 36 年。选择中国政务网对农民工相关政策文本进行检索，检索途径是"中国政府网 > 政策 > 文件搜索"并以"农民工"作为检索主题，剔除不相关政策文件，共得到相关文件 79 条。在目标媒介的选择上，为了显著地反映媒介报道议题与政策议题之间的关系，并充分考虑到纸质媒体资料搜集的可行性和便捷性，选择了代表"党和政府喉舌"的《人民日报》作为目标媒介。将"农民工"同时作为标题及主题对《人民日报》进行搜索，剔除实质内容与农民工议题无关的相关报道，最后共得 1 723 条报道。

（二）研究方法

采用人工阅读方式将政策文本数据及媒介报道数据进行内容领域上的归类统计。分别根据政策文本及报道文本的类目特征及数量趋势确定数据的阶段，综合两者分析得出具体的时间节点。比较分析时间节点前后"农民工"议题的政策文本内容及相关议题的媒介建构特征与数量趋势，得出"农民工"议题的媒介建构与相关政策变迁的关系及作用规律。

（三）数据整理

从内容上对农民工政策文本进行目标领域的类目构建，根据政策文本所涉及的内容，将农民工政策分为流动管理、就业管理、户籍管理、权益保障、工资清欠、子女教育及综合 7 大目标领域。其中，流动管理类指对农民工在城乡间流动进行管理，包括具备"控制""清退""有序流动""农民工返乡"等关键词的政策。就业管理类指支持帮扶农民工就业、向其提供职业培训等为主要内容的政策。户籍管理类指对农民工限制入户、入户放宽或进行户籍制度改革等相关的政策。权益保障类指提出保障农民工合法权益、提升农民工群体社会保障水平等内容的政策。工资清欠类作为权益保障内容之一被单列出来，指明确提出以解决农民工工资拖欠问题、劳资纠纷问题为内容的政策。子女教育类是指提出解决农民工随迁子女教育问题的政策。综合类政策涉及关注解决各个方面的农民工问题。

　　对"农民工"议题报道进行类似的类目构建，依据报道内容及关注点，将报道议题进行归纳（表1）。其中，与政策议题相异的"社会融合"这一媒介议题，包括其子议题大都是从非政府，比如农民工自身、社会各界的视角对农民工生活进行描述或对其进行关怀救助。

表1　"农民工"议题的类目建构

"农民工"媒介报道的框架议题	子议题
权益保障	工资清欠
	社会保障
	相关法律法规、政策方针及会议等
	工会组织
社会融合	生存状态
	身份认同
	精神文化生活
	关怀救助
管理与服务	流动管理
	就业管理
	户籍管理
	子女教育
其他	不文明及违法犯罪行为
	讴歌赞美
	理论研究

三、时间节点的确定

（一）基于政策文本的时间节点

　　对"农民工"议题政策文本进行目标领域的分类，从数量来看，"流动管理"

议题的政策趋势与其他目标领域的政策议题趋势完全相反,且有较明显的分界线,如图 1 所示。

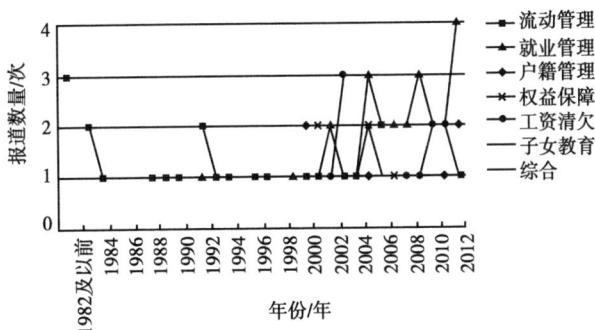

图 1　政策文本中各议题出现次数趋势图

流动管理议题政策呈波动下降趋势直至 21 世纪初消失,而其他议题相关政策则于 21 世纪初相继出现并呈现波动上升趋势。另外从统计数据的议题来看,21 世纪以来,"农民工"相关议题呈现多样化。

(二)基于媒介报道的时间节点

对"农民工"相关议题的新闻报道进行数量统计,如图 2 所示,以 2001 年作为报道数量趋势的分界点,2001 年以前"农民工"议题报道很少,有的年份甚至没有对农民工进行报道;2001 年以后"农民工"议题报道数量逐渐增多。

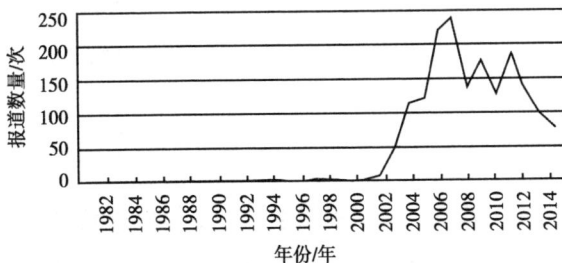

图 2　"农民工"议题报道出现次数趋势

将研究阶段按照时间划分为两个区间:2001 年 1 月 1 日之前、2001 年 1 月 1 日至 2014 年 12 月 31 日。另外,结合政策及媒介报道内容,以 2006 年、2007 年、2011 年、2012 年为大致的时间节点,将 2001 年 1 月 1 日至 2014 年 12 月 31 日分为三个时间小区间。

四、基于文本数据的比较分析

（一）第一阶段数据

2001年1月1日之前这一阶段相关政策文本中几乎只涉及"流动管理"这一政策议题，从报道的数量趋势来看，"农民工"议题报道数量都接近于零。因此，在这一阶段我们以流动管理议题为主要视角，以文本分析为主要方法，综合比较农民工流动政策的变迁及在变迁节点上媒介报道的变化。

1.从严格把控到在适度放开政策下的媒介报道

农民工政策方面，1984年可以作为政策变迁的典型时间节点。从"农民工"议题报道来看，样本数据中1984年之前几乎没有关于"流动管理"议题的报道，仅在1982年1月出现一篇以《干部带头清退自己安排的亲友，安徽十万多农民工返乡务农》为主题的报道。媒介对农民工在"控制、清退"政策下的现状要么"不报道"，要么对严格控制的流动政策加以宣传。

《中共中央关于1984年农村工作的通知》明确允许务工、经商、办理服务业的农民自理口粮到集镇落户。农民工流动管理政策呈现适度放开的特点，从一直以来基本禁止农民工进城的所谓"红灯阶段"变迁到适度放开农民工流动的"黄灯阶段"[1]，然而这一阶段媒介报道仍对变迁政策基本作"不关注"反映：样本数据中仅有1988年《招聘固定工，顶替农民工》一篇相关报道，以"工厂不用农民工"的用工情况"回忆"着1984年以前严格控制的流动政策。可见，此阶段媒介报道的议题并未跟随政策指向而改变，并未对松动的流动政策进行大幅宣传。

2.从落户松动到在盲流严控政策下的媒介报道

以1989年4月《民政部、公安部关于进一步做好控制民工盲目外流的通知》（以下简称《通知》）为开端，农民工流动管理政策呈现出以"控制盲流"为特征的严格管理状态。农民工流动政策以采取各种有效措施及建立各种制度规范阻止农民工盲目进城务工为主要方向。

1　胡鞍钢.中国存在"四农"问题农民工问题是核心［J］.经济研究资料，2005（3）：38.

1989 年 3 月以《北京禁止擅招农民工》为标题的报道从北京市政府的角度对"压缩、清退"农民工的政策进行报道，这就为 4 月的《通知》做好了预热工作。与"追随政策指向"的态度衔接，媒介在农民工流动管理上始终秉承"严格把控"的报道态度。

3.在有序流动、制度化管理政策下的媒介报道

20 世纪 90 年代，农民工政策又发生变化，就业、流动有序化及跨地区劳务协作，改变了不理性的"围追堵截"现象。1993 年《关于建立社会主义市场经济体制时期劳动体制改革总体设想》从就业服务体系的建立，提出规范、调节农民工流动；直至 2000 年初《关于做好农村富余劳动力流动就业工作的意见》仍以劳动力地区协作及流动有序化为主题。媒介关于农民工流动管理的报道却急剧紧缩，仅在 1999 年出现一篇题为《限制清退农民工利小弊大，再就业要城乡统筹》的报道。

媒介报道议题开始转向对农民工问题的思考。1993 年《国有企业缘何钟情农民工》及 1994 年《寻找农民的真理——两亿农民工的命运启示录》体现了媒介对农民工问题的反思。从 1995 年起，媒介报道所关注的农民工议题开始转向多元化，如就业管理、职业培训、权益保障、关怀救助等关键词报道频率提高。从政策方面来看，多元化议题的农民工政策出现的时间较晚，《中共中央、国务院关于做好 2002 年农业和农村工作的意见说明》才开始在"流动管理"政策的基础上添加了"搞好服务"的议题。可见，在秉承政策指向以外，媒介对吸纳非政府的、来自社会各界对农民工问题的态度早于政策所做出的反应。

（二）第二阶段数据

2001 年之后从"农民工"相关议题报道数量趋势中可以看到，一方面，2007 年、2011 年"农民工"相关议题报道数量均高于相近年份报道数量，成为两大数量高峰。另一方面，从表 2"农民工"议题政策文本的统计结果来看，2006 年及 2012 年"农民工"议题政策总数都是数量高峰且都涉及了 5 种议题领域。

将 2006 年及 2007 年、2011 年及 2012 年作为典型时间节点，对"农民工"政策及相关议题报道进行关联性比较分析。

表2　第2阶段"农民工"政策议题数量统计

年份／年	流动管理	就业管理	户籍管理	权益保障	工资清欠	子女教育	综合	总计
2001	1	0	2	0	0	0	0	3
2002	1	1	0	2	0	0	0	4
2003	0	2	0	0	1	0	0	3
2004	0	1	1	0	3	0	0	5
2005	0	1	0	1	0	0	0	2
2006	0	3	1	2	1	2	0	9
2007	0	2	0	0	0	1	0	3
2008	0	2	0	1	0	0	0	3
2009	0	2	0	0	1	0	0	3
2010	0	3	1	0	1	1	0	6
2011	0	2	2	0	0	2	0	6
2012	0	2	2	2	1	2	0	9
2013	0	4	2	0	0	1	1	8
2014	0	3	2	0	1	0	0	6

1.2006年及2007年前后农民工政策及媒介报道的比较分析

政策议题方面，不论是从议题类目领域还是从各议题报道的数量来看，2006年所呈现的内容都较2007年丰富。其中，就业管理议题政策的数量达到21世纪以来高峰；户籍管理、权益保障及工资清欠政策议题都只是在2005年的基础上有所增加，至2007年则又回归平静；子女教育议题成为2006年首次出现的农民工新的政策议题。

就与政策议题紧密相关的子议题而言，就业管理议题报道在2006年及2007年前后的数量无较大波动。说明媒介报道始终关注农民工就业、职业培训等问题，媒介并未因相关议题政策的数量攀升而加大对农民工就业管理议题的关注。

另外，虽然2006年与户籍管理议题相关的政策已经出台，但户籍管理议题的报道在2009年之后却间断出现。

从政策层面来看，对"农民工"多元化议题，媒介的关注远远早于政策或者至少与政策的出台同步进行。工资清欠议题的媒介建构与工资清欠政策议题同时出现在2003年，而除"户籍管理"议题以外，其他议题的媒介建构还都早于政策议题，见表3。

表3　2005—2008年"农民工"媒介报道议题统计

"农民工"媒介报道的框架议题	子议题	2005年报道数量	2006年报道数量	2007年报道数量	2008年报道数量
1. 权益保障	工资清欠	24	28	19	4
	社会保障	17	38	23	12
	相关法律法规、政策方针及会议等	1	3	6	4
	工会组织	2	12	9	3
2. 社会融合	生存状态	13	34	47	9
	身份认同	10	16	22	7
	精神文化生活	7	11	13	4
	关怀救助	32	48	62	25
3. 管理与服务	流动管理	4	3	4	12
	就业管理	27	23	24	14
	户籍管理	0	0	0	0
	子女教育	14	9	21	16
4. 其他	不文明及违法犯罪行为	0	0	0	0
	讴歌赞美	0	1	0	2
	理论研究	0	0	0	19

2. 2011 年及 2012 年前后农民工政策及媒介报道的比较分析

政策议题方面，2012 年所呈现的农民工政策与 2011 年相比主要存在类目差异。2012 年农民工的权益保障、工资清欠两个政策议题出现，而这两种议题的政策在 2011 年及 2013 年出现频率为零。

媒介报道方面，从整体来看，权益保障议题报道数量在 2011 年及 2012 年无较大波动，工资清欠议题也只是在 2011 年呈现小幅波动。2012 年工资清欠议题报道低于相邻两年数量；2010—2013 年权益保障议题数量分别为 26、30、22、31，无论是总体权益保障议题还是工资清欠子议题，2012 年相关议题的媒介报道在四年中都呈现数量低谷，见表 4。媒介报道对某些议题的关注是持续的。在农民工"权益保障""工资清欠"等相关政策出台后，媒介的反应为：先减少报道数量，继而有平稳乃至更多的报道数量进行相关议题的跟踪。

表 4   2010—2013 年"农民工"媒介报道议题统计

"农民工"媒介报道的框架议题	子议题	2010 年报道数量	2011 年报道数量	2012 年报道数量	2013 年报道数量
1. 权益保障	工资清欠	13	21	13	30
	社会保障	6	1	6	0
	相关法律法规、政策方针及会议等	6	5	1	0
	工会组织	1	3	2	1
2. 社会融合	生存状态	25	44	26	19
	身份认同	7	5	4	0
	精神文化生活	2	13	15	3
	关怀救助	23	53	21	21
3. 管理与服务	流动管理	1	0	3	0
	就业管理	20	16	17	5
	户籍管理	6	5	2	1
	子女教育	16	18	10	7

"农民工"媒介报道的框架议题	子议题	2010年报道数量	2011年报道数量	2012年报道数量	2013年报道数量
4. 其他	不文明及违法犯罪行为	0	0	0	0
	讴歌赞美	5	8	3	3
	理论研究	15	24	13	1

五、研究结论与讨论

（一）媒介对于政策的宣传、解读和修正

第一阶段农民工政策经历了"严控—松动—严控—引导"的变迁路径。这一阶段农民工"流动管理"议题虽然成为媒介报道的主要议题，但在报道上媒介却一直保持着"从严流动管理"的态度，直至阶段末期不再关注"流动管理"议题而转向多元化的农民工议题。

以《人民日报》为代表的媒介有其自身的政治属性，其主要任务是对政府的方针、政策及主张进行信息传播和解读。当以"控制"态度为主的"流动管理"政策贯穿这一阶段时，媒介则通过对农民工政策进行"政策倾向性"报道，塑造具有政治倾向性的"非法流动者""城市被清理对象""盲流者"等媒介形象。而这些形象能够帮助政府引导社会公共舆论，为政策实施扫清障碍，促进农民工"流动管理"政策的实施[1]。

当农民工"流动管理"政策在1984年左右进入"黄灯阶段"时，媒介报道并未随政策变迁而改变报道态度，未对松动政策作出解释或宣传。一方面，因为政策变迁必须经历旧政策均衡、政策失效、政策创新、新政策均衡的过程，只有当社会各方面对新政策完全接受和认可，政策才会进入均衡阶段，政策变迁才会顺利完成[2]。在旧有的"严格把控"政策影响下，宽松的流动政策由于"时滞"无法在短时期内得到社会的迅速认可，前一时段农民工群体"非法流动者"印象

1　阮博. 论公共政策的社会支持系统及其优化［J］. 理论与改革，2011（6）：16-19.
2　陈潭. 公共政策变迁的过程理论及其阐释［J］. 理论探讨，2006（6）：128-131.

也无法在短时期内得到改变，政策变迁过程并未完成，媒介无法在这一时期迅速改变其报道态度或构建相对积极的农民工议题的媒介形象。另一方面，媒介在进行报道、构建农民工议题的媒介形象时，也会产生"路径依赖"。

媒介报道所建构的议题及报道态度虽然不能完全决定相关议题的政策走向，但从"严控—松动—严控"的政策修正来看，这一阶段媒介报道所持有的持续"严控"的报道态度与议题建构具有一定的预见性，或者说，媒介对变迁中政策所持有的"不追随"态度是对这一政策的"修正"警告。

（二）媒介对于政策的效果反馈、监督和议题补充

第一阶段末，即20世纪90年代中后期，与农民工政策仍以有序化"流动管理"为主不同，媒介渐渐结束了单一"流动管理"议题的建构，而转向多元化的农民工政策议题。

媒介可以通过对一定时期内与社会大众自身利益紧迫相关的"注意力"和"焦点"进行相关报道，对大众关心的问题进行干预，甚至使得媒介议题转化为公共议题乃至政策议题[1]。"流动管理"议题在媒介建构对象中的消失说明了农民工"流动管理"议题已经不再是这一时期紧迫的公共议题，从侧面说明有序的流动管理政策是有效的，得到了社会认可。媒介的议题建构对政策实施的有效性具有反馈作用。

如表4所示，媒介对"权益保障""工资清欠"建构与报道在相关议题政策出台前后始终保持一定数量，甚至还在政策出台当年出现报道的数量"低谷"。例如，"户籍管理"政策于2006年出台，相关议题报道却在2009年之后间歇出现。这说明虽然在政策出台时有关问题得到一定解决，但从长期来看，相关政策有效性或落实情况还有待确认。或者说，这是在提醒政策制定者：社会所反馈的、对相关政策的实施效果并不满意。近年农民工纠纷时而发生的现实也正反映了这一点。所以，媒介的议题建构无疑对相关政策实施的有效性具有一定的监督作用。

媒介通过曝光，将社会公共问题推上公共议程、政策议程[2]。通过将整个社会零散分布的、潜在的社会意愿和要求转化为集中、明了的公共议题，媒介在政

1　孙宇. 政府信息公开、公共政策议程和参与型治理［J］. 中国行政管理，2009（2）：64-67.
2　陈堂发. 大众媒介在政府政策行为中的作用［J］. 新闻界，2006（2）：49-50.

府对哪些社会问题应该纳入政策议程方面可以起到一种提示与补充作用[1]。从 20世纪 90 年代中期开始，传媒行业改革，社会各界的意愿能够最大限度地得到媒介表达，这是多元化农民工议题出现的重要原因。另外，在第二阶段，多元化议题的媒介建构和体现通常早于政策呈现，也说明媒介议题在政策议题形成之前便为其提供了参考和补充。

（三）研究对策建议

作为政策议题来源的重要渠道，媒介在社会公共议题进入政策议题之前对其进行建构，为政策议题的确立提供补充和提示[2]。在政策出台及实施过程中，媒介通过对相关议题进行报道，从而达到解读与宣传的目的。在政策变迁未完成时，媒介可以通过议题建构态度与方式，为不当的政策提供预示和警告。相关政策处在贯彻落实阶段时，媒介以议题建构的类目及相应类目数量的纵向发展趋势对政策实施的效果进行监督和反馈：政策出台及实施前后，若相关议题所反映的问题得到有效解决，则相应的媒介议题在报道数量上会呈现下降趋势，反之则呈现上升趋势。

政府在确定政策议题过程中，应重视相应时期的媒介议题。在政策出台及实施过程中，应谨慎对待相关议题的媒介建构方式，重视媒介的解读与宣传功能，当媒介的议题建构出现异常，能够及时确认政策本身及政策贯彻渠道的有效性。在政策落实阶段，也应将公共议题的媒介建构情况，特别是相关议题在媒介报道中所呈现的数量趋势，作为政策实施效果的一项重要评价标准。

1　赵玉峰.论公共政策议程建立过程中媒体的影响［J］.四川行政学院学报，2007（4）：19-22.
2　曾润喜，王媛媛，王晨曦.互联网环境下公众议程与政策议程的议题排序研究［J］.电子政务，2016（4）：75-82.

公共议题的媒体建构与政策变迁：
基于"农民工"媒介形象

一、问题的提出

媒体塑造的公共议题的媒介形象与公共议题相关政策的变迁有着天然的内在联系和规律。一方面，媒介带有鲜明的政治属性。媒体是政府有效实施政策的平台和工具，公共政策的目标、意义与内容需要媒介进行宣传和解释。在我国，媒体作为党和政府的"喉舌"，其新闻报道会表现出现实政治的倾向性。媒体通过对公共政策进行"政策倾向性"报道，塑造具有政治倾向性的媒介形象，从而协助政府引导舆论，重塑社会的公共政策价值观，为公共政策的制定和实施提供舆论保障[1]。政府有时还会让媒体刊载一些立场偏向于民众而与政府立场对立的政策观点，减缓和避免民众因对政策不满而造成政府与民众关系恶化与断裂[2]，实现疏导社会不满情绪的目标。

同时，公共政策影响着媒体报道与媒介形象的塑造。公共政策是媒体所依赖的主要信息来源，政府因此具有主导新闻框架的优势[3]。政府决策为媒体倾向性报道提供了选择。此外，偏向于决策者立场的媒体议题进入决策状态的可能性会大于缺乏政治支持的媒体议题[4]。

另外，媒体也必然带有鲜明的媒介属性。即使作为党中央机关报的《人民日报》，除了作为党和政府的传声筒之外，其自身的媒介属性还促使其关注人民群众的普遍需求和社会的发展与变迁。在不违反根本政治原则的情况下，媒体在报道上具有主观能动性，因此媒体的议题选择在一定范围内具有较大自主性。这些自由议题往往不与政治原则相冲突，但在某种程度上会与政策目标相冲突，使得

1　阮博.论公共政策的社会支持系统及其优化［J］.理论与改革，2011（6）：16-19.

2　赵双阁，艾岚.论传媒参与公共政策的公民权利实现［J］.国际新闻界，2010，32（6）：64-69.

3　ENTMAN R M, ROBERT M. Projections of power: framing news, public opinion, and U.S. foreign policy［M］.Chicago: University of Chicago Press, 2004：163-173.

4　约翰·W.金登.议程、备选方案与公共政策［M］.丁煌，方兴，译.北京：中国人民大学出版社，2004：255.

媒体议题与现行政策议题不统一。

对某类人物群体的形象塑造是媒体常用的议题，即媒体将新闻报道作为媒介形象的载体和表征，对人物形象进行再现与加工，并通过媒介形象以实现其在政策形成与实施过程中的影响[1]。一方面，媒体在公共领域扮演着议程设置者和公共话语平台的角色[2]，制造出一定时期内与社会大众自身利益密切相关的焦点事件，也可以塑造某种特定的人物形象，进而对大众关心的问题进行干预。由此，媒体议程具有可以转化为公共议程的潜力[3]。另一方面，媒体议程还可能对政府施加公共决策压力，促使政府作出回应，从而直接转化为政策议程。

媒体对政策的影响是多方面的，已有研究较少从政策形成、实施、变迁等角度分析媒体议题与政策变迁的关系。本文将在政策变迁与媒介形象的同期及差序时期的对比中分析媒体在政策形成、实施、变迁这一过程中对政策变迁产生的影响及相互关系。

二、研究设计与方法

（一）分析方法

政策变迁与演进具有内在的阶段性和可能性边界，而政策转折点反映了旧政策向新政策转变的目标取向、内容设计、路径选择等，是把握政策变迁过程的关键点[4]。同理，媒介形象转折点也能反映媒体报道因受外在环境影响而转变的目标取向、路径选择等。本文借用"元分析"方法原理，根据对一定数量的、单独的、已有的针对农民工媒介形象与农民工政策的研究数据进行"整合"式二次分析，得出普遍性的农民工媒介形象的变迁节点；筛选、比较所选文献针对农民工的政策研究的时间段、时间节点，结合媒介形象变迁节点分析该节点前后农民工政策变迁的规律，解释在动态变迁中农民工政策与不同时期农民工媒介形象的关系。

（二）案例选取

媒体通过对公共议题进行报道与媒介形象塑造影响政策议题。以农民工媒介

1　苏林森.被再现的他者：中国工人群体的媒介形象［J］.国际新闻界，2013，35（8）：37-45.

2　郭小聪，肖生福.当代中国传媒、民意与公共决策的互动探析：以电话初装费政策调整和取消为案例［J］.公共管理学报，2008，5（3）：41-46.

3　孙宇.政府信息公开、公共政策议程和参与型治理［J］.中国行政管理，2009（2）：64-67.

4　陈潭.公共政策变迁的理论命题及其阐释［J］.中国软科学，2004（12）：10-17.

形象为例，其媒介形象的塑造特征及演进过程与农民工政策的变迁规律具有相关性和相互解释性。农民工媒介形象与农民工政策的关系及演变规律的确立不仅可以帮助政府以媒介形象为参考，确定政策议题，还有利于政府对政策实施效果进行快速测评或及时对政策加以修正。

因此，本文以农民工媒介形象为研究案例。已有的大部分研究主要针对农民工政策的阶段性演变，或者仅从农民工媒介形象的演变进行单一层面的归类研究。将农民工政策与农民工媒介形象对应起来进行比较的研究相对较少，为数不多的研究将农民工媒介形象的变化规律直接嵌入农民工政策的阶段性分类中。这虽然承认了媒介传播与政策存在的相关关系，但在一定程度上缺乏在相对较长时间跨度中对媒介形象与政策变迁关系的合理性考察。同时，为得出已有研究在分析农民工媒介形象中所选的时间变迁节点，本文选取能更好地凸显政府政策与媒介形象塑造之间关系的《人民日报》作为媒体研究对象。

（三）数据搜集与时间参照节点

基于历年国务院公报，搜集国家关于农民工议题的政策数据。查阅《人民日报》图文全文数据库，搜集体现农民工媒介形象的报道。在中国期刊全文数据库、中国优秀博硕士论文全文数据库选用"农民工""媒介形象""人民日报"等关键词进行检索，以人工阅读的方式筛选出研究《人民日报》报道农民工的论文，共得到18篇满足条件的文献，并对相关文献内容与结论进行时间节点的二次分析。本文选取被作为研究时间节点频数超过10，同时该年份作为研究起点频数超过2的年份作为参考节点，如图1所示。

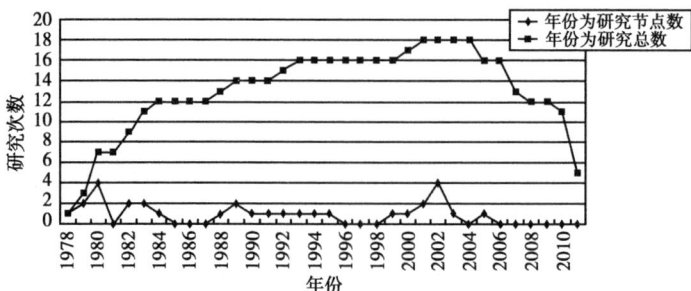

图1　所选文献研究时间节点比较

从图 1 可以看出，1983 年在 18 篇文献中被研究过 11 次，2 次被作为研究起点；1989 年在 18 篇文献中被研究过 14 次，2 次被作为研究起点；2001 年、2002 年被研究次数高达 18 次和 19 次，2001 年 2 次被作为研究起点，而 2002 年 4 次被作为研究起点。这些年份在研究总次数以及起点研究数方面明显高出其他年份。另外，因 2001 年与 2002 年相近，将 1983 年、1989 年、2001 年作为媒介与政策变迁的参照节点，划分为 1983 年以前、1983—1988 年、1989—2001 年、2001 年以后四个阶段，分别考察节点前后媒体构建的媒介形象及与公共政策之间的关系。

三、农民工媒介形象与农民工政策变迁的关系

（一）保驾护航：1983 年以前

从新中国成立至改革开放初期，政府严格限制城市企业从农村招工，并配套出台人民公社、统购统销和城乡二元化户籍等一系列政策和制度，以减缓大量农业人口进城对城镇就业和食品供应可能造成的压力[1]。这种限制一直到改革开放初期都未得到改变，仅从劳动力流动政策来看，1983 年以前，农民工政策处于基本禁止农村人口流进城市的阶段。国务院《关于严格控制农村劳动力进城务工和农业人口转为非农业人口的通知》明确规定：严格控制从农村招工；认真清理企业、事业单位使用的农村劳动力；加强户口和粮食管理。可见，虽然改革开放初期释放出来的劳动力价值带来了农业生产效率的大幅提升，然而流动限制到改革开放初期却没有根本性的改变，农民工政策仍处于"控制流动阶段"[2]。在此时期，以《人民日报》为代表的媒体报道主题为不鼓励农民工流动，且这些报道在一定程度上倾向于将进城农民工塑造为"非法流动者"的媒介形象。

媒体对地方政府针对 "控制流动" 政策的具体落实情况作了专门报道。最早在 1980 年 8 月 19 日，《人民日报》就刊登了一篇题为《小议"全面的物质利益原则"》的文章，主要报道了常州市提出清退城市内的计划外农民工。而 1982 年 1 月 31 日，《人民日报》第 2 版题为《干部带头清退自己安排的亲友 安徽十万多农民工返乡务农》的报道指出：安徽省通过端正党风、抓各级干部的

1 温思美，张乐柱.建国 60 年农村经济发展轨迹及其愿景［J］.改革，2009（8）：5-21.
2 宋洪远，黄华波，刘光明.关于农村劳动力流动的政策问题分析［J］.管理世界，2002（5）：55-56.

表率作用，半年时间就动员了 10.24 万名农民工返乡务农，每年可节约工资支出
7 200 万元，节约粮食 400 多万斤。媒体将农民进城务工看作不正当行为，甚至
是涉及党风建设的严肃政治问题。总的来说，在这段时间内，各省、各地方政府、
政府工作人员关于清退农民工的举措及行动成了媒介，在农民工问题报道上的主
要素材，农民工流动被打上了"非法"印记。究其原因，源于媒介，特别是以《人
民日报》为代表的官方媒体的政治属性赋予其对政府大政方针及政策主张进行传
播与解读的义务及责任。通过对农民工政策进行"政策倾向性"报道、塑造具有
政治倾向性的"非法流动者"的媒介形象，为政策实施扫清舆论障碍[1]。"非法
流动者"形象的塑造促进了以严格限制农民工流动为代表的农民工政策的实施，
强化了这一政策的实施效果。

（二）非同步性：1983—1988 年

1983 年以前关于农民工的报道从侧面反映了大规模的农村经济改革、家庭
承包分溢出的农村剩余劳动力在长时期内聚集的问题严重性。由于前一时间阶段
媒体对农民工流动议题的报道及"非法流动者"负面形象的塑造，将农民工流动
"合法性"议题在某种程度上推向了政策议题，也为推动大幅松动的农民工政策
出台在客观上营造了舆论环境。

1984—1988 年，在放开搞活生产的政策号召下，农村生产力得以提高，城
镇经济也发展迅速[2]，政府关于农村劳动力流动政策开始改变。自 1984 年开始，
国家逐渐允许农民在资金和粮食自给的条件下进城经商或务工，并在之后出台了
部分允许和鼓励农村劳动力的地区交流、城乡交流和贫困地区劳务输出的政策，
表明农村劳动力就业及流动管理制度的大幅松动[3]。同年，国务院颁发《关于农
民进入集镇落户问题的通知》对农民工进入城镇后户口、居所、回迁等方面提供
政策保护和支持。所以自 1983 年开始，农民工流动管制进入了允许流动的"黄
灯阶段"，农民工开始大量进入城市。

然而，相比政策的大幅松动，《人民日报》的报道并不积极，每年报道数量

1　阮博. 论公共政策的社会支持系统及其优化 [J]. 理论与改革，2011（6）：16-19.
2　李中建. 我国农民工政策变迁：脉络、挑战与展望 [J]. 经济学家，2011（12）：70-76.
3　董小玉，宛月琴. 文化生态视野的农民工形象变迁与话语建构：由媒体观察 [J]. 改革，2013（2）：88-97.

在 5 篇以下，媒体关注度不够。从内容来看，这些报道都只是从雇用农民工以降低经济发展投入的角度进行报道，象征性地为松动的农民工流动政策进行铺垫宣传。例如，1984 年 4 月 20 日《人民日报》发文称"雇用一名农民工顶替一名固定工的职位，企业与城市每年可减少各种福利费和补贴 793 元，而农民工收入可达近千元"。时隔 4 年之后，《人民日报》刊登了另一则新闻，内容为"用一名农民工相比用一名固定工人，国家和企业每年可节省各项开支 700 ~ 1 000 元，生产效率可提高近 30%"。

但事实上，《人民日报》在 1983—1988 年这一阶段的不少报道并未表现出像 1983 年以前的时段内对政策宣传的强有力支持。相对于政府积极松动的农民工政策，在长达 5 年的时间内，《人民日报》宣传的农民工媒介形象也仅限于上述几篇文章。《人民日报》对此阶段农民开始从事非农就业的现状作出"不报道""碎片化""单一化"报道的反应，实质上映射出媒介形象的作用不只是对政策的正向推动或者保驾护航。

可见，1983—1988 年农民工媒介形象与农民工政策呈现出非同步性。媒介形象的塑造仍是基于前一阶段的农民工政策倾向，滞后于松动的流动政策，这无疑会在一定程度上延缓政策的社会认同，对政策的实施在客观上起着阻碍作用。显然，政策变迁必须经历旧政策均衡、政策失效、政策创新、新政策均衡的过程，而只有当社会各方面对新政策完全接受和认可时，才能使其转化为社会一般性的基础规则，政策才会进入均衡阶段，政策变迁才会顺利完成[1]。然而，社会对前一时段农民工群体的媒介形象认知无法在短时期内得到改变，加之单一化的农民工形象塑造，这在很大程度上强化了相应的社会共识，影响了城市市民群体对农民工的情感与认知，从而减弱了社会对农民工的认同与肯定[2]，使有关允许农村劳动力进城务工的宽松流动政策无法在较短时间内得到社会的迅速认可。

从这种阻碍的作用机制来看，1983 年以前的政策造成了媒体对以往农民工媒介形象的"路径依赖"。新政策本身的"时滞效应"也可能导致媒体没有及时塑造新的农民工形象，使城市市民群体对农民进城继续产生抵制心态，从而阻碍

1 陈潭. 公共政策变迁的理论命题及其阐释［J］. 中国软科学，2004（12）：10-17.
2 许向东. 一个特殊群体的媒介投影：传媒再现中的"农民工"形象研究［J］. 国际新闻界，2009，31（10）：42-45.

农民工政策的实施。

（三）政策收紧与负面媒体议题的涌现：1989—2001 年

1989 年，农民工流动的松动政策又开始了新一轮的变迁。一方面，农业经济效益不佳并连年下滑，乡镇企业的运行面临困境，造成农民收入较大幅度下降，因此农民工的跨区域流动呈现增长趋势；另一方面，城市新增就业岗位严重不足，从而促成 1989 年春节铁路客运"民工潮"的爆发[1]。"民工潮"的爆发为前一时期大量农民工不合理流动现象敲响警钟，政府政策开始严格控制民工流动。1989 年 3 月，国务院办公厅发出了严格控制民工外出和盲目外流的紧急通知。地方政府政策以广东省为例，1989 年春节广东省在车站、码头等进行"围追堵截"，对农民工进行疏导劝返；各级领导、各部门给予充分关注和重视，并由劳动、公安、卫生等部门成立专门领导小组缓解"民工潮"[2]。

与之相对应，媒体对此表现出浓厚的兴趣，迅速从每年 5 篇及以下的报道数量跃升至 1988 年的 12 篇、1989 年的 22 篇，此后至 2001 年，每年的平均数量保持在 10 余篇的水平上。媒介报道从强烈地抵触农民工流动的立场出发，将农民工群体塑造为"外来族群"形象。例如，《人民日报》将农民工群体的流动定义为"盲目流动"，农民工形象被塑造为"盲流者"。"民工潮"反映了前一段时间宽松流动政策下相应地方政府对于农民工接纳能力的缺乏；而对于"民工潮"的"围追堵截"也在一定程度上反映出相应地方政府对于地方就业等资源的"地方保护"、相应地方社会民众对农民工所持有的一种"外群体歧视"，而这些内容则通过媒体以形象塑造的方式表现出来。特别是 1988 年底至 1989 年 2 月前后，农民工曾被赋予的"被城市清理对象"以及"非法流动者"等刻板形象不仅没有得到媒体澄清，反而被媒体进一步加深。

1989 年 2 月 22 日，《人民日报》第 2 版报道了一则题为《广东打工不易 请勿听信谣言》的新闻，指出"近年来，广州火车站一带滞留的外地民工数以万计，经明察暗访，发现他们都是轻信'广东好找工作'，或被人戏弄，盲流而来的"。随后 2 月 25 日《人民日报》第 2 版又报道："广东劳务市场劳力过剩，不能安

---

1 李中建. 我国农民工政策变迁：脉络、挑战与展望［J］. 经济学家，2011（12）：70-76.
2 赵志强. 对"民工潮"的认识与思考［J］. 中国劳动科学，1993（10）：15-18.

排外来人员工作。"农民工的媒介形象在"潮流"与"盲流"间交织，在"正当"与"不正当"间徘徊，这无疑造成城镇居民与农民工对农民工身份的误解，对农民工政策的极度扭曲与不信任。媒体所报道的地方政府与社会民众的反应不仅通过塑造农民工形象对农民工政策的实施效果进行了有效反馈，还为后期农民工政策的调整提供了媒体议题参考。20世纪90年代中期以后，盲目流动的负面媒介形象也会促使社会和政府反思农民工的真实形象是否如媒体塑造的那样"污名化"，重新审视公共政策的合理性，并着手修正和调整与之相关的公共政策。

（四）多元循环：2001年以后

进入21世纪，因经济的快速发展需要大量劳动力，农民工流动的政策导向变为主动引导及鼓励，农民工开始大规模有序流动，并配套了较为科学规范的管理体系[1]。农民工政策更由单纯的流动就业转向社会尊重、公共服务、社会权益、就业质量等多维度问题。在总的发展趋势上，农民工政策倾向于公平与融合，主要体现在：连续多年以"中央一号文件"的形式将"三农"问题提升至政策议程的前列；逐步消除农民工在行政、体制上的工作障碍；将农民工保险、子女教育、就业培训等纳入财政预算；建立和维护农民工权益保障机制，在促进农民工融入城市并市民化的过程中推动城乡劳动力市场一体化等[2]。

由于农民工政策已经不再局限于前述几个阶段的"管"与"放"，而是趋向多元化，媒体所获得的议题空间变得宽松。《人民日报》在21世纪初至今，关于农民工相关报道呈"爆炸式"上升趋势，2002年报道数量跃升至66篇，2003年达到268篇，2004年超过了600篇。报道涵盖各个方面，主要以当期农民工社会问题、农民工政策为主。例如，基于促进城乡协调发展及取消农民工进城不合理限制等政策导向，《人民日报》开始肯定农民工对城市建设的贡献，称农民工为"城市财富的创造者"；在经济快速发展的背景下赋予农民工"职业劳动者""现代产业工人"等形象；同时，在响应户籍制度改革潮流、促进城乡劳动力市场一体化的政策中，媒体赋予农民工"新市民"与"融入者"的形象[3]。举例来看，

1 刘世定，王汉生，孙立平，等.政府对外来农民工的管理："广东外来农民工考察"报告之三[J].管理世界，1995（6）：187-197.
2 欧阳慧.我国农村劳动力转移的阶段特征及政策演进［J］.重庆社会科学，2010（2）：25-28.
3 董小玉，宛月琴.文化生态视野的农民工形象变迁与话语建构：由媒体观察［J］.改革，2013（2）：88-97.

基于 2003 年大规模农民工工资"清欠运动"，《人民日报》的新闻报道和评论文章大都以与农民工合法权利相关的主要议题为主要素材，比如工资拖欠问题、子女教育问题。

另外，从报道内容与政策内容的相关性以及相关议题的政策出台时间来看，媒体报道与出台、实施和变迁过程中的政策有着交互影响。2004 年《人民日报》对农民工维权意识觉醒及其权益维护话题进行了大量报道。《农民工不注意维权吗？》《农民工开始"用脚投票"》都塑造了权利意识觉醒的农民工群体媒介形象。塑造的此种农民工形象正好呼应了 2003 年《国务院办公厅关于做好农民进城务工就业管理和服务工作的通知》，该文件指出，必须依法保护农民工合法权益、做好建设行业农民工管理和服务工作等要求的通知，也体现在 2006 年《国务院关于解决农民工问题的若干意见》所提出的健全维护农民工权益的保障机制等政策中。

2014 年 3 月《人民日报》的报道《农民工曹勇代表建言市民化》描述了在江苏太仓打工的农民工曹勇的生活状态：当地企业为以农民工为主的员工购买养老、医疗、工伤等保险；落实其子女的教育问题；针对需有连续两年的社保缴费记录、自有房产满一年（75 平方米以上）才能真正落户的条件，曹勇提出了新的"无房市民化"要求。这与近年来媒体赋予农民工"新市民"与"融入者"的形象相一致[1]。半年后，《国务院关于进一步做好为农民工服务工作的意见》提出着力推动农民工逐步实现平等享受城镇基本公共服务和在城镇落户、着力促进农民工社会融合等意见。媒介对这一议题的报道在很大程度上促进了政策议题的形成，推动了政策的出台和实施。

四、研究结论与建议

（一）结论与讨论

1.媒介形象在政策形成与实施过程中的作用

媒体对议题的塑造能够促成政策议题的形成。它不仅对公共问题起到发现机制的作用，还能够促使社会问题或事件得到有效曝光，最终使私域问题进入公共

1　董小玉，宛月琴.文化生态视野的农民工形象变迁与话语建构：由媒体观察［J］.改革，2013（2）：88-97.

议程[1]。通过将整个社会零散分布的、潜在的社会意愿和要求转化为集中明了的公共议题，媒体在政府对哪些社会问题应该纳入政策议程方面可以起到一种提示与补充作用[2]。媒体只进行不鼓励农民工流动的少量报道以及塑造"外来族群""盲流者"形象，促进了严格限制流动的农民工政策落实。21世纪初，媒体所塑造的"城市财富的创造者""职业劳动者""现代产业工人"等形象则迎合了建立合理有序城乡劳动力市场的新政策。

媒体报道对政策的宣传与解释作用会出现短暂的滞后甚至产生逆向阻碍作用。由于社会民众对旧政策的"路径依赖"效应以及新时期农民工政策社会认可度的"时滞效应"，《人民日报》在新农民工政策出台并实施之初倾向于大篇幅地报道"对农民工流动严格控制"与市民的抵制心态。这种类型的报道延缓了社会对农民工政策的认可进程，从而对政策实施产生阻碍作用。

2.媒介形象在促进政策变迁中的作用

面对政策题材，媒体有两种处理方式，一是宣传，即前面所提到的"上传下达"作用，侧重政策制定的意义、未来可能产生的积极效果预测等；二是政策报道，强调政策在实际运行中所产生的客观效果与存在的问题[2]。媒体不仅能反映公共问题，而且能向公众提供政策信息[3]，农民工政策的推行效果和存在的问题往往在该时期农民工媒介形象及农民工报道中反映和体现出来。同时，媒体对农民工等类似社会问题的报道能够对政策的执行效果起到反映和监测的作用，而媒体的这种监督作用往往发生在新旧政策变迁的节点上。在宽松的农民工流动政策下媒介"反政治倾向性"塑造的"外来族群"与"盲流者"形象为下一阶段合理控制农民工流动的政策变迁提供了新的议题参考。在农民工政策变迁过程中，媒体报道通过对农民工形象的塑造最终以反馈方式推动新议题形成与新政策出台。

不论是从政策议题和媒介形象塑造的内容相关性还是时间的前后联系来看，媒体对政策的影响都是不容忽视的。这些媒介形象对政策阶段性的作用始终贯穿于政策发展的整个循环过程中。如图2所示，媒介形象的作用贯穿于政策的形成、

1　陈堂发.大众媒介在政府政策行为中的作用［J］.新闻界，2006（2）：49-50.
2　赵玉峰.论公共政策议程建立过程中媒体的影响［J］.四川行政学院学报，2007（4）：19-22.
3　安彩英.论大众传播对公共政策的影响力［J］.新闻界，2012（19）：59-63.

实施和反馈过程中，在某种程度上是公共政策动态变迁的推动力。媒介形象反映社会公共问题并使其上升为政策议题。在政策推行和实施过程中，媒体一方面进行"政策性倾向"的形象塑造，对政策进行解读与宣传，从而加速政策的社会认同和落实；另一方面，媒介形象塑造在题材的偏向性以及政策"滞后效应"的存在，使其对政策的解读与宣传出现滞后甚至反向阻碍作用。发挥着监督作用的大众媒介会通过对与社会政策题材相关的内容进行报道，及时向政府反映政策的执行效果。同时，大众媒介会将搜集的公众信息以新媒介形象的形式为政策议题提供选项，从而影响新的政策议程，加速政策变迁。

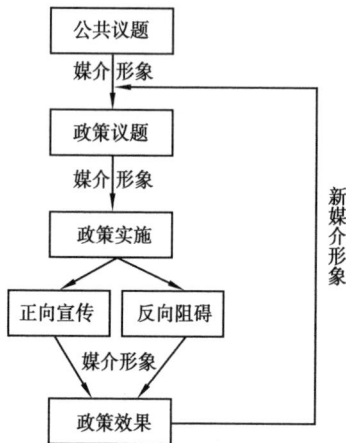

图2 公共议题媒介形象与政策的关系

（二）研究建议与展望

1.基于媒介形象反思政策效果

相对政府刻板的强制性政策，公众更容易接受媒体塑造的媒介形象。媒体报道和导向，可以深刻体现正在推行和实施的政策价值，反映整个政策的发展历程。同时，在塑造媒介形象时，媒体也可能会受到社会实际状况和公众的影响导致偏离政策方向。基于政策与社会认同的"滞后效应"，政府应及时找到偏离的原因，拓宽政策传播渠道，提升政策的社会认可度；而基于"反政治倾向"的媒介形象特别是"新"的媒介形象的塑造，则应引起政府的高度重视，政府应考虑这些媒介形象形成的现实基础，反思当期政策的合理性与实施效果，针对性地进行政策修正，必要时直接将合理的媒介议题纳入新的政策议题。

2.通过媒介形象促进政策实施

媒介形象影响公众对事实的认识，政府应认识到媒介报道与形象塑造对于公共政策的潜在影响力。媒体遵循政策方向进行报道和形象塑造，不可避免受到社会问题发展状况的影响，加之公众议程不断施加压力，会对现有政策价值不断反思并逐步提出新的政策议题。政府在政策议题的确定上，首先要保留和尽可能多地考虑内隐于媒介形象的媒体政策主张，获得较难从其他渠道获取的社会信息，加深对社会问题的认识。在政策实施过程中，加大对媒体这一公共平台的利用，一方面以其开放性使民众有机会参与政策的修正；另一方面在积极引导媒体权威性和说服性效果形成的同时，发挥其自上而下的"喉舌"作用，提高公共政策传播的时效性和准确性，使媒体真正成为连接公众与政府的桥梁和纽带。

3.参考媒介形象调控政策议程

由于时间、经费和政策注意力等限制，政府不可能感知到所有亟须解决的社会问题，即使感知到某些问题也会因问题的轻重缓急程度而未列入政策议程。此时，媒体的形象塑造和强烈的渲染会使政府不得不重视某些问题，将本应优先解决的问题推后，打乱了本来的政策议程设置节奏[1]。因此，政府在政策议程建立的过程中，应审慎评估和检验媒体议程。此外，也有可能政府已经感知某些社会问题的重要性，但暂时无权力或无能力解决，媒体的媒介形象塑造和广泛报道可能导致该社会问题的解决陷入僵局。为避免上述情况出现，政府要及时引导媒体对媒介形象的塑造，主动设置媒体议程，避免无法解决的社会问题被迫进入政策议程而造成公共管理危机。

1　曾润喜，王媛媛，王晨曦.互联网环境下公众议程与政策议程的议题排序研究［J］.电子政务，2016（4）：75-82.

国外媒体对中国公共政策议题的舆情解读与形象建构

一、问题的提出

公共政策的制定与实施是一国政府施政理念的集中体现，中国的公共政策经由国外媒体传播后，媒介化的公共政策成为国内外受众观察和解读中国形象的窗口。在公共政策媒介化的过程中，国际媒体对他国的事件或政策会基于媒体自身价值观有偏好性地进行报道。例如，国际媒体对"3·14"拉萨打砸抢烧暴力犯罪事件的系列报道曾明显表现出媒介素养、政治认知和商业利益等方面的考量与分化[1]。这种现象不仅发生在涉华报道，有研究分析了德国、法国、英国、瑞士四个国家的 27 种报纸和杂志针对日本地震、海啸以及福岛核灾难的系列报道，发现德国、瑞士的媒体聚焦于日本国内核计划与福岛核泄漏事件的责任关联，而英法两国媒体却鲜明地强调海啸事件中的人道援助等，具有明显的政治情感与文化倾向，在体裁类型、话语方式上也存在差异[2]。有研究认为，国外媒体对一国问题及政策的解读、传播模式始终植根于现实主义国家、民族间的利益博弈关系[3]。

实际上，置身于国际话语权争夺日益激烈的背景下，我国国际形象传播与建构所面临的形势非常严峻。国家形象往往以其他行为体的认可和接受为条件[4]，无论是他国对我国政策的解读，还是我国对他国进行政策宣讲，媒体在其中都起到关键作用。在对 G20 的 19 个成员国 9 500 位民众调查中，高达 62% 的海外民众依靠本国传统媒体了解中国。当国外媒体对一国的政策和立场等发生错误解读时，必然会影响该国形象对受众的正确"投射"，使其对一国公共政策的解读呈

1　唐闻佳 .3·14 西藏报道中的国际媒体分化现象分析 [J].国际新闻界，2008，30（5）：38-42.

2　KEPPLINGER H M, LEMKE R. Instrumentalizing Fukushima: comparing media coverage of Fukushima in Germany, France, the United Kingdom, and Switzerland [J]. Political Communication, 2016, 33（3）：351-373.

3　徐桂权，方若琳，苏幼真，等.主体建构与利益博弈：现实建构主义视角下亚投行报道的框架分析 [J].国际新闻界，2016，38（6）：44-61.

4　汤光鸿.论国家形象 [J].国际问题研究，2004（4）：18-23.

现"政策正向解读误差"与"政策反向解读偏误"两种形式[1]。有研究表明，与美联社、路透社、法新社和德新社相比，新华社在德国公众中的信任度最低[2]，这说明新华社所报道的信息被德国公众认可和接受尚有较大提升空间。诸如南海问题等重大国际政治、经济、社会问题，中国的国际传媒力量明显处于弱势地位，国际舆论主要被美国及其盟国操控和误导[3]。这在很大程度上会造成政策传播阻滞，恶化政策执行的国际国内舆论环境，损害中国的国际形象。可见，国际媒体是构建国际舆论的主要依托，对传播和影响一国政策与立场话语权至关重要。

因而，国家形象与一国政策互相影响，对一国政策的合理解读，能够影响国际受众对该国形象的认知，在一定程度上塑造大国形象。研究国外媒体究竟如何对我国公共政策进行解读和建构中国形象，是一个理论与实践意义并重的议题。不过既有研究更多是从国家形象危机管理范式入手，聚焦于对国际问题等偶然性焦点事件进行报道，却对一国常规性、持续性政策的系列解读与建构缺少深入研究。本文试图以国外媒体对中国计划生育政策议题的报道为研究样本，结合内容分析法与话语分析法，从体裁类型、议题属性、话语方式、情感倾向四个层面出发，系统考察国外媒体对我国政策的解读过程及形象建构策略，探究其发生诱因及影响机理。

二、文献回顾

国外媒体对一国政策的解读及报道的相关研究主要围绕两个问题展开：一是如何寻求媒体、政策话语与权力的平衡。国外涉华报道会策略性地对文本反映对象进行解读并以此建构他国形象[4]。美英等国媒体在涉华报道时主要偏向于政治、民族、宗教、环境等属性议题，往往目的性地放大中国问题，扭曲政策事实[5]，而有关科学传播内容的报道则倾向于以真实客观为主[6]。按照霍尔的呈现论（representation），可以认为国外媒体是有目的地使用语言来生产和告知人们有

1　陈姣娥，王国华.网络时代政策"误读"现象与反思［J］.求实，2012（2）：63-66.

2　王异虹.中国涉外媒体在德国的信任度研究［J］.国际新闻界，2016，38（6）：28-43.

3　鞠海龙.中国南海维权的国际舆论环境演变：基于1982年以来国际媒体对南海问题报道的分析［J］.人民论坛·学术前沿，2015（20）：60-69.

4　夏倩芳.他国形象误读：在多维视野中观察［J］.湖北大学学报（哲学社会科学版），2003，30（2）：75-77.

5　相德宝.国际自媒体涉华舆情现状、传播特征及引导策略［J］.情报杂志，2016（5）：20-26.

6　王异虹，龙新蕙，李克，等.科学传播与中国对外传播发展战略探究：以对德、美、英三国主流媒体2000—2011年关于中国报道的分析为例［J］.新闻与传播研究，2012，19（6）：18-29.

关这个国家政策的基本内容。这些语言小到一个符号、一个词，大到一个政策议题、一篇政策评论、一系列的政策议程事件和公共舆论。福柯称之为"话语"，"即充盈着社会情态和意识形态内容，具有事件性、指向性、意愿性、评价性等反映并建构社会事物与社会关系的东西"。而且，国际话语场潜含着以西方为中心的意识形态，在这种媒介框架（media frame）下的涉华报道难免会造成国家、民族、阶层的他者化[1]，限制受众对一国事件、政策及形象的解读[2]。国外媒体在新闻报道中倾向于选取诸如西藏问题、污染防治、反腐败等议题，以负面、偏见等态度宣扬中国威胁论，进一步损害中国形象[3]。这实际上反映了权力必须进入特定的话语场且受特定的话语控制才能发挥其力量[4]，而媒介及工作者的职业属性、政治认知、民族情感、消费文化等会直接影响这种关系。特别地，一国政策是国际国内公权力博弈最激烈最集中的场所，同一政策会衍生多个政策议题，媒体会带着身份情感选择一些议题而排除异质性议题，并将这些议题嵌入话语与权力相互建构的既定框架中[5]。有研究就此曾提出，一国国际形象建构应当尊重"问题"框架设置媒体议题等传播规律[6]，实现从"对外宣传"到"国际传播"、从"中国官方语言"到"国外受众语言"等理念转变[7]。

二是以何种形式呈现和扩散政策信息最大化形象建构效果。一国政策多以政策文本呈现，涉及政策的报道在本质上是政策信息的再文本化及扩散，因此会涉及报道体裁与方式的问题。越接近且有助于唤起个体对某一问题的立场及记忆的报道体裁越容易在个人信息处理过程中发挥建构作用[8]。简讯、消息、通讯、调查报告、记者评论、新闻公报等[9]都可能用于解读和报道一国政策，建构他国形象。基于新闻观、政治观及文化观建构的报道框架，借助话语表达及词频寓意表现媒

1　童兵，潘荣海. "他者"的媒介镜像：试论新闻报道与"他者"制造［J］. 新闻大学，2012（2）：72-79.

2　斯蒂芬·李特约翰. 人类传播理论［M］. 7版. 史安斌，译. 北京：清华大学出版社，2004.

3　王异虹，龙新蔚，李克，等. 科学传播与中国对外传播发展战略探究：以对德、美、英三国主流媒体2000—2011年关于中国报道的分析为例［J］. 新闻与传播研究，2012，19（6）：18-29.

4　米歇尔·福柯. 知识考古学［M］. 谢强，马月，译，北京：生活·读书·新知三联书店，1998.

5　孙吉胜. 话语、身份与对外政策：语言与国际关系的后结构主义［J］. 国际政治研究，2008，29（3）：41-57.

6　刘小燕，Nancy Van Leuven. 从西方三大通讯社对北京奥运开幕式报道框架看舆论同化问题［J］. 新闻与传播研究，2010，18（4）：31-37.

7　叶皓. 公共外交与国际传播［J］. 现代传播（中国传媒大学学报），2012，34（6）：11-19.

8　聂静虹. 论政治传播中的议题设置、启动效果和框架效果［J］. 政治学研究，2012（5）：111-123.

9　夏鼎铭. 新闻体裁杂议［J］. 新闻大学，1981（1）：43-46.

体的新闻倾向[1]。作为"研究新闻文本的方法"[2]，框架在实际操作中通过运用对客观事实选择与重组的话语方式，表达记者或媒体机构的倾向。与治安、食品安全等有关的社会民生议题、涉及政府执政策略的政治议题、在经济发展中的环境议题等是国外媒体关注的焦点，且以负面报道为主[3]。涉藏舆情也随着自媒体的发展与应用，呈现出政治化、策划性、暴力性等特征，相关负面报道破坏性明显[4]。《纽约时报》在报道习近平主席访美之行时，其新闻报道让位于同时期"教皇来美"，报道数量少且多集中于负面报道政治、环境、网络安全等争议性议题，而对习近平主席此行对两国在经贸等方面的积极作用，媒体则倾向于掩盖[5]。于是，经过选择性地呈现重构化的镜像，传媒完成自上而下的观点"自由表达"，使劝服得以强化，形塑受众对某一国家的认知。

现有文献集中论证了议题属性、话语方式是国外媒体建构国家形象的惯常策略，反映在新闻报道中以政治、人权、环境等议题负面报道为主，且在论述中多以表达直接或间接批评的评论[6]影响受众对一国公共政策的认知与态度，形塑部门乃至国家某一固定的印象[7]。现有研究大多集中对某一国外媒体单独研究或是中西媒体的对比研究，关注中国公共政策中的环境政策、民族政策等议题，尚未有专门文献对大范围样本进行研究。而通过分析报道体裁，可以根据不同体裁特征初步判断媒体倾向；对议题属性直接考察，有助于了解国外媒体报道中国公共政策的重点；梳理话语方式，可以直接观照国外媒体对公共政策的解读策略；而呈现情感倾向，可进一步研究国外媒体通过上述三个层面最终传达了何种观点，进而有的放矢调整中国对外传播策略。对这四个层面的考察，也有助于探究国外媒体对我国公共政策议题的解读机制。

1　欧阳明，刘英翠，董景娅.文本引用与词频寓意：对中法美"莫言获奖"报道的框架分析[J].国际新闻界，2014，36（7）：84-98.

2　陈阳.框架分析：一个亟待澄清的理论概念[J].国际新闻界，2007，29（4）：19-23.

3　相德宝.国际虚拟网络社区涉华舆论特征及引导策略：基于国际虚拟网络社区2013涉华舆论的实证研究[J].情报杂志，2014，33（6）：127-132.

4　相德宝.国际自媒体涉藏舆情及舆论斗争的规律、特征及引导策略[J].情报杂志，2016，35（5）：20-26.

5　赵雅文，王泽帅.中美媒体"2015习近平访美"报道的主题差异分析：以《中国日报》与《纽约时报》为例[J].新闻大学，2016（4）：11-18.

6　顾建明，王青.中美报纸新闻评论表达方法的比较[J].新闻大学，2011（2）：97-102.

7　陈姣娥，王国华.网民政策态度形成机制研究：从"网议宁波"说起[J].中国软科学，2010（5）：57-64.

三、研究设计

（一）样本选择

本文选择的样本对象及范围为 1982 年至 2016 年国外媒体有关中国计划生育政策的新闻报道。我国的计划生育政策稳健实行了 30 多年，提倡晚婚晚育、少生优生。这一写入宪法的基本国策，有效调控和改善了我国人口规模、性别和年龄结构[1]，短期内带来了较高的城镇化水平及经济增长[2]。但也因导致人口年龄结构和性别结构失衡[3]、限制了公民生育权、家庭调节力与稳定性[4]等而引起国外部分媒体和学者的误解，同时，通过对计划生育政策进行个案考察，可以窥探国外媒体解读中国公共政策议题的具体过程及报道机制，探究影响政策传播的致因。

（二）样本抽取

样本采集时间为 2016 年 4 月 20 日。为确保样本的准确性，采集任务由 1 名本科生、1 名硕士和 1 名具有博士学位的青年教师共同担任，分别进行采集。样本采集步骤如下：①以"family planning policy""one-child policy""two-child policy"作为关键词，添加"China"为限定词，在 Lexis Nexis 新闻数据库中进行检索，将第一次检索到的新闻纳入样本；②对三组关键词可能出现在内容中或者标题中、同样一篇文章多个标题的情况，利用 Google 搜索引擎对搜集到的样本在相应媒体官方网站进行检索验证，具体以站内搜索的方式从《纽约时报》、《卫报》、《华盛顿邮报》、ABC、BBC、CNN 等代表性媒体的官方网站中验证样本；③限定首发媒体为新闻报道的唯一样本来源；④样本筛选标准为"报道媒体为有国际影响力的主流媒体"及"新闻报道内容与计划生育政策高度关联"。

最终采集有效样本 101 篇。其中，美国主流媒体报道样本 54 篇，包括《纽约时报》、《华尔街日报》、《华盛顿邮报》、《基督教科学箴言报》、《洛杉矶时报》、美联社、VOA、CNN、ABC；英国主流媒体报道样本 47 篇，包括

1 王金营.中国计划生育政策的人口效果评估［J］.中国人口科学，2006（5）：23-32.

2 郭凯明，余靖雯，龚六堂.计划生育政策、城镇化与经济增长［J］.金融研究，2015（11）：47-63.

3 波恰金娜·奥莉加·瓦列里耶芙娜，张琳娜.中国计划生育政策的变化：原因和预期效果［J］.国外理论动态，2015（3）：89-97.

4 石智雷.计划生育政策对家庭发展能力的影响及其政策含义［J］.公共管理学报，2014，11（4）：83-94，115.

BBC、《每日电讯报》、《卫报》、《贝尔法斯特电讯报》。

（三）研究方法

研究采用内容分析法，即将国外媒体对中国计划生育政策34年的新闻报道文本进行拆解、编码，分析各个变量之间的关系，呈现并挖掘报道内容规律。

其一，报道的结构类型。（1）基本信息，包括刊登日期、所在版面、文章标题、文章长度；（2）稿件来源：①中国媒体，②三大社或其他美国媒体，③自采，④专栏作家或投稿来信等；（3）报道体裁：①消息，②通讯，③新闻特写，④评论，⑤读者来信。

其二，报道的主体内容。（1）报道涉及的议题：①政治（人权、政治压迫等报道），②经济，③社会（社会公平、贫富差距等报道）；（2）报道的情感倾向：①负面，②中立，③正面；（3）报道涉及的对象：①政府，②司法机关，③立法机关，④群众。

除此之外，本文还结合话语分析法、补充内容分析法挖掘新闻文本方面的不足。尝试通过分析国外媒体在报道计划生育政策时的语言特点，进一步探究其如何通过语言描述完成对中国公共政策的负面解读，以尽量使本研究过程客观、准确。

四、研究结果

（一）体裁类型

新闻体裁既是新闻事实信息的话语体式与结构方式，也反映特定历史时期受众对新闻事实信息的再认知与审美框架[1]。新闻报道体裁通常被分为三类，即新闻报道（包括消息、通讯、新闻特稿等）、新闻评论（包括社论、述评等）以及副刊。较之消息客观报道，述评具有夹叙夹议、融叙述和说理为一体等特点，通讯常见于使用深度报道的方式，借助描写、抒情、议论等多种表达方法反映新闻作者和媒体自身观点。基于研究需要，现将样本涉及的报道体裁分为消息、通讯、述评三类。

国外媒体对计划生育政策的报道，倾向于采用观点性较强的通讯、述评体裁，占81.1%，其中通讯为41.5%，述评为39.6%。仅18.9%的新闻报道属于侧

---

1 黄铮.不仅是面对网络媒体：以《新华每日电讯》为例看新闻体裁演进［J］.新闻大学，2007（1）：89-90.

重报道新闻事实的消息体裁。在西方新闻界，中国新闻文体的通讯与述评则属于特稿范畴，两者或直接表明观点，或寓态度于客观事实中，即通过组织新闻事实发表特定主张[1]。因此，从报道体裁比例来看，西方媒体围绕计划生育政策的新闻报道更侧重夹叙夹议，将新闻工作者的立场、情感和观点等隐含在背景材料所呈现的事实之中。而这种带有政策认知差异及民族情感倾向的解读与报道有时会走向极端形式，将新闻内容聚焦到部分消极政策后果，错误地认为独孩政策是对人权的迫害以及我国政府在政治上的独裁，甚至将计划生育定性为通过武力和胁迫控制出生率的错误政策。如《卫报》"China's family planning policy enforced with heavy-handed tactics"一文曾报道："It's wrong to use violence to enforce the policy. It goes against human nature and tradition. But it happens everywhere in China."将计划生育政策判定为错误的政策，以人口大国泰国温和做法进行简单比较，以此强调计划生育政策的"犯罪事实"。

较之通讯与述评表达己见，消息体裁则能够做到准确、客观、相对中立。研究发现，国外媒体对计划生育政策的消息报道主要表现在四个阶段政策所做出的调整上，包括政策严格执行阶段（1982—2001年）、政策微调阶段（2002—2012年）、政策过渡阶段（2013—2014年）、政策终止阶段（2015—2016年）。相关报道以描述政策制定时的具体背景为主，与中国实际的计划生育政策变迁过程基本吻合。如"China considers relaxing one-child policy"一文，回顾了政策制定时中国人口激增的国情，并对政策造成的人口老龄化等问题进行简短介绍。

（二）议题属性

媒体通过设置不同的议题影响受众对某一事件的关注，从而在社会上达成某种舆论并干扰受众的认知。通过对新闻样本整理归纳，本文将报道涉及的议题划分为政治（人权、政治压迫等）、经济（人力资本、生育罚款等）和社会（社会公平、贫富差距、社会信任等）三个议题，可以厘清报道议题所涵盖的类型及数量。

1.议题数量

编码处理后发现，媒体关注的焦点主要集中在与人权及政治压迫等有关的政治议题方面，占比62.4%，为63篇；其次是经济议题，占比25.7%；而与社会问

1　顾潜. 中西方新闻文体：异同与创新［J］. 新闻大学，1998（3）：44-47.

题有关的报道仅有 12 篇，占比 11.9%。从内容呈现来看，隶属政治议题的新闻报道，文本中使用诸如 "control citizen" "heavy-handed infanticide" 等暗示人权压迫与政治不民主的词汇，借以表达批判性的感情色彩。关注政策执行中高昂的经济惩罚是经济议题的重点，表现在 "rural" "wealthy" "pay" "poor" 等与经济相关的词汇频繁出现在文本中。而对社会公平、阶层分化等的关注则是社会议题的领域，通过聚焦名人与普通人在违反政策而进行的处罚上存在的差异，暗含中国社会存在某种不公平问题。

此外，国外媒体报道计划生育政策的议题选择与频次也会受政策调整、媒介产业资源、公众偏好与国际舆论环境等的影响。2011 年，我国人口政策进行调整，允许双独家庭生育二孩，这一政策调整引起国外媒体的密集报道，相关报道达 78 篇，而在此之前的 29 年间，仅有 23 篇报道计划生育政策的文章。为了平衡意识形态扩张与媒介产业营利，国外媒体报道可能会策划某一议题的显要性，从而尽可能规避重大国际事件等出现造成的议题转移[1]。例如，南海争端不断升级、日本抛弃和平宪法以及恐怖事件频发等，而在此期间中国全面实施 "二胎政策"。国外媒体绝大部分报道重点并未放在 "二胎政策" 本身，而是将计划生育政策上升到人类生育自由的高度来增加议题的国际性与显要性。原本具有积极影响的 "二胎政策"，经过国外媒体的议题篡改与渲染，又回到了计划生育政策侵犯人类生存权及生育权的刻板认知旧情景之中。

2. 议题类型

媒体报道存在各式议题，为了塑造不同的议题类型，新闻报道大多伴随着特定的议题框架[2]，在文本中向受众传达某种观念，从而影响信息接收者思考的方式。国外媒体对我国计划生育政策不同角度的关注，议题类型主要表现在两方面：一方面，英美主流媒体报道角度较为丰富，基本涵盖政治、经济、社会三个议题，且以政治议题为主，占比 62.4%，这与相德宝调查的国际自媒体涉华舆情主题基本一致[3]。

选取与凸显某种议题，反映了媒体对不同内容的侧重，表现在文本架构中，

1　丁柏铨. 论新闻传媒的产业属性［J］. 江苏社会科学，2003（5）：199-203.
2　聂静虹. 论政治传播中的议题设置、启动效果和框架效果［J］. 政治学研究，2012（5）：111-123.
3　相德宝. 国际自媒体涉华舆情现状、传播特征及引导策略［J］. 新闻与传播研究，2012，19（1）：73-83.

借助"主题"与"片段"的形式[1]加以表达。具体表现为：在凸显政治议题时，媒体较大篇幅描述政策当事人（农村妇女）的具体遭遇，以对计划生育政策中的"片段"着重关注，为受众灌输政策对人权的损害这一观念。以 BBC 为例，在 34 年间 29 篇计划生育报道中，41% 的篇幅涉及政治议题。这一架构形式同样也适用于对经济议题的建构，包括 CNN、《卫报》、《华盛顿邮报》等在内的多家媒体，一方面报道中国家庭养育子女的成本，包括教育、住房等方面的压力；一方面关注违反计划生育政策的个人所承担的罚款。与"片段式"关注微观层面的具体人、事不同，宏观层面的"主题式"架构则更为直接关注社会层面的问题。诸如控制生育导致的人口老龄化、社会环境压力减小等问题则是媒体在选取社会议题时所考虑的方面。综合来看，西方媒体在报道中国公共政策时，倾向于从政治角度出发，着重强调公共政策对公民权利的影响，因为人权问题是西方国家报道中国的重点。

另一方面，媒体定位在一定程度上影响报道议题。在美国主流媒体中，《基督教科学箴言报》素以严肃、客观评论见长。在 101 篇新闻样本中，该报仅有 2 篇对中国计划生育政策报道较为公正，客观指出该政策在降低中国人口出生率的同时，也带来人口老龄化的负面影响，造成性别比例严重失衡，这种基于事实基础的描述并没有加入表达观点态度的词汇。

（三）话语方式

一般来说，新闻媒体往往借助不同的话语方式表现议题，让受众不自觉接受某种加工后的景象、观点，进而影响其对事情的认知与态度[2]。国外主流媒体在报道中国计划生育政策时，既遵循平衡报道原则，呈现对立面观点；又基于意识形态出发，策划"共谋性观点"（conspiracy thesis）[3]，通过整合不同新闻源，表面公正、客观，实则进行价值观输出。

1．"平衡报道"下的"态度表达"

平衡报道原则是西方媒体遵循的原则之一，该原则规定媒体要在内容与形式

---

1 IYENGAR S. Television news and citizens' explanations of national affairs［J］.American Political Science Review, 1987, 81（3）：815-831.

2 刘京林，等 . 传播中的心理效应解析［M］. 北京：中国传媒大学出版社，2009.

3 HALL S, CONNELL I, CURTI L. The "Unity" of Current Affairs Television［J］.Working Papers in Cultural Studies, 1976, 81（9）：51-93.

上均做到客观报道，"呈现双方观点"[1]。以 2014 年 10 月 30 日英国《每日电讯报》刊登在亚洲版块的新闻"What is China's One-child Policy？"为例。该文章围绕"计划生育政策"，分别在概念解释、现状分析、争议呈现三方面对政策本身及他人对政策的看法进行梳理。一方面论述该政策的实施有效解决了 20 世纪 80 年代中国人口增长与粮食不足之间的矛盾；另一方面认为该政策在实施过程中存在强迫妇女堕胎等情况。总体看来，该新闻报道试图在政策效率与公平间寻求平衡，既肯定政策施行的必要性及效果，又指出政策执行中的乱象与异化问题。但结合上述对新闻文本的分析来看，凸显"计划生育政策导致堕胎率上升及超生惩罚加重"等内容是国外主流媒体对中国人口政策报道的重点，因此，这里的平衡原则可能会被受众选择性理解，错误认为中国的计划生育政策是错误的决策，而会相对忽视该政策制定时中国的特殊国情。

2."多声策略"下的"客观报道"

多种声音的碰撞与交流，伴随着媒体对观点的整合与处理，话语的公共空间得以被建构[2]。从对之前报道体裁及议题属性的分析可知，国外媒体存在"形式上客观"的问题，即将态度掩藏在报道中，借助不同采访对象之口间接表态。

通过对新闻源的选取与整合，国外媒体将预设价值与态度隐藏在新闻报道中，利用精心选取的"客观事实"来掩盖中国计划生育政策的客观背景和积极影响。以 2013 年 11 月 15 日刊登在《华盛顿邮报》上的"Six questions on China's one-child policy, answered"一文为例。首先，从结构来看，该新闻用六个问题作为小标题来搭建报道结构，表面上是一种行文组织方式，但仔细分析各个小标题，其中含有一定的逻辑，暗含记者本身的价值预设。比如设置"为什么独生子女政策如此讨厌并受批评？""政策取得的结果是好的吗？"等具有某种暗示性问题，将受众对计划生育政策的认知引导到其设定的框架中，由此不断干扰受众的价值判断。其次，在内容上，作为对问题的回答，每部分选取一个新闻源，制造本文观点出自他人之口的效果，表面上遵循客观原则，但实际上带有主观偏向。比如，引用联合国统计数据"政策导致中国性别比例严重失衡，出生人口中男孩比例远

1　梅尔文·门彻. 新闻报道与写作［M］.9 版. 展江，译. 北京：华夏出版社，2003.
2　BAKHTIN M M. The Dialogic Imagination: Four Essays［M］. Austin: University of Texas Press, 1982.

超女孩"；援引人权组织看法"政策强迫妇女堕胎、杀婴、不自愿绝育，从理论来说，政府应该禁止这些行为"；直接引用中国政府公告"如果父母中的任何一个是独生子女，均可生二胎"等，对上述对象的选取，实际上影射计划生育政策本身具有极大的争议性，在实施中导致许多家庭为生育男孩而选择堕胎、流产。

（四）情感倾向

国家利益、意识形态等因素使媒体不可避免地带有某种政治偏向，继而选择特定议题进行观点输出[1]。新闻报道既是观点的载体，又是观点的呈现形式，而词汇作为构成新闻文本的基本单元，实际上承担着寓观点于词汇本身的功能。借助自然语言等信息处理技术对文本态度进行分析，可以观照文本的某种情感倾向[2]。因此，本文利用英语词频分析软件 ROSTCM6 进行词频统计，基于内容挖掘信息化平台，观察新闻文本中的词频分布，进而把握国外媒体对计划生育政策报道的词频寓意，明晰报道本身蕴含的情感倾向。

具体操作为：首先，对检索到的 101 篇新闻报道样本用 Google 浏览器一一下载并保存为 Word 文档；其次，将文档转换成 txt 格式，形成"文本倾向语料库"。此后，借助软件 ROSTCM6 将 101 篇报道合并为一个统一的分析文本，对文本进行"处理""合并""词频统计""归并单词变形"四个环节处理。名词、动词、形容词是三种主要的实词类型，在汉语词类中被普遍使用[3]。因此，在统计中剔除虚词、无意义的动词（be 动词、情态动词、助动词等）后，分别选取三种实词中各排名前 20 的高频词进行分析，详见表 1。

表 1　1982—2016 年实词高频词汇统计表（TOP20）

序号	高频词		
	名词（次数）	动词（次数）	形容词（次数）
1	child（1 259）	change（177）	economic（108）
2	policy（824）	allow（151）	rural（57）

1　刘小燕. 关于传媒塑造国家形象的思考［J］. 国际新闻界，2002，24（2）：61-66.

2　乐国安，董颖红，陈浩，等. 在线文本情感分析技术及应用［J］. 心理科学进展，2013，21（10）：1711-1719.

3　PALMER F R. William Croft, Syntactic categories and grammatical relations.Chicago & London: University of Chicago Press［J］. Journal of Linguistics, 1992, 28（1）：269-273.

序号	高频词		
	名词（次数）	动词（次数）	形容词（次数）
3	China（756）	force（120）	local（41）
4	family（368）	lead（98）	hard（35）
5	Chinese（234）	bear（79）	urban（33）
6	woman（164）	control（76）	pregnant（31）
7	government（162）	relax（52）	controversial（30）
8	abortion（118）	pay（51）	illegal（24）
9	problem（67）	effect（51）	eligible（19）
10	fertility（62）	limit（45）	financial（18）
11	authority（43）	increase（40）	benefit（18）
12	imbalance（25）	cost（38）	heavy（18）
13	infanticide（23）	estimate（32）	strict（18）
14	critic（22）	abolish（30）	unpopular（15）
15	risk（21）	burden（19）	poor（14）
16	pregnancy（20）	improve（19）	competitive（11）
17	restriction（18）	abandon（19）	coercive（11）
18	death（16）	kill（19）	tony（10）
19	sterilization（14）	debate（18）	wealthy（10）
20	punishment（11）	abuse（18）	brutal（9）

　　词汇在一定程度上反映某种情感倾向，HowNet 情感词典是知网开发的情感词汇语料库平台，包含 9 000 多个英文正负面评价词语及正负面情感词语。因此，对检索到的词汇结合该词典进行人工筛选，并将诸如"population""policy""China"等专有名词，"urban""economic"等并无倾向的词汇归类为其他词汇。结果显示，在 TOP20 高频词汇中，国外媒体使用的负面词汇最多，占 57%；其次为正面词汇，占 23%；再次为其他词汇，占 20%。

在西方学者看来，框架发挥作用一般包括四个环节：媒体建立框架、框架文本设定、受众对框架加工、框架效果评定[1]。话语作为新闻文本的构成单元，主要贯穿前两个环节，通过媒体对词汇的组织与编排表达情绪、建构框架。结合文本内容，考虑到词性及意义具有不同的指征，进一步将负面词汇按照情感基调分为负面报道与极负面报道两类。结果显示，包括"infanticide""kill""abortion""coercive""abuse"等在内的极负面情绪的词汇使用较为频繁，在101篇新闻文本中平均每篇出现7.5次。而诸如"authority""unpopular""debate"等反映负面基调的词汇，在样本总数中，平均出现4.3次。总体来看，极负面报道在词汇上远超于负面报道，侧面反映出媒体在关注中国人口政策时，倾向于借助对迫害人权、惩罚过重等词汇重复报道，将已有框架及报道倾向潜移默化地向受众传输，由此形塑建立在部分事实基础上的局部认知。而平均每篇11.8次的负面词汇出现频率，也表达了对于颇具争议的公共政策，国外媒体倾向于从符合本国意识形态、满足国家利益需要的政治价值观出发进行报道。

五、研究结论及建议

（一）研究结论

1.国外媒体倾向以通讯和述评报道计划生育政策

研究表明，相关报道体裁以通讯和述评为主，消息体裁仅占18.9%。就政策文本而言，消息体裁主要功能限于呈现政策文本中客观真实的政策信息。这种政策信息本身的信息量是有限的，很容易在漫长的报道过程中消耗其重要性程度。而一项政策既是公众多元利益诉求与施政理念的集中体现，也嵌入了一国的意识形态及民族情感。由此，国外媒体采取通讯及述评体裁对计划生育政策进行框架报道，既能够服务于意识形态，又能持续吸引及影响国内外公众对计划生育政策的思考与认知，还可以将媒介工作者的情感嵌入报道评论之中。不过，这类体裁报道容易走向极端形式，恶化政策实施的国际国内舆论环境。

2.计划生育政策报道难逃"议题政治化"框架

如前所述，中国的计划生育政策是一项涉及人口增长、经济发展、社会和谐

1　SCHEUFELE D A. Framing as a theory of media effects［J］. Journal of Communication, 1999, 49（1）：103-122.

与政治稳定等问题的基本国策。而国外主流媒体在报道计划生育政策时，以关注计划生育政策中的人权问题为主，与其他西方媒体涉华报道以政治议题为主的报道风格较为相似。戈夫曼认为新闻框架带有政治权力的印记，通过影响记者与媒体的行动使新闻报道不可避免地具有某种倾向性[1]。在新闻报道中，观点的表达是新闻倾向的重要输出方式，通过媒体作用于议程，影响情绪扩散的广度与强度，直接或间接表达媒体记者或新闻机构价值坐标[2]。深入分析国外媒体对中国计划生育政策的报道，迥异的意识形态、利益诉求等促使国外媒体选取具有争议性、冲突性的议题，通过对议题属性的策略性解读影响不同议题的重要性排序[3]。也就是说，国外媒体将计划生育政策的各项议题程式化纳入了"政治他者"的报道框架中，在一定程度上忽视了计划生育政策在调控和改善中国人口规模及结构、推进城镇化水平与经济可持续发展、优化社会福利与保障体系方面的积极影响。

3."对立"与"多声"的话语建构

研究表明，国外媒体报道中国计划生育政策的话语方式是借助隐晦的暗示与表态来实施价值观输出。不同于"宣讲式""布道式"等话语沟通方式，国外媒体通过"呈现双方或多者观点"的客观形式，将媒体态度间接隐含在他者之口。一般会按照"强化人权问题，弱化政策绩效"的逻辑，先论述该政策在社会、经济等方面的绩效，再引入人权问题进行对比；或将看似无关联的不同新闻源的信息按特定逻辑关系组织起来，营造寓褒贬于材料中的假象；或弱化中国在国际上的发声，制造中国不在场的假象，干扰受众自身的认知判断。说者与听者处于形式程序上的平等关系，但最后计划生育政策的积极面基本被消极面抵消，在"自塑"与"他塑"达成一致时，形成一种异化的声音、一个异化的形象[4]。

4.情感倾向以负面为主

借助议题呈现与策略解读，国外媒体建构了负面的中国形象。就争议较大的

1 ENTMAN R M. Framing: Toward clarification of a fractured paradigm [J]. Journal of Communication, 1993, 43（4）: 51-58.

2 曾润喜，蒋欣欣.媒介议题、公众议题与政策议题的转变及关系 [J].现代传播（中国传媒大学学报），2016, 38（3）: 69-74.

3 曾润喜，王媛媛，王晨曦.互联网环境下公众议程与政策议程的议题排序研究 [J].电子政务，2016（4）: 75-82.

4 刘开骅.中国军队形象跨文化传播中的媒体误读及其消解策略 [J].现代传播（中国传媒大学学报），2012, 34（9）: 14-18.

计划生育政策来说，对人权问题的放大，对当事人农村妇女的大篇幅描述，使得西方媒体抓住了本国受众的痛点，建构了中国社会不公、贫富差异悬殊、政治腐败等负面形象。作为中国的人口政策，计划生育政策在制定与实施中确实存在部分争议，但新闻强调客观、公正，国外媒体在人口政策报道上，倾向于一面提示，即频繁使用负面的话语向受众灌输政策对人权的迫害，却很少对政策本身的合理性进行报道。研究表明，表达负面倾向的词汇占 57%，平均每篇文本达 11.8 次，但对政策在减少中国人口数量、缓解资源压力、提升人口素质等方面的积极作用，西方媒体却倾向于视而不见。这一先入为主的偏见性报道在有关美国媒体对中国少数民族的报道中也同样存在 [1]。

（二）政策建议

大众传媒通过设置不同议题表达某种价值倾向 [2]，在一定程度上影响该国在世界政治舞台中的地位。面对污名化的国家形象，如何向世界传递真实的声音，纠正刻板印象尤为重要。为在众声喧哗中还原真实的大国形象，我国在对外传播上应尽可能遵循国家政治安全与战略传播的视角，在具体工作中着力做好以下几点。

1.基于国家政治安全视角构建国家战略传播体系

国家战略传播体系的目的是维护国家安全，尤其是政治安全。舆论建设是政治安全的重要组成部分，营造良好的国际舆论环境能够为公共政策的实施创造好的国际国内施政环境。结合当前国际传播局势及我国国家利益诉求，应重视国家战略传播在国家安全体系中的作用，在实践中从思想理念与体制机制建设两个方面着手。首先，在思想理念上，重视对外传播，将构建中国国家战略传播体系纳入议事日程，在顶层设计上突出国家战略传播在国家安全体系中的作用；其次，在体制机制方面，建立一个涵盖政府外交、国家安全、对外宣传、公共外交、对外援助等相关部门的跨部门协调机制 [3]，做到在关键问题上及时沟通，并适当策划一些与中国发展实际、价值观相吻合的战略传播项目。

2.建设国家战略传播的危机预警和应急管理机制

作为国家战略传播体系有序进行的制度保障，危机预警与应急管理机制在一

---

1 高卫华，贾梦梦 . 美国主流媒体的中国多民族国家形象报道框架分析［J］. 新闻大学，2016（4）：1-10.

2 张咏华，殷玉倩 . 框架建构理论透视下的国外主流媒体涉华报道：以英国《卫报》2005 年关于中国的报道为分析样本［J］. 新闻记者，2006（8）：15-18.

3 赵启正 . 提升对"战略传播"的认识和实践［J］. 公共外交季刊，2015（3）：1-5.

定程度上保障国家的政治安全。但在以往的对外报道中，由于当时我国的舆情预警、处理机制尚不健全，政府部门缺乏一定的危机意识，致使在重大、敏感事件发生时，新闻发布会迟开甚至是不开，错过纠正不实言论的最佳时机。此外，针对自媒体不受接口及地域限制，传播"快、碎、广"等特点，建立并完善网络监管机制[1]、相关舆情危机预警与应对机制至关重要。因此，相关部门应主动披露事件真相，引导新闻媒体及时报道，主动纠正西方媒体在一些议题上的错误报道，维护中国形象。同时，探究舆情事件发生的规律，培养专业素质过硬的人才队伍，使之成为对外传播的主力军。

3. 建设国家对外话语体系、走出他者困境

话语不仅是知识的权力化表现[2]，也是西方描述并宰制东方，尤其是构建中国形象的一种方式。受制于萨义德东方主义话语，具有他者化的东方学与主体建构的西方学在全球话语体系中形成二元对立的格局，后者通过话语与权力的合谋作用于前者，构建镜像化的他者形象[3]。因此，置身于话语冲突的风险下，亟须在国家实力、中国思想、传媒影响力等六个方面建设国家对外话语体系[4]。

考虑到新闻媒体既是国家形象的传播载体又是话语体系建设的主要方面，在此基础上构建的国家战略传播体系，更要在实际操作中得到相关部门的配合。首先，加强国家级媒体海外布局，建立一套更加完善而有力的传播"硬件体系"，充分利用好以通讯社、电视台、广播电台为代表的"硬传播"和以民间交流、人道援助与文化合作为代表的"软传播"。其次，在财政上对新闻媒体适当倾斜，加大资金投入。对传媒而言，要抓住机遇，利用资金大力更新仪器设备，培养外语水平高、综合素质佳、知识储备丰富的复合型人才。此外，传统媒体与新兴媒体融合发展的趋势，也为优化人力资源配置、完善内部体制改革、加强网民互动、提升传播效果提供了路径[5]。

---

1 徐旭光. 自媒体时代网络治理的困境与出路 [J]. 电子政务，2016（7）：27-33.

2 米歇尔·福柯. 性史：第一、二卷 [M]. 张廷深，等译. 上海：上海科学技术文献出版社，1989.

3 万雪飞. 萨义德的东方主义批判与中国文化自觉的构建 [J]. 求索，2013（6）：103-105.

4 韩庆祥. 全球化背景下"中国话语体系"建设与"中国话语权" [J]. 中共中央党校学报，2014，18（5）：47-50.

5 曾润青，杨喜喜. 移动互联情境知识传播平台管理效果研究：基于全国 406 个大学图书馆微信公众号的调查 [J]. 图书馆，2016（7）：79-84.

国外媒体涉华政策传播的话语框架与语义策略

一、引言

媒介化的国家形象传播过程实际上是大众传媒借助新闻话语，基于已有价值观念、族群思想等潜移默化输出意识形态的过程。话语是构成新闻报道的单元，也是态度倾向、意识形态输出的载体，已有研究大多结合新闻框架，围绕"话语、话语建构、话语接收"三大研究范畴[1]考察国家形象的话语生产。

观察国际社会中的中国形象传播，媒介化的公共政策被认为是他国民众了解中国形象的主要窗口。将国外媒体对中国公共政策变迁全过程的新闻报道纳入语料库建设，由此基于丰富的新闻内容展开话语分析，可以涵盖新闻文本"点—线—面"的全过程。既能在国家话语权、形象输出等符号化层面[2]研究新闻话语如何参与框架建构、国家形象生产，又有助于理解国外媒体对中国公共政策的解读及形象的塑造路径。

在诸多公共政策中，本文选取广受国外媒体关注的计划生育政策为研究对象，采用语料库话语分析法，考察国外媒体基于何种话语策略报道中国公共政策，其话语生产怎样作用新闻报道完成权力指涉，又进而建构了何种中国形象。

二、文献回顾

（一）话语与中国形象

关于中国形象的研究层出不穷，大多受"东方主义"范式的影响，将中国形象归为西方化的他者，其相关研究也主要是对西方霸权的斥责[3]。从某种程度上来说，这种基于西方建构的中国形象，介于真实与想象之间，成为他人认知中国的话语系统[4]。将中国形象描述为一种话语建构，由此出发，大众传媒作为媒介话语的生产者及意义的承担载体，能够借助新闻文本作用于现实、建构现实。所

1　王玲宁.国内新闻框架研究现状述评［J］.中州学刊，2009（6）：253-255.

2　吴飞，陈艳.中国国家形象研究述评［J］.当代传播，2013（1）：8-11.

3　周宁.另一种东方主义：超越后殖民主义文化批判［J］.厦门大学学报（哲学社会科学版），2004（6）：5-12.

4　周宁.跨文化研究：以中国形象为方法［M］.北京：商务印书馆，2011：22.

以，传媒在基于话语生产对国家形象进行传播时，既影响本国受众，又干扰他国受众认知。反过来，这种认知又成为连接媒介话语与社会现实之间的中介[1]，完成传媒对一国形象的建构。因此，传媒借助话语传播国家形象的过程，不仅表现在对一国形象的描述上，还与话语生产密切相关。

"话语"一词具有双重属性，既有静态属性——关注文本句法结构、逻辑顺序，又有动态的属性——隐含利益集团、权力关系等之间的博弈[2]。话语所体现的权力，是一种无处不渗透的隐性存在，充斥在日常生活、新闻广播、组织机构等诸多领域，并在权力转移中进行规训[3]。在福柯看来，"话语不仅是陈述的整体，还确定了陈述的具体规则"[4]，并借助语言系统建构一系列活动，成为权力斗争的符号场所[5]。当媒体受到权力影响，其输出的电视节目、报纸、广播等也成为权力的产物，带有明显的权力印记[6]。在传播过程中，媒体通过制定话语规则、设置陈述方式，实现意识形态输出。因此，话语作为新闻文本的构成要素，既是新闻议题意义的生成载体，又是权力与意识形态合谋的工具。其通过特定语言系统裹挟知识与权力[7]，经由大众传媒对话语的加工与建构，表现权力属性的内涵。因此，分析国外媒体基于何种策略报道中国，既可揭示新闻语言与意识形态的关系，也是理清中国形象如何被建构的有效方式。

（二）新闻话语生产在国家形象传播与建构中的作用

话语本身属于语言学领域研究的范畴，因此，从语言学视角出发，考察国外媒体如何完成新闻话语生产、传播并建构一国形象逐渐成为传播学、政治传播领域关注的焦点。一些研究将"一带一路"倡议纳入新闻生产话语过程，认为媒体对"一带一路"报道的新闻体裁、主题、词汇、修辞等话语进行组合、加工，设置了话语群。对内建构"家国同构"、对外传播"天下大同"的中国形象标识极

1　VANDIJK T. Discourse and Context［M］.Cambridge:Cambridge University Press, 2008.

2　姚国宏.话语、权力与实践：后现代视野中的底层思想研究［M］.上海：上海三联书店，2014：12.

3　米歇尔·福柯.规训与惩罚［M］.刘北成，杨远缨，译.北京：生活·读书·新知三联书店，2007：167.

4　米歇尔·福柯.知识考古学［M］.谢强，马月，译.北京：生活·读书·新知三联书店，2004：129.

5　ANDREW E, PETER S. Key Concepts in Cultural Theory［M］.London and New York: Routledge, 1999.

6　阿尔文·托夫勒.权力的转移［M］.刘江，等译.北京：中共中央党校出版社，1991：9.

7　阿雷恩·鲍尔德温.文化研究导论［M］.陶东风，等译.北京：高等教育出版社，2004：31-32.

大地促进民族认同感[1]。另一些研究进一步将媒体对不同议题的表达看作一种话语策略，发现国外媒体在报道争议性议题尤其是政治议题时，相关新闻报道"议题政治化"框架明显，且在话语表达中借助"多声"等策略，在整体"客观与公正"的外衣下输出某种价值观[2]。

考虑到传统话语分析在文本上的数量限制、分析中的主观因素干扰等，越来越多的研究倾向于结合语料库对国外媒体的新闻报道展开话语分析。语料库的研究路径，既涵盖传统研究方法对话语的整体把握，又能用于展现话语的历时变迁过程，并在解释语言特征的基础上，纵深揭示语篇的意识形态及背后的权力[3]。例如，从新闻文本的词频、索引、搭配等出发，分析1980—2011年《纽约时报》31年间关于中国妇女的新闻报道，发现语篇的句法结构、问题词汇、短语搭配等建构了落后、贫困、保守的中国妇女形象，且基于美国传统价值观下的新闻报道，带有一定的态度倾向[4]。或研究西方媒体涉华军事报道，发现报道中的搭配词变化情况、词汇的类联接、语义韵等反映了外媒对中国军事的态度，其主要以消极否定为主，从而揭示西方国家对中国干涉及遏制的意识形态[5]。

当前，世界政治格局与话语场发生着微妙的变化，中国在政治、社会等领域出现的变化经由国际媒体扩散，潜移默化影响他国受众对中国形象的认知，甚至强化某种"刻板印象"。[6]因此，迫于中国形象传播日益严峻的现实，对国外媒体报道中国公共政策的新闻文本分析时，读者可基于语料库，按照"点—线—面"扩展路径[7]展开研究。首先，从新闻文本的主题词检索入手，描述其在各报道中出现的频率，由此反映外媒对政策关注的重心转移情况及呈现的话语诉求；其次，考察某一主要节点词的搭配情况，比较其左右词汇的搭配显著性或强势度，判断

1　孙发友，陈旭光."一带一路"话语的媒介生产与国家形象建构［J］.西南民族大学学报（人文社科版），2016，37（11）：163-167.
2　曾润喜，杨喜喜.国外媒体对中国公共政策议题的舆情解读与形象建构：基于计划生育政策议题的案例分析［J］.西南民族大学学报（人文社科版），2017，38（2）：158-166.
3　田海龙.趋于质的研究的批评话语分析［J］.外语与外语教学，2013（4）：6-10.
4　杨娜，吴鹏.基于语料库的媒介话语分析：以《纽约时报》对华妇女报道为例［J］.国际新闻界，2012（9）：48-58.
5　胡江.意义单位与批评话语分析：基于语料库的西方媒体涉华军事报道意识形态分析［J］.解放军外国语学院学报，2016，39（5）：73-81.
6　刘建新.网络民粹主义：反腐语境中的话语高涨及其风险防范［J］.电子政务，2016（5）：2-8.
7　梁茂成，李文中，许家金.语料库应用教程［M］.北京：外语教学与研究出版社，2010：216.

话语语境；最后，观察基于搭配词汇营造的语境中的语义韵倾向[1]，分析意识形态作用于话语生产者对国家形象的建构。因此，建立在语言学基础上的新闻话语分析，以话语生产者形塑受众对一国形象的某种认知为导向，在建构政策议题时，通过对报道中的某一语体加大报道比重，并借助词汇的搭配习惯强化政策议题的惯性表达，辅以话语韵对报道倾向的呈现，能够通过话语建构达到话语权力的目的。

三、研究设计

（一）研究案例

计划生育政策是符合中国国情的人口政策，其实施在一定程度上减轻了人口增长对资源、环境等造成的压力，但也因强制堕胎等执行中的不当措施饱受诟病，成为西方攻击中国政府、污名化中国形象的主要议题之一。因此，本研究将具有争议性的计划生育政策作为研究案例。

（二）语料采集

本研究通过 LexisNexis 新闻数据库，以"family planning policy""one-child policy""two-child policy"为关键词。采集范围为 1982 年 1 月 1 日至 2016 年 4 月 27 日国外媒体有关计划生育政策的新闻报道，共计 112 篇。

采集阶段，为确保语料采集尽可能快速、完整，本研究邀请英语专业硕士 1 名、熟练掌握话语分析的博士 1 名协助完成。采集所用的 LexisNexis 新闻数据库，是目前国外媒体对计划生育政策相关新闻报道最全的数据库，收录了全球大部分媒体关于计划生育政策的报道和评论。此外，考虑到样本初次检索中出现一个新闻多个标题等情况，为保证样本客观性，把所有新闻都输入新闻发布媒体的官网进行验证。随后，在采集文本的基础上建立"计划生育政策语料库"，并按照政策历时变迁过程，分别建立政策执行阶段（1982—2001 年）语料库、政策微调阶段（2002—2012 年）语料库、政策过渡阶段（2013—2014 年）语料库、政策终止阶段（2015—2016 年）语料库。4 个阶段语料库的词汇数量分别为 4 488，11 961，23 096，28 062。

1　MICHAEL S. Computer-assisted text and corpus analysis: Lexical cohesion and communicative competence［M］// SCHIFFRIN D, TANNEN D, HAMILTON H E. The Handbook of Discourse Analysis, Oxford: Blackwell Publishers Ltd, 2001：304-320.

（三）研究方法与过程

在分析过程中，本研究首先使用 Wordsmith Tools 6.0 软件对 4 个"计划生育政策"语料库进行主题词分析，此过程同时将 BNC（英国国家语料库）作为参照语料库，使之与 4 个阶段的语料库进行对比研究；其次在搭配词、语义韵分析中，借助 BFSU Collocator 1.0 软件处理算法测量搭配强度，挖掘篇章结构。

四、研究结果分析

（一）国外媒体报道宏观情况

公共政策往往历经制定、出台、执行等阶段，相应地，媒体对各阶段政策的报道，在数量、关注议题、态度倾向等方面也会有所不同。因此，从政策历时变迁的视角出发，经过数据清洗、筛选等一系列环节后，本文共获取包括美国在内的 8 个国家媒体对中国计划生育政策的报道。具体情况见表 1。

表 1   国外媒体有关计划生育政策的报道情况

国家	美国	英国	加拿大	日本	韩国	新加坡	新西兰	爱尔兰
篇数 / 篇	54	47	2	2	1	1	2	2

数据表明，关于计划生育政策的报道，美英两国是国外媒体报道的主力军，其报道量约占世界媒体报道总量的 91%。可见，以美英为代表的西方国家对中国计划生育政策的报道，某种程度上影响了世界舆论，其新闻话语干扰受众思考的内容。不过这也可能由于本文以英文关键词搜索。

此外，结合年份变化情况，进一步观察 34 年间国外媒体对计划生育政策的报道。发现媒体报道数量受到一国政策调整的影响（参照图 1）。总体来看，国外媒体对计划生育政策的报道呈现由"缓慢报道"到"迅速激增"的强烈对比，这种变化与中国对计划生育政策的调整有关。1982 年计划生育被确定为国策，此后经历几次调整，由"独生子女"发展到"双独二胎""单独二胎"，再到 2015 年底宣布"全面二胎"。伴随力度由微调到逐步放开，反映在报道上，从 2013 年"单独二胎"实施至今，外媒关注热度迅速上升，呈倍速增加。而外媒对中国计划生育政策低关注或高关注，也不同程度折射了新闻媒体出于政治、经济等方面的诉求而对自身意识形态属性与产业属性[1]进行适度调整。

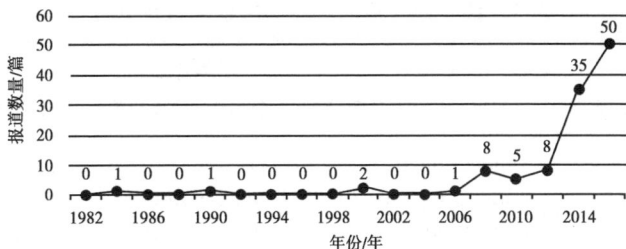

图 1　1982—2016 年国外媒体报道计划生育政策的数量情况

（二）"计划生育政策语料库"微观话语

一般认为，新闻话语的生产过程与实践密不可分，不论哪种类型的话语，都需在某一规则约束下与其他话语发生作用[2]。因此，在宏观层面上获得的国外媒体对中国计划生育政策的整体报道情况，并不能完全反映人口政策 4 个阶段的报道风格以及话语如何完成意识形态输出。可见，如若考察国外媒体对中国公共政策议题的话语策略，则要从微观层面仔细检视新闻的话语使用，具体操作是：对新闻报道中的主题词、节点词搭配强度、话语韵等进行话语分析。

1. 主题词分析

语料库语言学中的主题词，可以表现文本间的语言特征差异、反映文本的报道主题。特别是在考察公共政策历时变迁过程时，可以根据主题词的变化勾勒新闻话语变迁轨迹，由此出发找寻致使不同阶段政策主题词发生变化的背后原因[3]。

不同于文本一般统计的高频词，主题词的获取建立在与参照语料库对比分析的基础上。因此，本研究将 BNC 语料库作为参照语料库，在 Wordsmith Tools 6.0 软件中，将其分别与计划生育政策坚决实施（1982—2001 年）、微调（2002—2012 年）、过渡（2013—2014 年）、终止（2015—2016 年）4 个阶段——比较获取主题词。观察 4 个阶段语料库获取的前 10 个主题词（具体见表 2），可以发现 population、family、policy 这 3 个词共同出现在 4 个阶段。可见，"人口、

1　丁柏铨. 新闻传媒的产业属性［J］. 江苏社会科学，2003（5）：199-203.

2　诺曼·费尔克拉夫. 话语与社会变迁［M］. 殷晓蓉，译. 北京：华夏出版社，2003：104-107.

3　DIJK T A V. Critical Discourse Analysis: A Sociocognitive Approach［M］. London: Sage Publications, 2009：62-86.

家庭、政策"贯穿国外媒体报道中国计划生育政策的全过程。

表2 四阶段专用语料库主题词（TOP10）

阶段一 （1982—2001年）	阶段二 （2002—2012年）	阶段三 （2013—2014年）	阶段四 （2015—2016年）
planning、population、family、policy、abortion、census、united、programs、children、administration's	child、policy、China、China's、population、fertility、chinese、officials、couples、family	child、policy、China、China's、couples、family、population、chinese、children、planning	child、China、policy、chinese、couples、China's、population、programs、family、children

经深层次分析，我们发现：①外媒对政策的报道带有一定的指向色彩。表现在四个阶段中出现大量诸如"child、children、China、China's、chinese"等特指中国与儿童的专有名词，为受众交代政策实施的主体及政策波及的群体。②外媒在各个阶段的关注重心与政策调整存在相关性。纵观中国的一胎政策，经历了坚决实施到微调再到过渡及终止四个阶段，而外媒对各个阶段的报道也从一开始的abortion（堕胎）、administration's（行政干预）等负面报道，发展到fertility（生育率）的调整，并在2013年"单独二胎"政策出台后，报道中多次出现couples（夫妇）这一反映制度变化的词汇，且其频率由第三阶段的66次，增长至第四阶段的104次。总体来看，对政策各个阶段主题词的分析，大体勾勒了外媒报道计划生育政策的话语变迁过程。

2. 搭配词分析

词义建立在词与词之间的搭配关系上，其搭配的强势度，是话语特征的体现，既代表话语的言说习惯，又以搭配词出现的次数折射媒体对议题流露的某种态度。就话语在实践中的作用来看，其通过组合与搭配完成意义的生产与分享，因此成为议题建构的方式之一。鉴于搭配的强度与话语生产者的意识形态相关，而传统话语分析科学性常受主观影响，相应地，考察国外媒体围绕某一词汇的搭配强度，有助于辨析不同词汇与该词汇搭配使用的强弱关系和理清外媒报道的话语策略。

在进行搭配词分析时，需要事先确定用于检索搭配词的"节点词"。鉴于之前的分析中，"child"一词在四个阶段语料库中出现的次数分别为58，180，

315，450，而该词除了"儿童""孩子"之意外，常与"one""two"搭配，以"one-child policy""two-child policy"等组合形式见诸报端，这代表国外媒体对中国计划生育政策的表述。直观上观察该词的频率，可见国外媒体对中国人口政策的关注日益上升。因此，本文出于研究的需要，以"child"为节点词，主要分析四个阶段语料库中的显著搭配词。其中，显著词代表了搭配词与节点词共同出现的程度。

搭配词强度可以通过测量互信息值 Mutual Information score（MI）、T 值（T-Score）、Z 值（Z-Score）3 个指标中的任一个来获取。本文借助软件 BFSU Collocator 1.0，遵循学者 Hunston 的操作方法，考察节点词的搭配词 MI 值，并规定 3 为临界值，将大于 3 的搭配词视为显著搭配词[1]。考虑到文章篇幅有限，仅选取各阶段按 MI 降序排列前十的显著搭配词（其中，过滤标点符号与数字），参见表 3—表 6。此外，表格中的 $F（n）$ 为搭配词在语料库中的频数，$F（n，c）$ 为搭配词与节点词"child"左右各 5 个共现频数。

表 3 1982—2001 年"child"显著搭配词（TOP10）

No.	Collocate	$F（n）$	$F（n，c）$	MI
1	acts	1	1	5.461 6
2	allowed	1	1	5.461 6
3	allows	1	1	5.461 6
4	break	1	1	5.461 6
5	limiting	1	1	5.461 6
7	residents	2	2	5.461 6
8	sanctions	1	1	5.461 6
9	steps	1	1	5.461 6
10	stipulates	1	1	5.461 6

---

1 HUNSTON S. Corpora in Applied Linguistics［M］.Cambridge, UK: Cambridge University Press, 2002：71.

表4　2002—2012年"child"显著搭配词（TOP10）

No.	Collocate	$F(n)$	$F(n, c)$	MI
1	in	1	1	3.885 4
2	one	2	2	3.885 4
3	amends	1	1	3.885 4
4	best	1	1	3.885 4
5	book	1	1	3.885 4
6	certificate	1	1	3.885 4
7	commonly	1	1	3.885 4
8	consequence	1	1	3.885 4
9	dilemma	1	1	3.885 4
10	earthquake	1	1	3.885 4

表5　2013—2014年"child"显著搭配词（TOP10）

No.	Collocate	$F(n)$	$F(n, c)$	MI
1	acts	1	1	4.035 5
2	addition	1	1	4.035 5
3	afford	2	2	4.035 5
4	apartments	1	1	4.035 5
5	applications	1	1	4.035 5
6	bad	1	1	4.035 5
7	calling	1	1	4.035 5
8	conscience	1	1	4.035 5
9	deter	1	1	4.035 5
10	dies	1	1	4.035 5

表 6 2015—2016 年"child"显著搭配词（TOP10）

No.	Collocate	$F(n)$	$F(n, c)$	MI
1	parent	9	10	4.063
2	abandons	1	1	3.911
3	adds	2	2	3.911
4	arguably	1	1	3.911
5	argue	1	1	3.911
6	aspects	1	1	3.911
7	attractive	1	1	3.911
8	ban	1	1	3.911
9	best	2	2	3.911
10	Boston	1	1	3.911

　　总体来看，"child"与四个阶段所显示的各搭配词均为显著搭配，可见与人口有关的报道一直是国外媒体关注的焦点，这一发现也与西方国家一直以来对中国人权问题的关注相一致。MI 值代表了节点词与搭配词的关系显著度，即表示"child"对搭配词的吸引度。"child"作为专有名词，特指中国的儿童，本身属于中性词汇，并无态度所指，但纵观各阶段的搭配词，均涵盖积极、中性、消极的含义。由此可以推知，国外媒体在对计划生育政策报道时，既有消极的批判语义和模糊不清的表述，也有适当的肯定。

　　首先，在政策执行阶段，"break"（打破）、"limiting"（限制）、"sanctions"（惩罚）三个消极词汇在新闻文本中与"child"搭配使用，表达了外媒对人口政策的批判色彩。其次，基于国情制定的人口政策被外媒报道时，尽管"plan"（计划）、"stipulates"（规定）属于中性词，但结合搭配词索引行的整体语境，不可避免表达了中国官方对人权的管控。再次，与坚决实施阶段相比，伴随中国人口政策的适当调整，部分地区符合条件的家庭（双独家庭）可以生育二胎，此时，"best"这一具有积极意义的词汇在该阶段出现。但同时"consequence"（后果）、"dilemma"（困境）、"earthquake"（地震）这些词汇却带有明显的消极意味，使受众对该阶段的人口政策持有错综的情感，相应地可能不自觉将政府的主动行为理解为被动。2013—2014 年，"单独一胎"正式实行，这一时期外媒在报道中侧重关注二胎的养育成本"afford""apartments"及中国目前人口老龄化的现状"dies"，这种报道会无形中干扰受众对中国的认知。另外，在政策终止阶段，与前三个阶段不同的是，首次出现表示他国地名的搭配词"Boston"。这表明外媒对政策的关注不仅局限在中国本身，在世界范围内发生的重大事件都可以成为外媒报道中国的"引爆点"。这就不难理解，在波士顿爆炸中不幸遇难的中国女孩，因其是家中的独生女，也被纳入外媒视野中，成为报道中国人口政策的素材之一。

3.语义韵分析

在话语实践中，词汇本身的语义特征符号化传播，影响语境，使语篇呈现出与意识形态相关的情感色彩[1]。其中，节点词吸引到的显著搭配词与节点词一起共现于语篇中，营造某种语境气氛，在此基础上产生的语义韵受搭配词语义特征的影响，大体包括积极、中性、消极三类[2]，与搭配词的态度倾向呈明显正相关性。

新闻传播是语言应用的领域之一，研究表明，政治报道已成为意识形态对语义韵操纵的"灾区"[3]。新闻生产者使用不同色彩的话语，寓态度于所生成的语义韵中，进而指涉话语所在语境的情感色彩[4]。就国外媒体对中国人口政策的报道来看，"计划生育政策"这一话语实际上已成为裹挟某种意识形态的载体，在介入中国形象传播与建构过程时，外媒借助语义韵的特点将蕴含权力的话语表现出来。语义韵分析是对搭配词分析的延伸，从分析节点词入手，随机查看该词所在的部分索引行，可以介入词语所在的语法结构中，探究语境的态度（表7）。

表7　节点词"policy"的部分索引行

序号	节点词前	节点词	节点词后
1	country's strict one-child	policy	in three decades

1　DIJK T A V. Discourse as Social Interaction［M］. London: Sage Publications, 1997: 33.

2　STUBBS M. Text and Corpus Analysis［M］.Oxford:Blackwell Publishers, 1996: 176.

3　支永碧. 基于语料库的政治话语语用预设研究［M］.苏州：苏州大学出版社，2010：291.

4　翟萌，卫乃兴.学术文本语义韵研究：属性、特征与方法［J］.解放军外国语学院学报，2015，38（3）：14-22.

续表

序号	节点词前	节点词	节点词后
2	controversial laws including its one-child	policy	and its forced labour camps
3	China eases one-child	policy	and abolishes labour camps in
4	Despite announced easing of one-child	policy	—
5	China ended its one-child	policy	in the hope that it
6	is ending its decades-long one-child	policy	is good news for married
7	Another implication of the one-child	policy	is what's referred
8	of China introduced their one-child	policy	a population control measure
9	of China's one-child	policy	—
10	Why is the one-child	policy	so hated and criticized？

从"计划生育政策语料库"中随机选择的索引行显示，节点词"policy"常与 strict（严厉的）、controversial（有争议的）、despite（尽管）、control（控制）、hated（令人憎恨的）、criticized（被批评的）等具有消极语义的词共现在语篇中。因此，不难发现，外媒报道下的计划生育政策带有一定的负面预设。以索引 10 为例，进一步在扩展语境中研究语篇结构及框架。

Why is the one-child policy so hated and criticized? Human rights groups have exposed forced abortions, infanticide and involuntary sterilizations, all banned in theory by the government. The policy has also left quieter devastation in its wake in the form of childless parents - couples too old when their only child suddenly dies to have another. (The Washington Post，November 15，2013)

总体来看，这段表述一开始负面倾向较为明显，虽是疑问句，但却具有话语者强烈的价值预设。表示程度副词的"so"与表示态度的形容词"hated""criticized"搭配使用，共同修饰"one-child policy"，将批判的意味强加给受众。此外，对政策后果的介绍援引人权组织的看法：一方面，隐藏媒体设置框架建构议题的痕迹，营造事实上的客观；另一方面，加入第三方观点，可以将某种态度通过对不同新闻源的整合与加工不自觉传达给受众，无形中起到影响受众认知的效果。诸如"forced abortions（强制堕胎）""infanticide（杀婴）""involuntary sterilizations（非自愿绝育）""dies"（消亡）等表达感情色彩的词汇频繁使用，实际上，将计划生育侧面定性为错误的人口政策，由此，语篇中充斥着批判的情感色彩。

五、研究结论与讨论

本文基于国外媒体计划生育报道语料库，从主题词分析、搭配词分析、语义韵分析三个层面出发，考察计划生育政策话语生产与国家形象之间的关系。研究发现，在"计划生育政策"这一话语上，无论是国外媒体在政策各个阶段迥异的"主题词"、丰富的"搭配词"语义特征，还是充满情感色彩的语篇"语义韵"，外媒都指涉了中国形象作为特殊的话语系统。因此，受制于意识形态与权力机构的共同牵制[1]，计划生育政策的话语生产是新闻媒体与政治权力共同参与的结果，并在议题解读中影响受众对议题的排序[2]。

新闻报道需要借助话语生产来完成，而话语言说背后，又充满立场、欲望与权力。置身于全球化传播语境中，新闻媒体愈来愈成为利益部门输出政治价值、表达政治理念的工具。伴随中国日渐成为国际话语场中的"报道主角"，以美国为代表的国外媒体的涉华报道规则之一便是本国利益诉求[3]。基于此，某种意义上来说，新闻活动发生了部分变化，由"说了什么"到"怎么说"再到"是谁说"。而归根究底，这种变化与新闻媒体作为政治权力实现的中介有关。[4]主题词中的新闻话语反映了政策变迁过程中的权力转移，而描述政策的语义韵则在语篇中借助搭配词完成消极语境的生产，在篇章结构中呈现话语冲突。于是，基于"点—线—面"的话语框架，国外媒体根据自身传播需要引导受众情绪。

1 董军.中国形象研究的现实困境与未来走向［J］//荆学民.中国政治传播研究（第一辑）.北京：中国传媒大学出版社，2016：48-60.

2 曾润喜，王媛媛，王晨曦.互联网环境下公众议程与政策议程的议题排序研究［J］.电子政务，2016（4）：75-82.

3 塞缪尔·亨廷顿.我们是谁？美国国家特性面临的挑战［M］.程克雄，译.北京：新华出版社，2005：36.

4 曾润喜，魏冯.政媒共治：灾难事件中网络造谣与辟谣的信息行为研究：基于"8·12天津爆炸事故"谣言的内容分析［J］.电子政务，2016（5）：25-34.

本研究建立在语料库语言学话语分析的方法上，属于尝试性研究，限于原始资料、搜索与分析软件等，理论建构与实证方法有待完善，结论仍需要更多研究予以证实。此外，计划生育政策案例的特殊性是否会导致策略解读与形象建构分析结果的适用性下降和不同的检索方式搜集到的样本总体可能存在的差异性等问题，也有待后续研究、补充、修正。研究的难度与不确定性，恰恰反映了国外媒体解读与报道一国公共政策时的复杂性，也说明我们对影响不同政策解读的报道机理特别是议题、话语、身份与权力等因素间的交互作用还缺乏系统认识，如何将政策文本、政策话语与国际形象传播结合起来，将是未来研究的方向。

网络舆情的信息传播与治理

网络舆情信息传播动力机制的多维比较

一、引言

网络舆情是人们在受到互联网传播的事件刺激后产生的，对该事件的认知、态度、情感和行为倾向的信息集合 [1]。网络舆情是由众多要素相互关联、共同作用的系统过程，各系统要素之间的互动博弈共同推动网络舆情的形成和扩散。探究网络舆情的演化过程，就必须深入分析网络舆情信息传播的具体动力，理解其产生、发展和消退的深层影响因素。

已有研究从不同维度考察了网络舆情信息传播的动力机制。按照不同行为主体，从事件、媒体、网民以及政府等视角研究某个网络舆情事件的信息传播动力机制 [2]；按照不同动力来源，从舆情的动力和阻力机制两方面探讨群体极化、泛政治化等网络舆情现象发生的动力机制 [3]。按照不同细分领域，主要关注高校舆情 [4]、反腐舆情 [5]、环境污染舆情 [6, 7]。上述研究从不同主体、不同视角和不同领域出发，进一步加深了对网络舆情传播机理的认识。然而，由于网络舆情研究的多样性，网络舆情动力机制的相关研究缺乏系统梳理，各类研究也亟待学术对话，难以全面展现网络舆情信息传播的整体动力机制。

本文基于对网络舆情信息传播动力机制的要素分析，在对相关文献进行聚类分析的基础上，分别对比分析网络舆情信息传播动力机制的系统要素和技术模型。通过比较网络舆情各要素的作用和影响，综合探讨网络舆情信息传播的动力源和传播机制，较完整地展现其传播过程及非线性演示系统内部复杂的结构，为网络

1　曾润喜.网络舆情管控工作机制研究［J］.图书情报工作，2009，53（18）：79-82.

2　徐勇.网络舆情事件演变的动力学建模及预警监测［J］.现代情报，2016，36（4）：14-19.

3　史波.网络舆情群体极化的动力机制与调控策略研究［J］.情报杂志，2010，29（7）：50-53.

4　陈玉.高校网络舆论事件的传播动力学特征：基于十年样本库的分析［J］.中国青年研究，2015（3）：63-67.

5　韩文英，卢宇航.基于动力场理论的网络反腐舆情演化与传播仿真研究［J］.现代情报，2016，36（3）：3-11，16.

6　虞铭明，朱德米.环境群体性事件的网络舆情扩散动力学机制分析：以"昆明PX事件"为例［J］.情报杂志，2015，34（8）：115-121.

7　钟慧玲，李伟，张冠湘."邻避"冲突事件网络舆情演化研究［J］.情报杂志，2016，35（3）：111-117.

舆情传播的后续研究提供借鉴和参考。

二、研究设计

（一）文献来源与采集

鉴于本文并非文献计量研究，而是通过代表性研究探索网络舆情信息传播动力机制，采集的样本以能支撑网络舆情信息传播动力机制的对比研究为标准。本文采用两种途径搜集研究文献，一是在中国知网 CNKI 数据库检索，条件限定如下：选定来源期刊为核心和 CSSCI 期刊；限定时间为 2000 年至 2017 年，因检索时间为 2017 年 6 月，2017 年只包含 6 月以前的相关文献；检索方式为在"篇名"中输入"动力"并含"舆情"或"舆论"精确查找；鉴于研究者多采用系统动力学方法进行相关研究，因而在"篇名"中使用精确查找检索"系统 + 舆情 / 舆论"；心理动机是研究网络舆情信息传播动力机制的重要维度，为此在"篇名"中使用精确查找继续检索"动机 + 舆情 / 舆论"。为了增加研究样本覆盖性、增强结论的准确性，在"主题"中输入"演化 + 舆情 / 舆论"并且"关键词"包含"动力"；在"主题"中输入"形成 + 舆情 / 舆论"并且"关键词"包含"动力"。二是在检索文献的基础上，通过文献检索滚雪球和人工复检的方式，最终选取具有代表性的网络舆情相关文献共计 45 篇。

（二）动力机制的研究聚类

1.系统要素的分类

机制源自结构功能主义，是在正确认识事物各部分的基础上协调各部分之间的关系以便促进整体功能发挥的运作方式。简言之，机制强调的是整体与部分之间的有机联系。同时，网络舆情作为产生于社会场域中的独特现象，其形成、发展和演变的过程都受到外部社会环境的深刻影响。因此，网络舆情的动力机制既要考虑网络舆情内部各要素对整体的影响，也要重视网络舆情外部环境对其内部运作的影响，如图 1 所示。

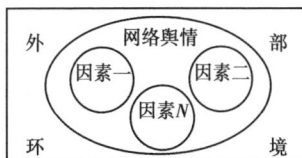

图 1 网络舆情信息传播动力机制的全要素模型

据此，网络舆情信息传播的动力按照力量来源划分为内部动力和外部动力。

（1）网络舆情信息传播的内部动力。分析网络舆情演变的内部动力，首要在于确定网络舆情信息传播的核心要素。公共事件是网络舆情爆发的导火索，在网络舆情的产生和发展中发挥着显著的影响，因此，网络舆情的信息传播是针对公共事件尤其是突发性公共事件的相关信息借助各种媒体平台发生在各类传播主体之间的信息互动传递过程。从本体论角度而言，网络舆情的产生主体是民众，首要治理主体是政府，客体是公共事件，载体是媒体，本体则是认知、态度、情感和行为倾向的信息集合。基于此，本研究将按照参与主体（其中包括政府、网民）、事件信息、载体平台3个维度对网络舆情内部动力的相关研究成果进行归纳梳理。

（2）网络舆情信息传播的外部动力。网络舆情演变主要依赖于内部各要素之间的互动博弈，但其产生与发展也受到外部宏观因素的深刻影响。事实上，不少研究在致力于从内部因素探讨网络舆情的动力机制的同时，也开始考察网络舆情演变的外部环境因素。因此，本研究也将外部环境纳入分析范围，探究网络舆情信息传播的外部动力。

本研究将采用聚类分析的基本方法，按照内部因素和外部因素的区别，对已有研究中有关网络舆情信息传播动力机制的观点论述进行梳理。在此基础上，本研究将按照网络舆情信息传播的影响因素对相关论述做进一步对比分析，以期在对比现有研究成果的基础上，系统归纳网络舆情信息传播的动力机制，并逐步建构网络舆情信息传播的完整框架。

2.技术模型的分类

网络舆情信息传播的动力机制必须以舆情构成要素为基本维度，确定各要素的角色功能及其相互关系，最终建构舆情传播动力机制的模型。目前，网络舆情研究的学者主要来自社会科学和计算机与信息科学领域[1]，既有研究大致存在两种取向：①从社会科学的角度出发，建构网络舆情信息传播的系统模型；②从工程技术的角度着手，构建网络舆情信息传播的技术模型。

进一步而言，网络舆情信息传播技术模型按照要素设计的维度不同，可划分

---

1 李纲，陈璟浩.突发公共事件网络舆情研究综述［J］.图书情报知识，2014（2）：111-119.

为多维度因素影响模型、单维度因素影响模型。其中，多维度因素影响模型从参与主体、载体平台、事件信息和外部环境等多个维度出发，建构多维度要素影响网络舆情的技术模型；而单维度因素影响模型则选取某一维度，建构单一维度要素影响网络舆情的技术模型。

三、网络舆情传播的动力机制的系统要素

（一）内部动力维度

1.认知、态度、情感与行为倾向：网络舆情生产的基本类型

民众是网络舆情的生产主体，其事物认知、个体态度与情感、行为倾向等对网络舆情的演变与发展起着源动力的作用。相关研究主要从四个方面来概括网络舆情生产的基本类型。

（1）从事物认知角度而言，公众的认知失当与非理性表达是推动网络舆情发展的正向动力[1]。网民具有发现事件及感应外部环境刺激的能力[2,3]，受到生存需求和发展需求动机的内在驱动[4,5]，加之民众的利益相关度[6]、政治素质[7]的影响，民众对涉及个体切身利益的突发公共事件表现出强烈的关注兴趣，从而为后续积极参与网络舆情奠定了前提条件。

（2）从个体态度角度而言，网络舆情是民众产生和持有的社会政治态度。面对突发性公共事件，网民对政府处置失当的不满意度[8]、质疑态度[9]以及对主流群体意见的从众态度，将进一步推动网络舆情在社会场域中不断地传播与蔓延。

（3）从个体情感角度而言，网络舆情容易受到情绪机制的显著影响，呈现

---

1 何玉梅，齐佳音，刘慧丽.基于微博的个体持续度舆论动力学研究［J］.情报科学，2015，33（12）：121-128.

2 宋彪，朱建明，黄启发.基于群集动力学和演化博弈论的网络舆情疏导模型［J］.系统工程理论与实践，2014，34（11）：2984-2994.

3 钟慧玲，李伟，张冠湘."邻避"冲突事件网络舆情演化研究［J］.情报杂志，2016，35（3）：111-117.

4 高俊峰.网络舆情事项中信息受众体的参与动机分析［J］.图书情报工作，2016，60（9）：91-98.

5 史波.网络舆情群体极化的动力机制与调控策略研究［J］.情报杂志，2010，29（7）：50-53.

6 李青，朱恒民，杨东超.微博网络中舆情话题传播演化模型［J］.数据分析与知识发现，2013（12）：74-80.

7 王来华.舆情变动规律初论［J］.学术交流，2005（12）：155-159.

8 虞铭明，朱德米.环境群体性事件的网络舆情扩散动力学机制分析：以"昆明PX事件"为例［J］.情报杂志，2015，34（8）：115-121.

9 袁国平，许晓兵.基于系统动力学的关于突发事件后网络舆情热度研究［J］.情报科学，2015，33（10）：52-56.

一边倒趋势[1]。民众的恐惧度[2]、愤怒度也会加速网络舆情的传播。公共突发事件的曝光，强烈刺激网民的负面社会情绪，在舆论场中引发群体性的情绪共鸣[3]，加之网络集群中的情绪感染机制的交互影响[4]，从而在短时间内引发网络舆情的情绪高涨和蔓延。

（4）从行为倾向角度而言，网民表达情绪和观点会助推舆情演化[5]，而沉默则可能进一步引发舆情危机[6, 7]。网民的参与度[8, 9]、网民关注程度[10, 11]以及自身影响力[12]也对网络舆情的扩散具有显著影响。网民对突发事件的相关信息的接触速率、网络讨论的参与程度、舆情关注的持续程度等直接影响网络舆情的扩散速度、持续强度和破坏范围。

经过对比分析发现，网络舆情的基本类型研究主要从网络舆情概念入手，不同研究对网络舆情本体的认识经历了从差异到共识的发展历程。早期研究将网络舆情视为民众对国家管理者所持有的社会政治态度[13]。后续研究发现，网络舆情是网民的不同情绪、态度和意见交织的集合体[14]。进一步研究发现，网络舆情不仅包括认知、态度和情感，也涵盖网民的行为倾向[15]。总体而言，上述研究分别

1 曾润喜，徐晓林.网络舆情的传播规律与网民行为：一个实证研究 [J].中国行政管理，2010（11）：16-20.

2 虞铭明，朱德米.环境群体性事件的网络舆情扩散动力学机制分析：以"昆明 PX 事件"为例 [J].情报杂志，2015，34（8）：115-121.

3 尉永清，杨玉珍，朱振方，等.自媒体环境下突发事件网络舆情应急策略研究 [J].西藏大学学报（社会科学版），2015，30（1）：191-197.

4 张玉亮.突发事件网络舆情的生成原因与导控策略：基于网络舆情主体心理的分析视阈 [J].情报杂志，2012，31（4）：54-57.

5 高俊峰.网络舆情事项中信息受众体的参与动机分析 [J].图书情报工作，2016，60（9）：91-98.

6 宋姜，吴鹏，甘利人.网民沉默因素的元胞自动机舆情演化建模及仿真 [J].情报理论与实践，2015，38（8）：124-129.

7 张峰，吴斌，王柏，等.基于决策偏移的舆论演化动力学模型 [J].系统工程理论与实践，2014，34（S1）：172-178.

8 高歌，张艺炜，丁宇，等.基于系统动力学的网络舆情演进机理及影响力研究 [J].情报理论与实践，2016，39（12）：39-45.

9 余乐安，李玲，武佳倩，等.基于系统动力学的危化品水污染突发事件中网络舆情危机应急策略研究 [J].系统工程理论与实践，2015，35（10）：2687-2697.

10 王高飞，李明，李梅.基于系统动力学的移动社交网络舆情应对策略研究 [J].情报科学，2016，34（10）：38-42.

11 张一文，齐佳音，马君.网络舆情与非常规突发事件作用机制：基于系统动力学建模分析 [J].情报杂志，2010，29（9）：1-6.

12 江耘，王紫嫣.基于元胞自动机的网络舆情传播研究 [J].江西社会科学，2015，35（10）：207-210.

13 王来华.舆情变动规律初论 [J].学术交流，2005（12）：155-159.

14 刘毅.略论网络舆情的概念、特点、表达与传播 [J].理论界，2007（1）：11-12.

15 曾润喜.网络舆情管控工作机制研究 [J].图书情报工作，2009，53（18）：79-82.

从狭义和广义两个视角着手，两者的主要差异体现在网络舆情的概念外延。前者从狭义视角着眼，考虑舆情与舆论的关联性，将网络舆情的本体限定为意见和态度的单一体。后续研究则从广义视角着眼，将网络舆情的本体进一步扩大为认知、态度、情感和行为倾向的综合体。网民面对网络舆情事件所具有的潜在的参与和沉默的行为倾向，直接决定网络舆情的最终发展走向。目前，已有研究逐步取得共识，网民生产网络舆情的基本类型逐渐由认知和态度扩展到情绪、行为倾向。

2. 传统媒体、新媒体：网络舆情传播的交互平台

传播媒介是网络舆情演进的重要影响要素，同时，媒体影响力也是网络舆情传播的正向动力[1,2]。各类媒体的关注参与将直接推动网络舆情进一步高涨[3]。传统媒体和新兴媒体彼此间的良性互动会推动网络舆情的传播与扩散[4]。在媒介融合的大格局之下，网络舆情的发展演变通常表现为，网络媒体率先曝光，传统媒体及时跟进扩大关注度，传统媒体与网络媒介在互动中共同推动网络舆情不断传播与扩散。

一方面，新媒体打破原有的媒介格局，逐渐成为网络舆情的强有力推手[5,6]。合理的议程设置是遏制网络舆情恶性蔓延的首要关口[7]。在面临各种突发公共事件时，新媒体借助其开放性、包容性的特点，已经成为舆情事件首次曝光的主要信息来源。而网络媒体的活跃程度直接影响民众对网络舆情的关注度和参与度[8]。网络媒体的大量跟踪报道进一步加速网络舆情的扩散过程[9]。特别是 BBS、社交软件、兴趣组等网络媒介平台，赋予了网民更多参与公共事务讨论的话语权，发挥着网络舆情的"放大器"功能[10]。

1　高航，丁荣贵. 基于系统动力学的网络舆情风险模型仿真研究 [J]. 情报杂志，2014，33（11）：7-13.

2　王平，谢耘耕. 突发公共事件网络舆情的形成及演变机制研究 [J]. 现代传播（中国传媒大学学报），2013，35（3）：63-69.

3　韩文英，卢宇航. 基于动力场理论的网络反腐舆情演化与传播仿真研究 [J]. 现代情报，2016，36（3）：3-11，16.

4　徐勇. 网络舆情事件演变的动力学建模及预警监测 [J]. 现代情报，2016，36（4）：14-19，56.

5　郭韧，陈福集，李江竹，等. 移动网络对网络舆情演化的影响研究 [J]. 情报杂志，2015，34（7）：130-134.

6　丁菊玲，勒中坚. 网络舆情危机事件形成因素分析 [J]. 情报杂志，2011，30（2）：6-9.

7　史波. 网络舆情群体极化的动力机制与调控策略研究 [J]. 情报杂志，2010，29（7）：50-53.

8　虞铭明，朱德米. 环境群体性事件的网络舆情扩散动力学机制分析：以"昆明 PX 事件"为例 [J]. 情报杂志，2015，34（8）：115-121.

9　余乐安，李玲，武佳倩，等. 基于系统动力学的危化品水污染突发事件中网络舆情危机应急策略研究 [J]. 系统工程理论与实践，2015，35（10）：2687-2697.

10　钟慧玲，李伟，张冠湘. "邻避"冲突事件网络舆情演化研究 [J]. 情报杂志，2016，35（3）：111-117.

另一方面，传统媒体在网络舆情意见市场中仍然扮演着重要角色。传统媒体由于具备权威性、内容深度、议程设置等方面的优势，通过影响关键性的意见领袖，能够实现对网络舆情的科学引导。因此，在突发事件网络舆情出现时，如果对传统媒体采取过滤和屏蔽策略，可以有效地阻隔网络舆情的进一步蔓延；相反，传统媒体的关注参与和持续新闻报道则助推网络舆情进一步的传播与扩散[1]。基于此，传统媒体成为政府实现临时性舆情管控所依靠的重要载体[2]，提升官方主流媒体的影响力成为控制和引导网络舆情传播的有效途径[3]。

网络舆情的交互平台研究主要从不同的媒介类型出发，比较传统媒体和新兴媒体在网络舆情中的影响力差异。已有研究一致认为，媒体对舆情事件的关注和报道成为影响网络舆情发展的重要因素。但是，不同研究也强调，传统媒体与新兴媒体在网络舆情传播中的力量格局正在重新组合。具体而言，一方面，新兴媒体凭借着自身优势在网络舆情的扩散中日益占据着重要地位[4]；另一方面，传统媒体仍然保持着相对强大的公信力和社会影响力，在网络舆情发展的转折点上发挥着关键作用[5]。总体而言，网络舆情的形成是传统媒体与新兴媒体之间交互传播的结果[6]。但是，新兴媒体在网络舆情的传播中的影响力正在逐渐提升，而传统媒体的影响力则相对弱化。简言之，已有研究都认为，传统媒体和新兴媒体在网络舆情中的影响力显著，但两者的影响力大小存在一定的差异。

3. 公共性、敏感性：网络舆情事件的信息属性

舆情事件是网络舆情产生的导火索[7]。从网络舆情的形成路径来看，网络舆情的产生经历了"刺激—反应"的发展过程[8]。其中，突发性公共事件作为网络

1　张一文，齐佳音，马君，等.网络舆情与非常规突发事件作用机制：基于系统动力学建模分析[J].情报杂志，2010，29（9）：1-6.

2　纪诗奇，张永安.复杂网络中的舆情演化机制：传播媒体的外场力作用[J].情报杂志，2014，33（4）：105-111.

3　王高飞，李明，李梅.基于系统动力学的移动社交网络舆情应对策略研究[J].情报科学，2016，34（10）：38-42.

4　钟慧玲，李伟，张冠湘."邻避"冲突事件网络舆情演化研究[J].情报杂志，2016，35（3）：111-117.

5　王平，谢耘耕.突发公共事件网络舆情的形成及演变机制研究[J].现代传播（中国传媒大学学报），2013，35（3）：63-69.

6　徐勇.网络舆情事件演变的动力学建模及预警监测[J].现代情报，2016，36（4）：14-19.

7　郭钒，陈福集，李江竹，等.移动网络对网络舆情演化的影响研究[J].情报杂志，2015，34（7）：130-134.

8　史波.网络舆情群体极化的动力机制与调控策略研究[J].情报杂志，2010，29（7）：50-53.

舆情的刺激源头，直接启动了网络舆情产生与演化链条。因此，事件自身的性质和特点对网络舆情的后续发展具有显著影响。

总体而言，突发事件的公共性、敏感性成为引发网络舆情的基本属性[1, 2]。在一般意义上，网络舆情形成的现实根源是突发性事件，事件的刺激性正向影响网络舆情的高涨。实际上，刺激性与敏感性紧密联系，突发性事件的敏感度越高，其对网民造成的心理冲击和情感刺激也就越大，因而刺激性表现为敏感性。此外，事件的受关注度、影响力、公众利益相关度对事件舆情热度具有重要影响。突发性事件与广大群众的利益相关度越高，其公共性和敏感性也就越高。而民众的关注度越高，事件的影响力也就越大，最终更容易引发网络舆情的大规模传播和蔓延。

进一步的比较分析发现，网络舆情的事件信息研究主要从突发性事件的属性出发，突发性公共事件的不同性质特点在网络舆情传播中的地位和功能存在一定差异。现有研究大多认为，网络舆情本身是受到突发性公共事件刺激而产生的"刺激—反应"的发展链条[3]。但是，上述研究对于不同属性在网络舆情发展链条中的地位存在不同认识。一方面，只有具备敏感性的社会事件才能吸引网民主动关注、积极参与网络舆论场的社会讨论；另一方面，公共性则会影响民众的关注程度、参与范围，公共性越高的触发性事件越容易加速网络舆情的扩散与传播。总体而言，前者将舆情事件的敏感性视为调动民众参与网络舆情的首要因素；而后者则突出公共性在网络舆情中的基础性地位。简言之，虽然已有研究都认为公共性和敏感性是舆情事件信息的两大必备属性，但是，不同研究对两种信息属性在网络舆情中的地位的看法并未取得完全一致。

4. 疏导、管控：政府应对网络舆情的治理逻辑

政府作为社会治理的首要主体，对网络舆情演变的作用贯穿始终[4]。政府行

1 袁国平，许晓兵.基于系统动力学的关于突发事件后网络舆情热度研究［J］.情报科学，2015，33（10）：52-56.

2 齐佳音，刘凌含，张一文，等.突发性公共危机事件网络舆情态势演化内外源动力探究［J］.情报科学，2015，33（11）：28-33.

3 王来华.舆情变动规律初论［J］.学术交流，2005（12）：155-159.

4 徐勇.网络舆情事件演变的动力学建模及预警监测［J］.现代情报，2016，36（4）：14-19.

为是网络舆情扩散和消退的决定性因素[1]。政府的危机应对力度[2,3]以及应对策略[4,5]显著影响网络舆情的发展趋势。从已有研究来看，在应对网络舆情时，政府主要存在两种治理路径：①以解决问题为出发点，采取正面姿态回应民众对突发公共事件的关切，从而引导网络舆情逐渐自然回落直至最终消退；②从维护社会稳定着眼，对网络舆情采取行政干预，通过网络意见发表的收束和控制，在短时间内营造网络舆情的消弭景象。

沿着两种不同的网络舆情的治理路径，政府应对网络舆情的举措会呈现出差异。

一方面，遵循疏导为主的治理逻辑，政府通过提高参与程度[6]，保障权威信息的及时公开[7]，提升对事件的应急处理能力，正面回应社会关切，能够有效地降低网络舆情热度，从而为后续的网络舆情治理奠定良好的基础。此外，政府自身的公信力建设也至关重要，良好的政府公信力能够有效提升政府回应的积极效果[8]。

另一方面，按照管控优先的治理逻辑，政府应建立网络舆情的应急处置预案，加强软硬件的设施配套，从而提升对突发公共事件引发的网络舆情的应急反应能力，在网络舆情爆发的第一时间掌握舆情治理的主动权。在网络舆情爆发后，政府在网络舆情发展过程中，通过政府网络监督和管理，能够有效地遏制网络谣言等虚假信息的蔓延[9]，而官方回应能力不足则推动网络舆情的衍生次生[10]。总之，

1　高歌，张艺炜，丁宇，等.基于系统动力学的网络舆情演进机理及影响力研究［J］.情报理论与实践，2016，39（12）：39-45.

2　钟慧玲，李伟，张冠湘."邻避"冲突事件网络舆情演化研究［J］.情报杂志，2016，35（3）：111-117.

3　高航.政府舆情应对能力系统动力学建模与仿真研究［J］.情报科学，2016，34（2）：133-138.

4　余乐安，李玲，武佳倩，等.基于系统动力学的危化品水污染突发事件中网络舆情危机应急策略研究［J］.系统工程理论与实践，2015，35（10）：2687-2697.

5　王平，谢耘耕.突发公共事件网络舆情的形成及演变机制研究［J］.现代传播（中国传媒大学学报），2013（3）：63-69.

6　张玉亮.突发事件网络舆情的生成原因与导控策略：基于网络舆情主体心理的分析视阈［J］.情报杂志，2012，31（4）：54-57.

7　王高飞，李明，李梅.基于系统动力学的移动社交网络舆情应对策略研究［J］.情报科学，2016，34（10）：38-42.

8　袁国平，许晓兵.基于系统动力学的关于突发事件后网络舆情热度研究［J］.情报科学，2015，33（10）：52-56.

9　史波.网络舆情群体极化的动力机制与调控策略研究［J］.情报杂志，2010，29（7）：50-53.

10　李明德，李巨星，刘婵君，等.网络舆情中泛政治化现象的动力机制与因应策略研究［J］.情报杂志，2016，35（4）：47-54.

有效的监督和管理可避免网络舆情走向恶性的群体极化，积极引导网络舆情向良性舆论发展。

相较而言，网络舆情的政府应对研究分别从管控和疏导两种视角出发，比较政府不同的治理逻辑对网络舆情应对措施的差异。已有研究都强调，政府对网络舆情的应急处置能力将直接决定网络舆情的最终发展走向。但是，不同研究在政府应对网络舆情的具体措施方面，也存在显著的差异。一方面，按照管控的基本逻辑，研究认为各级政府应通过网络监管、行政处罚[1]、强力控制[2]等强制手段有效地阻遏网络舆情的恶性蔓延；另一方面，不少研究在疏导逻辑的指导下，强调政府应正面疏导情绪，避免过分刺激网络民意的合理表达[3]，依靠政府的信息公开和自身公信力[4]，通过政府新闻的及时发布来降低网络舆情的破坏效应[5]。总体而言，不同研究遵循着管控和疏导两种截然不同的治理逻辑，为政府提供了差异化显著的应对策略。前一类研究侧重于危机公关视角，注重网络舆情治理的短期效果，强调优先控制网络舆情的扩散范围；后一种研究侧重于社会治理视角，注重网络舆情治理的长期效应，强调逐步缓和化解重大社会风险。简言之，虽然不同研究都认识到政府在网络舆情应对中的关键作用，但是，依据两种治理逻辑提供的具体措施呈现显著差异。

（二）外部动力维度——现实环境、虚拟环境：网络舆情置身的两类外部环境

宏观的社会环境作为网络舆情的外部客观背景，对网络舆情的产生和发展具有先赋性影响。社会环境包括现实环境和虚拟环境。现实环境主要指由社会客观因素建构的社会环境，而虚拟环境主要指网民在互联网交流中感知的外部信息环境和群体意见环境。

一方面，网络舆情传播受社会客观因素的显著影响[6]。和谐包容的政治、经济、

1 虞铭明，朱德米.环境群体性事件的网络舆情扩散动力学机制分析：以"昆明PX事件"为例[J].情报杂志，2015，34（8）：115-121.
2 陈福集，游丹丹.基于系统动力学的网络舆情事件传播研究[J].情报杂志，2015，34（9）：118-122.
3 徐勇.网络舆情事件演变的动力学建模及预警监测[J].现代情报，2016，36（4）：14-19.
4 郭韧，陈福集，李江竹，等.移动网对网络舆情演化的影响研究[J].情报杂志，2015，34（7）：130-134.
5 余乐安，李玲，武佳倩，等.基于系统动力学的危化品水污染突发事件中网络舆情危机应急策略研究[J].系统工程理论与实践，2015，35（10）：2687-2697.
6 韩文英，卢宇航.基于动力场理论的网络反腐舆情演化与传播仿真研究[J].现代情报，2016，36（3）：3-11，16.

社会和文化环境能够促进社会整合，化解社会矛盾，维护社会稳定，推动社会持续健康发展。当前，转型期的中国存在着局部的社会不公、民生问题等现实矛盾，拜金主义、享乐主义之风盛行，为网络舆情的发生提供了生存土壤[1]。突发性公共事件的曝光，极易在短时间内刺激广大民众的高度关注和持续讨论，从而引发网络舆情的形成和高涨。

另一方面，网络舆情也受到社交网络外界环境的制约[2]。互联网营造的虚拟环境易使网民在群体感染和从众心理的驱使下，受到意见领袖的影响，产生群体极化。关系强度影响力、领袖影响力等群体规范因素影响网民的网络舆情参与行为[3]。在群体一致性的压力之下，网民个体极易服从于主导性意见，从而造成网络舆情的热度不断上升[4, 5]。尤其是在参与突发事件的网络讨论时，网民受到虚拟环境充斥的愤怒、不满以及怨恨等网络社会情绪的催化，非理性表达急剧增加。在负面情绪的裹挟下，网络舆情极易朝着负面化、极端化方向发展，最终发展为影响广泛、破坏剧烈的网络舆情危机事件。

相较而言，网络舆情的外部环境研究分别从社会学和群体心理学视角出发，比较社会客观因素[6]、群体规范因素[7, 8]对网络舆情的影响阶段的差异。一方面，部分研究从社会学视角出发，将网络舆情置于宏观的社会背景下加以考量，认为现实环境中的社会不公、贫富差距等社会问题成为催生网络舆情的现实性根源[9]；另一方面，一些研究从群体心理学视角出发，将网络舆情形成过程视为微观的群体心理演化过程，强调群体一致性压力下网民从众心理的作用。总体而言，

1　王平，谢耘耕.突发公共事件网络舆情的形成及演变机制研究［J］.现代传播（中国传媒大学学报），2013（3）：63-69.

2　邓青，刘艺，马亚萍.基于元胞自动机的网络信息传播和舆情干预机制研究［J］.管理评论，2016，28（8）：106-114.

3　江耘，王紫嫣.基于元胞自动机的网络舆情传播研究［J］.江西社会科学，2015，35（10）：207-210.

4　张一文，齐佳音，马君，等.网络舆情与非常规突发事件作用机制：基于系统动力学建模分析［J］.情报杂志，2010，29（9）：1-6.

5　虞铭明，朱德米.环境群体性事件的网络舆情扩散动力学机制分析：以"昆明PX事件"为例［J］.情报杂志，2015，34（8）：115-121.

6　韩文英，卢宇航.基于动力场理论的网络反腐舆情演化与传播仿真研究［J］.现代情报，2016，36（3）：3-11，16.

7　虞铭明，朱德米.环境群体性事件的网络舆情扩散动力学机制分析：以"昆明PX事件"为例［J］.情报杂志，2015，34（8）：115-121.

8　张一文，齐佳音，马君.网络舆情与非常规突发事件作用机制：基于系统动力学建模分析［J］.情报杂志，2010，29（9）：1-6.

9　江耘，王紫嫣.基于元胞自动机的网络舆情传播研究［J］.江西社会科学，2015，35（10）：207-210.

上述研究各自从宏观的社会结构和微观的群体心理着眼，前者从社会的结构性矛盾中寻找网络舆情的形成根源，强调外部环境从网络舆情酝酿形成阶段就开始发挥影响；而后者从群体心理运作探究网络舆情的发展趋势，认为外部环境对网络舆情的影响力直到发展阶段才逐渐显现。简言之，既有研究都强调外部环境对网络舆情的重要影响，但是不同研究对外部环境的影响阶段存在显著差异。

四、网络舆情传播的动力机制的技术模型

建构网络舆情传播的动力机制的技术模型、确定模型边界和主要因素是建模的关键。已有研究大都按照要素分析法对网络舆情的各要素进行归类分析，并在此基础上对网络舆情信息传播动力机制进行了技术建模解释。这些模型的建构一般遵循下列程序：从舆情系统内部结构出发，对研究对象的主体进行分析；界定系统边界线和主要要素，绘制因果关系图；建立系统流图，用因果关系图和系统流图展现系统各要素之间的关系，用方程描述它们之间的数量关系，最后选择软件模拟仿真。整个过程采用工程技术研究流程和方法，建立模型并基于数据对模型进行仿真模拟，建模流程如图 2 所示。

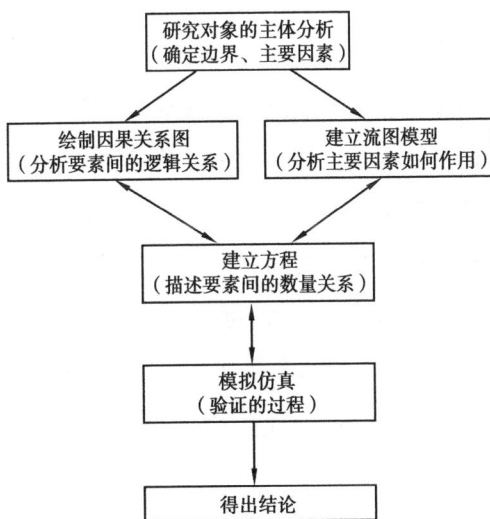

图 2　网络舆情动力机制的建模流程

（一）网络舆情多维度因素影响模型研究

多维度建模主要从参与主体、载体平台、事件信息、外部环境 4 个维度出发，研究各维度中的具体要素对网络舆情的影响模型。研究对象包括舆情的演变与扩

散、舆情风险预警、网络舆情疏导等。网络舆情是舆情信息、舆情主体、传播媒体、舆情受众四大模块间动态互动、有机耦合的结果，以研究 Shannon 与 Defleur 的信息传播模型为基础，借助经典的柯布—道格拉斯生产函数建构出包含自变量舆情信息扩散效率、舆情主体传播能力、网络媒体作用水平、舆情受众共鸣程度的网络舆情风险的系统存量流量图[1]。还有研究根据勒温动力场理论，在个体舆情影响模型的基础上，借助个体主观因素、社会客观因素和行为系数建立网络反腐舆情的算法模型，然后借助 Netlogo 平台实现仿真模拟，最终运用百度指数验证模型的可靠性。研究发现，网络舆情存在抑制型、沉默型、转折型和爆发型 4 种演变型态，强调政府选择合适时机干预舆情能显著地提高网民参与反腐的积极性[2]。

用户自身、其他用户和外界环境也对网络舆情的信息传播产生重要影响，使用元胞自动机模型，结合用户个性探讨社交网络中的信息自由扩散机制、舆情干预机制。研究发现，在无干预的情况下，舆情呈现自由扩散状态，传播速率先快后慢，直到扩散到网络中的所有节点；当采取强干预措施时，舆情影响范围下降较快，网络舆情的干预取得显著成效[3]。此外，网络舆情热度受到传统媒体关注度、网民参与度、网民对政府的满意度、网络新闻媒体关注度 4 个变量的交互影响，基于博弈论的舆情传播模型，采用层次分析法确定各变量的影响权重，在此基础上建构网络舆情热度的计算公式。研究发现，及时确定事件的易爆程度、提高政府公信力和事件处理能力对于控制网络舆情热度作用显著[4]。

鉴于网络舆情表现为网民个体之间的人际互动过程，基于小世界网络模型，利用计算机仿真建立网络舆情信息传播的演化模型。一些研究以小世界模型为基础构建人际关系网络拓扑，设定网民个体之间互动交流的具体规则，考察内在心理因素、外部媒介环境对网络舆情信息传播的共同影响[5]。另一些研究通过小世

1　高航，丁荣贵.基于系统动力学的网络舆情风险模型仿真研究［J］.情报杂志，2014，33（11）：7-13.

2　韩文英，卢宇航.基于动力场理论的网络反腐舆情演化与传播仿真研究［J］.现代情报，2016，36（3）：3-11，16.

3　邓青，刘艺，马亚萍.基于元胞自动机的网络信息传播和舆情干预机制研究［J］.管理评论，2016，28（8）：106-114.

4　张一文，齐佳音，马君，等.网络舆情与非常规突发事件作用机制：基于系统动力学建模分析［J］.情报杂志，2010，29（9）：1-6.

5　刘常昱，胡晓峰，司光亚，等.基于小世界网络的舆论传播模型研究［J］.系统仿真学报，2006，18（12）：3608-3610.

界传播模型，深入分析新媒体普及条件下网络舆情的人际传播过程，发现网络舆情不再通过传统媒体的舆论监督，反而借助新媒体以人际传播的方式迅速蔓延，最终形成附带特定情感倾向的网络舆论[1]。由于小世界网络模型本质上是人际关系网络模型，因此，上述研究都从网民个体之间的人际互动着眼，未能考察网民、媒体之外的其他影响因素。

此外，也有研究考虑并选取事件词频数量、信息发文数量、不同类型网民数量、信息回复数量等影响因素，建立以信息发文数量为关注对象的公共危机事件网络舆情预测模型[2]。该研究将经验预测方法和数学预测方法相结合，能够显著提高网络舆情预测的精准度。在此基础上，以灰色关联度模型为基础，从网民关注的话题数量、传播平台等角度出发，构建预测网络舆情热度的 Logistic 模型[3]。该研究通过定义最大关联度向量确定了影响网络舆情热度的具体因素，保证模型的科学性。也有观点认为，网络舆情中个体观点决策是期望牵引力和群体一致性压力共同作用的结果，在 Deffuant 模型基础上，建立基于决策偏移的舆论演化动力学模型。研究表明，网民个体在群体一致性压力的影响下，会主动选择服从群体意见，从而使得个体表达观点背离自身期望观点[4]。该模型相较于经典有限信任模型，更加符合复杂社会网络中的舆情演变过程，解释了复杂群体中观点互动演化的内在机理。

（二）网络舆情单维度因素影响模型研究

单维度建模大都从参与主体维度中的网民视角出发，针对网民个性的具体要素，基于元胞自动机模型，建构出以网民为中心的网络舆情信息传播模型。研究对象主要囊括网络舆情的演化、网络舆情的传播等。

相关研究有从单一影响因素入手，考察用户的影响力系数对网络舆情传播速率的影响。一方面，基于不完全信息动态博弈理论，借助元胞自动机模型，建

1　陈力丹，汪露.论新媒体人际传播的客观"监督"效果：以"柑蛆"事件为例［J］.现代传播-中国传媒大学学报，2009，31（1）：25-27.
2　兰月新，董希琳，苏国强.公共危机事件网络舆情预测问题研究［J］.情报科学，2014，32（4）：35-38.
3　兰月新，刘冰月，张鹏.面向大数据的网络舆情热度动态预测模型研究［J］.情报杂志，2017，36（6）：105-110.
4　张峰，吴斌，王柏，等.基于决策偏移的舆论演化动力学模型［J］.系统工程理论与实践，2014，34（S1）：172-178.

立个体影响力对网络舆情传播效果的影响模型。结果表明，网民的影响力系数越大，网络舆情的信息传播越快；舆情信息的传播效果取决于信息接收者的受影响系数[1]。进一步的研究在博弈论的舆情传播模型的基础上，借助 Vensim Ple 模拟，发现事件的危害程度和影响力、网民群体的激化度、传统媒体和网络媒体的报道频率、政府的响应效率共同影响网络舆情的传播[2]。另一方面，以传统的传染病 SEIR 模型为基础，从用户影响力和兴趣度着手，建立网民舆情转发行为模型，发现用户对话题的兴趣度以及自身的影响力扩大了网络舆情话题的传播范围[3]。

也有研究从固执度、信任度、影响力等多个变量出发，建立了基于多 Agent 复杂网络的舆情演化模型框架。通过 NetLogo 平台仿真模拟发现，由于网民的固执度，强力型宣传对网络舆情的干预未能取得预期效果，而递进型宣传则采取温和渐进的策略，在引导网民舆情方面取得了良好的效果[4]。

还有研究从网民的观点倔强度和个人倾向度等方面建模，基于元胞自动机模型，使用 Matlab 进行仿真，发现网民在群体讨论过程中受个人倾向度的影响会逐渐形成优势意见，而具有观点倔强度的网民则坚持劣势意见，最终形成舆情的两极化现象[5]。

此外，基于元胞自动机模型，从网民不同观点的比例和沉默阈值等方面建模，通过 Matlab 仿真发现，优势意见在舆情演化中不断上升，劣势意见逐渐沉默，催生网络舆情的不断高涨[6]。后续研究也采用元胞自动机模型，模拟网民在网络空间自由移动且互相影响的特点，设计考察元胞坚定性的多数规则计算公式和元胞移动遍历算法。仿真结果显示，网民对某个公共事务的初始意见呈多元化分布，部分相似观点经过多次迭代后不断走向趋同，最终发展成为网络舆情[7]。该模型通过改变元胞的倾向聚集度和强度、元胞峰值和元胞倾向众值来研究不同元胞状

1 江耘，王紫嫣．基于元胞自动机的网络舆情传播研究［J］．江西社会科学，2015，35（10）：207-210.
2 狄国强，曾华艺，勒中坚，等．网络舆情事件的系统动力学模型与仿真［J］．情报杂志，2012，31（8）：12-20.
3 李青，朱恒民，杨东超．微博网络中舆情话题传播演化模型［J］．现代图书情报技术，2013（12）：74-80.
4 刘小波．基于 NetLogo 平台的舆情演化模型实现［J］．情报资料工作，2012（1）：55-60.
5 戴建华，杭家蓓．基于模糊规则的元胞自动机网络舆论传播模型研究［J］．情报杂志，2012，31（7）：16-20.
6 宋姜，吴鹏，甘利人．网民沉默因素的元胞自动机舆情演化建模及仿真［J］．情报理论与实践，2015，38（8）：124-129.
7 方薇，何留进，孙凯．采用元胞自动机的网络舆情传播模型研究［J］．计算机应用，2010，30（3）：751-755.

态的迭代结果，更加接近网络舆情的真实传播过程。除了常用的元胞自动机模型外，也有研究以改进的 Deffaunt 模型为基础，运用小世界网络结构模拟网络舆情中的人际关系网络，发现网民的群体规模越大群体观点统一耗时越长；而节点度和重连概率的增加则会显著减少群体观点的收敛时间 [1]。但是，该研究仅从群体规模、节点度等少数变量加以考量，尚未能全面反映网络舆情中的人际传播和意见形成过程。

（三）网络舆情技术模型的比较分析

网络舆情信息传播的技术模型研究主要从系统要素的视角着手，分别从不同维度对网络舆情的具体影响因素进行仿真模拟。总体而言，两类技术模型研究都遵循着从要素分析到模型建构的基本逻辑，两者的区别在于考察的具体维度不同。具体而言，多维度因素影响模型以参与主体、载体平台、事件信息和外部环境为基本维度 [2, 3]，较完整地展现了各要素在网络舆情发展中相互关系和影响作用，从而建立网络舆情信息传播的整体动力机制；而单维度因素影响模型则选取网民的性格特质作为具体影响变量 [4, 5]，主要关注网民个性特质对网络舆情整体传播的影响，强调了网民作为网络舆情的参与主体在网络舆情传播与演化过程中的重要地位。

在聚类分析两类技术模型的基础上，对比研究发现，技术模型的相关研究在本质上都是从不同维度选取影响网络舆情的关键要素，运用技术手段模拟网络舆情传播与扩散过程。但是，已有研究对不同维度的侧重点存在差异。总体而言，多数研究大都集中考察内部要素对网络舆情的突出作用 [6]，而对外部环境因素的重要影响考察相对较少。具体而言，既有研究重点关注网民个性 [7, 8, 9]、媒体关

1　刘锦德，刘咏梅．基于改进 Deffaunt 模型和小世界网络的舆情传播模拟与仿真［J］．系统工程，2015，33（3）：123-129.

2　韩文英，卢宇航．基于动力场理论的网络反腐舆情演化与传播仿真研究［J］．现代情报，2016，36（3）：3-11，16.

3　张峰，吴斌，王柏，等．基于决策偏移的舆论演化动力学模型［J］．系统工程理论与实践，2014，34（S1）：172-178.

4　李青，朱恒民，杨东超．微博网络中舆情话题传播演化模型［J］．现代图书情报技术，2013（12）：74-80.

5　江耘，王紫嫣．基于元胞自动机的网络舆情传播研究［J］．江西社会科学，2015，35（10）：207-210.

6　邓青，刘艺，马亚萍，等．基于元胞自动机的网络信息传播和舆情干预机制研究［J］．管理评论，2016，28（8）：106-114.

7　李青，朱恒民，杨东超．微博网络中舆情话题传播演化模型［J］．现代图书情报技术，2013（12）：74-80.

8　刘小波．基于 NetLogo 平台的舆情演化模型实现［J］．情报资料工作，2012（1）：55-60.

9　方薇，何留进，孙凯，等．采用元胞自动机的网络舆情传播模型研究［J］．计算机应用，2010，30（3）：751-755.

注[1,2]、政府干预[3]等内部因素对网络舆情的影响，而群体压力[4]、群体规模、社会客观因素等外部因素对网络舆情的作用有待深入探究。简言之，多维度和单维度因素影响模型研究都从具体维度深入考察影响网络舆情的影响因素，但是，不同研究对于内部因素和外部因素的关注程度存在一定差异。

五、结论与展望

本文对有关网络舆情传播动力机制的现有研究进行分类梳理，按照内部动力、外部动力两大维度，对网络舆情的系统要素进行聚类分析，并进一步比较分析不同类型网络舆情的仿真模型。研究认为，网络舆情各要素之间的互动博弈，形成了网络舆情信息传播的动力机制。网络舆情信息传播的动力机制的完整流程应为：当具有公共性和敏感性的触发事件出现后，社会环境中的网民、媒体和政府展开互动博弈，共同推动网络舆情的迅速形成和广泛传播。在此过程中，网民从认知、态度与情感、行为倾向维度生产网络舆情，并借助传统媒体、新兴媒介等交互平台传播网络舆情；政府遵循疏导、管控两种逻辑应对网络舆情；现实环境、虚拟环境两种外部环境不断影响网络舆情。总之，网络舆情的信息传播动力机制是一个复杂的开放系统，是内、外部各要素相互协调、共同作用的统一体。

已有关于网络舆情信息传播动力机制的研究成果颇丰，但也存在不足之处：①网络舆情要素分析欠缺整体考虑。已有研究大都针对具体类型的网络舆情，影响要素较为分散凌乱，尤其是针对内部动力的要素分析较多，涉及外部动力的要素分析较少，对外在动力如何推动网络舆情传播的机制还有待深入研究；②缺乏对网络舆情动力机制的历时性考察。已有研究大多从共时性角度出发，从整体分析网络舆情的影响要素及其作用机制，尚缺乏对网络舆情动力机制的阶段性分析，不利于构建网络舆情动力机制的完整链条；③动力机制的模型研究相对单一。目前对网络舆情动力机制的建模研究往往局限于 Agent、SIR、元胞自动机、基于

1 狄国强，曾华艺，勒中坚，等．网络舆情事件的系统动力学模型与仿真［J］．情报杂志，2012，31（8）：12-20.

2 张一文，齐佳音，马君，等．网络舆情与非常规突发事件作用机制：基于系统动力学建模分析［J］．情报杂志，2010，29（9）：1-6.

3 邓青，刘艺，马亚萍，等．基于元胞自动机的网络信息传播和舆情干预机制研究［J］．管理评论，2016，28（8）：106-114.

4 宋姜，吴鹏，甘利人．网民沉默因素的元胞自动机舆情演化建模及仿真［J］．情报理论与实践，2015，38（8）：124-129.

博弈论的舆情传播模型等少数模型，大都使用有限样本数据，借助 VensimPle、NetLogo 等平台进行技术验证，有待于结合大数据进行拓展和深化。

本文认为，网络舆情信息传播动力机制的研究应紧紧结合"小世界、大数据、云传播"的发展趋势，推动网络舆情研究使其朝着纵深方向发展。从小世界角度而言，尽管小世界模型已经较为成熟，但已有研究大多是移植技术，忽视我国舆情的特点及国内外网民的状态差异，技术和国情的结合度有待提升，以更符合中国社会现实。从大数据角度而言，已有研究在数据挖掘方面受到现实环境和技术的影响，以个案或具体舆情事件为例，其结论有其特殊性，普适性有待提升。未来舆情研究应加强对大数据的采集、分析、挖掘及分享，探析新的舆情传播动力机制；值得注意的是，大数据不等同于海量网络数据，它是自然界、人类社会与虚拟空间 3 种人类依存空间的数据耦合集，包括自然界数据、人类社会数据和虚拟空间数据等 [1]，网络舆情研究亟待突破网络数据的限制，将网络数据、社会行为数据、自然数据三者有机结合起来，构建一个立体的解释人们对一系列事件的认知、态度、情感和行为倾向的信息集合，从而多维、实时、立体、真实地还原网络舆情自然状态。从云传播角度而言，云传播作为人们传递和分享信息的全新机制 [2]，能更好地解释舆情传播规律，预测舆情发展趋势。未来研究应加强云计算技术在信息传播过程中的应用。

---

1 曾润喜，王琳，杜洪涛 . 基于知识管理视角的大数据研究网络与结构研究 ［J］. 情报学报，2016，35（11）：1173-1184.

2 李卫东，文竹 . 新媒体应用开放平台的云传播网络模型及结构特征分析 ［J］. 新闻与传播研究，2016，23（9）：52-74.

基于非传统安全视角的网络舆情演化机理与智慧治理方略

一、引言

如何应对网络安全威胁和风险，关键在于加强潜在风险的识别分析和预警防控和预先化解社会风险和舆情风险。就网络舆情而言，长期以来，治理的关注点在舆情爆发后的应急管理，舆情爆发前的预警管理和风险管理不够，治理的预见性、前瞻性亟待提高。因此，有必要加强潜在风险的识别分析和预警防控，提高网络舆情的治理水平。

由于社会转型期的结构性矛盾日益凸显，不同社会群体的利益博弈成为常态，为网络舆情的大规模爆发提供了社会土壤；大数据、云计算、人工智能等新技术，为实现智慧治理提供了新的机遇。[1]因此，网络舆情的治理既要考虑固有社会结构性问题的基础作用，也要正视网络信息技术的叠加效应，特别是大数据技术能够动态监测网络舆情数据，极大地提升了网络舆情风险的预警能力。[2]借助于新兴信息技术，网络舆情治理的"风险—危机—应急"完整链条可以构建，促使网络舆情治理朝着风险预防、应急与危机管理并重的整合式网络安全治理模式转变，最终实现对网络社会的智慧治理。

二、非传统安全视角下网络舆情的特征演化

非传统安全指非军事因素导致的国家安全问题，其价值目标指向人的安全、社会安全和国家政治安全。[3]网络舆情是人们在受到互联网传播的事件刺激后产生的对该事件的认知、态度、情感和行为倾向的信息集合。[4]从性质上来看，网络舆情属于民众针对公共事件的认知、态度、情感和行为倾向的集合体，其本身

---

1 马亮.智慧城市如何治理创新？——面向城市"痛点"的系统设计［J］.电子政务，2017（6）：38-46.

2 夏一雪，袁野，张文才，等.面向大数据的网络舆情异常数据监测与应用研究［J］.现代情报，2018，38（6）：80-85.

3 曾润喜，毛子骏，徐晓林.非传统安全的缘起、话语变迁及治理体系［J］.电子政务，2014（5）：65-71.

4 曾润喜.网络舆情管控工作机制研究［J］.图书情报工作，2009，53（18）：79-82.

并不直接构成非传统安全隐患。然而，由于网络舆情的系统性、复杂性与关联性特征，网络舆情在虚拟空间的复杂演化过程中不只停留在民众的一般性意见讨论。相反，网络舆情经过虚拟社会和现实社会中的利益博弈、多元互动，容易衍生出信息安全、社会安全和国家政治安全方面的新问题，进而成为网络社会治理中的非传统安全难题。

（一）网络舆情演化的系统性特征

网络舆情演化涉及一个综合性的安全系统，是内、外部各要素相互协调、共同作用的统一体。[1] 一方面，网络舆情的演化包括主体、信息、平台、节点等内部要素的多元互动。当前的网络舆情研究关注政府、媒体和公众等舆情主体之间的信息互动，却忽视了这些主体与节点、平台等要素的驱动。另一方面，网络舆情受到社会环境、技术环境等外部环境的复杂影响。因此，网络舆情的治理要在系统动力学的指导下，既关注内部各要素之间的互动博弈，又重视内部因素和外部环境的交互影响，从而整体把握网络舆情时空演化的动力机理。

（二）网络舆情演化的复杂性特征

网络舆情的演化在时空环境中呈现出复杂交织的状态。具体而言，在时间逻辑上，网络舆情的演化经历了"潜藏—萌芽—发生—发展—消亡—反复"的线性过程；在空间逻辑上，网络舆情的演化呈现出节点、主体、信息和平台等要素多元互动的系统机制。值得注意的是，网络舆情演化的时空逻辑交互影响、螺旋发生。换言之，网络舆情线性发展的每一阶段都由内、外部因素驱动，而内、外部因素的复杂互动也推动着网络舆情沿着线性路径不断向前发展。总之，网络舆情既受时间及空间的共同影响，又受内、外因素的交互影响，复杂性进一步加剧。因此，网络舆情的治理必须从时间、空间两个维度着手，既要重视网络舆情的阶段发展，又要关注网络舆情的要素互动。

（三）网络舆情演化的关联性特征

第一，网络舆情通常与具体现实事件交织。环境污染、事故灾害、贪污腐败、群体性事件等现实事件，刺激相关议题的网络舆情不断爆发，某一网络舆情事件往往与某一现实事件相关联。第二，网络舆情演化受到多种安全问题的相互关联。

1　曾润喜，陈创.网络舆情信息传播动力机制的比较研究［J］.图书情报工作，2018，62（7）：12-20.

网络舆情不仅关乎医疗安全、生态安全、食品安全、官员腐败、突发事故、群体性事件等社会领域的安全，而且涉及意识形态安全、网络主权安全等国家政治安全，某一网络舆情往往与另一网络舆情相关联，某一网络舆情相关联的现实事件往往与另一现实事件相关联。第三，某一网络舆情容易引发新的衍生、次生舆情，导致各种网络舆情事件相互叠加，也可能导致各种网络舆情事件和现实事件相互叠加。因此，治理网络舆情时既要关注网络舆情和现实事件的关联，也要重视网络安全和其他安全之间的关联，统筹应对社会风险与舆情风险（图1）。

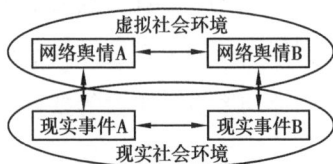

图 1　网络舆情演化的关联

（四）网络舆情复杂演化的智慧治理

由于网络舆情演化呈现出系统性、复杂性和关联性，网络舆情的治理应向智慧治理方向发展。网络舆情的演化越来越呈现出牵一发而动全身的态势，这导致任何新的舆情事件出现往往涉及社会安全、网络安全甚至政治安全。因此，传统的风险管理模型已经难以应对全局性的网络舆情风险，网络舆情治理理念有必要转变，对社会风险和舆情风险的预见性治理应加强，从根本上实现网络安全风险的"治未病"。智慧治理实际上包含智慧技术发展与社会多元治理的有机结合[1]，社会环境和技术环境相互叠加，造成网络舆情的演化呈现出系统交织的复杂状态，倒逼网络舆情治理从危机管理向智慧治理转变。基于此，网络舆情的智慧治理应从社会环境和技术环境两个层面出发系统地考察网络舆情复杂演化的社会根源和技术影响。

三、社会环境是网络舆情复杂演化的现实根源

（一）社会转型中的复杂因素诱发网络舆情

1.现实社会矛盾关注的安全议题是网络舆情的话题领域

现实社会的矛盾问题成为网络舆情反复频发的社会根源。近年来，基本公共

1　李云新，韩伊静.国外智慧治理研究述评［J］.电子政务，2017（7）：57-66.

服务供给、食品安全、环境安全、信息安全、社会公正等非传统安全领域的问题逐渐凸显并长期存在，这些现实问题成为网络舆情大规模爆发的社会土壤，网络舆情的反复爆发交织着网络安全、环境安全、信息安全、公共卫生安全等非传统安全难题。例如，医疗相关网络舆情反映出医患关系长期紧张的社会矛盾，而环境污染相关舆情则凸显经济粗放式增长引发的生态灾难。

2. 社会环境中现实事件刺激网络舆情的系列化呈现

网络舆情与现实事件存在相互交织的复杂关系，同主体、同类别、同时段、同标签的现实事件连续发生，对应话题的网络舆情会"批量生产"和"同类复制"，呈现系列化特征。[1]尤其是环境污染、食药安全、教育不公、官员腐败等社会问题长期得不到根本性解决，相关领域的社会突发事件不断涌现，这刺激了网民的敏感神经，引发网络舆情信息主体的情绪共振和情感共鸣，使不同地区、不同时段的具有相同性质的网络舆情产生系列化呈现特征，将单一的网络舆情事件关联为一系列网络舆情事件，为网络舆情治理带来了新的难题。

3. 社会问题的复杂关联加快网络舆情的衍生异化

网络舆情呈现出多问题、多事件、多领域相互关联的状态，这不仅造成单一网络舆情涉及多种社会问题的局面，单一议题的网络舆情在传播过程中也可能形成新的次生舆情。例如，天津8·12爆炸事故后，突发的网络舆情起初围绕着事故灾害本身展开，但由于政府回应滞后和不充分，政府腐败的次生舆情和大量政治谣言出现，部分舆情指向地方政府和领导干部。又如，境外反华势力经常会煽动民族分裂势力、宗教极端势力、暴力恐怖势力使其制造舆情事件，这导致网络舆情异化为意识形态安全和国家政治安全问题。因此，在网络虚拟社会中，网络舆情通常涉及复杂的社会问题，不再是单一社会问题的集中呈现，更可能是诸多现实问题的衍生异化。

（二）社会体系内的利益博弈加剧网络舆情的争锋

1. 社会阶层结构分化导致网络舆情主体的多元化

社会结构的核心是社会阶层结构，社会结构转型首先表现为社会阶层结构的分化与重组。[2]网民是现实社会中个人在虚拟空间中的身份延伸，社会阶层结构

1 方付建，肖林，王国华.网络舆情热点事件"系列化呈现"问题研究［J］.情报杂志，2011，30（2）：1-5.
2 郑杭生，李路路.社会结构与社会和谐［J］.中国人民大学学报，2005，19（2）：2-8.

分化意味着舆情信息主体的多元化。由于个体在专业知识、社会地位和网络素养等方面的差异，不同网民掌握的网络话语权也存在差异。[1] 政府和媒体以及其他非政府组织也以网络组织或个体的形式产生网络舆情，促使主体的多元化。

2. 网络舆情的优势主体引导网络舆情的发展方向

中间阶层逐渐成为网络舆论场中的优势主体，对网络舆情的议题选择和意见走向具有重要影响。根据 2015 年全国社会状况综合调查（CGSS2015）数据测算，2014 年我国中等收入群体的比重已上升至 37.4%。[2] 人数众多，又是率先掌握新兴网络舆论表达工具的群体，中间阶层在网络舆论场表现非常活跃，逐渐成为网络舆论场域中的主导力量之一。[3] 然而，中间阶层可以引导网络舆情的发展方向，却未必主导网络舆情的议程设置，部分原因在于，网络舆情大多与民生议题和安全议题相关，这些议题的支持者很可能来自底层。

3. 局部利益的冲突造成网络舆情的价值危机

当前，网络舆情的焦点主要是反对和抗议社会转型过程中出现的偏差和脱节。在全新的利益格局下，网络舆情信息主体的利益分歧日益突出。在涉及征地拆迁、PX 项目选址等具体问题上，由于阶层、教育水平、科学素养以及具体利益差异，网民会依据自身价值立场和认知，通过观点表达追求自身利益诉求的最大化，同时忽视其他网民的利益诉求。多维价值利益冲突容易引发网络公共事件，进一步增加网络舆情治理的复杂性。

四、信息技术环境对网络舆情治理的影响

（一）信息技术对网络舆情的双重影响

互联网的平台开放、信息过载和互联互通等特征，为网络舆情的表达提供开放的公共空间和机会，政府与公众、企业等社会治理主体的信息互动更加频繁，加快网络舆情的传播和扩散速度，网络舆情信息呈现出指数级增长态势。这对舆情治理的信息处理和分析能力提出更高的要求，另外，大数据、云计算和人工智能等新兴信息技术，为破解智慧城市的治理难题提供新的可能路径。因此，面对

1　陈强，方付建，曾润喜. 虚拟社会生态系统的构成与互动机制［J］. 情报科学，2016，34（1）：125-129.

2　《社会蓝皮书：2017 年中国社会形势分析与预测》在京发布，发布日期：2016-01-02，引用日期：2018-07-26，见中国社会学网。

3　单凌. 中间阶层的觉醒：中国舆论场新生态［J］. 新闻大学，2017（3）：15-20.

信息技术支撑的智慧社会，网络舆情的治理主体应顺应技术发展潮流，充分利用新兴信息技术实现社会风险和舆情风险的智慧治理。

（二）开放的互联网空间加剧网络舆情的撕裂

多元化的利益诉求削弱网络民意共识，舆情观点分化加剧社会撕裂。第一，开放包容的互联网平台扩大了网民对网络舆情的参与范围。舆情主体参与社会议题讨论的准入门槛大幅降低，信息介入成本几乎归零，极大地激发了网络舆情主体参与公共讨论的积极性。第二，开放共享的网络空间尚缺乏强有力的社会整合能力。由于互联网的匿名性特点，网民在参与网络舆情讨论时逐渐摆脱了现实社会中身份地位的束缚，经历了从现实社会关系网络中脱嵌再嵌入网络虚拟社会关系网络的过程。因此，传统的社会规范和习惯逐渐失去约束力，多元化的利益诉求造成网络民意的分化，导致网络空间不仅未能化解观点分歧反而进一步加剧社会群体的撕裂。第三，媒介素养等网络文化建设的不足增加网络舆情乱象。网民主体的媒介素养水平不一，理性讨论素养亟待提高，而网民的媒介素养教育也有待进一步加强。因此，在面对突发性公共事件时，网民往往受限于自身的利益诉求，这导致网络舆情的观点偏激。加之群体规模、意见领袖的影响，网络舆情在演化过程中容易形成群体极化，网络舆情异化的潜在风险增加。

（三）舆情异化为网络舆情治理增添新的风险

网络舆情容易衍生出网络炒作、网络水军、谣言传播等一系列新的社会治理问题，虚拟社会治理的难度增加。由于网络公共空间中存在问题全局化、个体问题公众化、普通问题政治化的趋势，[1]个别团体和机构受到个人利益的驱动，借助蓄意炒作、撰稿发帖、顶帖点赞等形式，将网络舆情引向负面舆论，影响网络公共空间的安全稳定。网络水军则通过发布软文、关注微博和分享、转发等方式制造舆论话题，在短时间内营造出网络虚假民意，严重混淆社会视听。此外，网络虚拟空间中的谣言传播也严重影响着虚拟社会的安定秩序。[2]由于网络虚拟空间的开放性，网络谣言在缺乏有效的信息反制的情况下肆意蔓延，容易引发虚假网络舆情，损害政府的公信力权威，影响社会稳定。

1　王子文，马静.网络舆情中的"网络推手"问题研究［J］.政治学研究，2011（2）：52-56.

2　邓国峰，唐贵伍.网络谣言传播及其社会影响研究［J］.求索，2005（10）：88-90.

（四）数字治理和智慧城市为网络舆情治理提供新范式

数字治理（Digital Governance）指"政府在与社会和企业的互动以及政府内部的运行中使用信息技术，易化政府行政，简化公共事务的处理程序，并提高其民主化程度的治理模式"。[1]数字治理能够有效动员非政府组织和公民使其参与虚拟社会治理，逐步形成政府主导下多元主体共同参与的网络治理结构，为网络舆情的智慧治理提供了相对完善的治理架构和实践经验。依托智慧城市技术建构的全新社会技术架构，能够使政府、市场和社群之间实现良性沟通，[2]提升危机沟通的交互性，加强不同治理主体应急协同响应，[3]从而推动国家主导下的协同治理。总之，数字治理能够有效动员非政府组织和公民使其参与虚拟社会治理，逐步形成政府主导下多元主体共同参与的网络治理结构，为网络舆情的智慧治理提供了相对完善的治理架构和实践经验。而智慧城市也为网络舆情搭建了统一开放的治理平台，从而为网络舆情的智慧治理提供信息化基础，客观上为网络舆情的智慧治理开辟了新的可能路径。

五、网络舆情的智慧治理方略

（一）把握"预见性治理"的指导原则

实现网络舆情智慧治理的指导原则是预见性治理。预见性治理的哲学原理是"治未病"，强调准确把握网络安全风险发生的规律、动向、趋势，强化网络舆情爆发前的风险感知和监测预警，预先化解潜在的社会风险和舆情风险。事实上，网络舆情已经成为包含社会安全、网络安全、意识形态安全、政治安全的综合安全体。而传统的网络舆情危机管理主要针对网络舆情中涉及的网络信息安全问题，而对其牵涉的意识形态安全、社会安全、国际安全问题关注不足。因此，政府有必要转变网络舆情的治理范式，借助新兴信息技术手段，加强潜在社会风险和舆情风险的预警，预先防范和化解重大社会风险，实现对社会风险和舆情风险的预见性治理，提高网络舆情治理的前瞻性，最终实现对网络舆情的智慧治理。

---

1 徐晓林，刘勇. 数字治理对城市政府善治的影响研究［J］. 公共管理学报，2006，3（1）：13-20.

2 黄璜，黄竹修. 大数据与公共政策研究：概念、关系与视角［J］. 中国行政管理，2015（10）：25-30.

3 丁翔，张海波. 大数据与公共安全：概念、维度与关系［J］. 中国行政管理，2017（8）：36-41.

（二）将网络舆情治理提升到非传统安全高度

网络舆情治理的两个关键点：一是基于多元主体参与，充分表达诉求和体现利益，促进国家治理现代化；二是防止网络舆情向负面舆论聚集和转化，为国家治理和社会发展创造稳定环境。两个关键点都具有上升为非传统安全乃至国家政治安全的可能。因此，政府和各相关主体应大力提升非传统安全意识，加强政治安全防范。政府应坚持总体国家安全观，实时监测、研判网络舆情，及时回应舆情诉求，防止网络舆情向负面舆论聚集和转化，保持社会风险和舆情风险的动态平衡，从而预先化解非传统安全风险；同时，正视网络舆情传播和扩散背后的社会机理，加强社会治理能力，改善社会治理质量，努力解决社会转型过程中的贫富差异、城乡差别、阶层差异、地域差异以及行业差异等社会问题，实现国家治理的良政善治，阻隔网络舆情问题衍生、次生为非传统安全问题的通道；政府以外的主体也要增强非传统安全意识，自觉维护网络秩序和社会稳定，做一个理性的网络组织或网民。

（三）引入网络舆情的人工智能新范式

由于分析技术的客观限制，以往的网络舆情分析存在着分析维度单一、分析模型固化、热点发现滞后等诸多问题。逐渐发展的人工智能技术，有助于实现对网络舆情信息资源的智能化、精准化和自动化分析。例如，以小波分析来分解、以神经网络仿真模拟网络舆情演化过程，以可视化技术将网络舆情事件生命周期时间序列可视化。值得注意的是，当前的人工智能技术主要集中在简单重复、数量庞杂的数据采集阶段，[1] 在网络舆情的热点发现、跟踪分析过程中，机器自主研判可能出现新的偏差。因此，在网络舆情智慧治理时应结合机器研判和人工研判重新审视人工研判的价值，借助舆情分析师的人工辅助分析实现对分析模型的不断修正和迭代，逐步完善网络舆情分析处理的模型，实现网络舆情分析的人机互动、双向协调，大幅度提高网络舆情的分析效率和应对速度。

（四）建立网络舆情的治理决策仿真平台

当前，网络舆情的治理决策仿真着眼于网络舆情发展节点的时间序列分析，

---

1 喻国明，姚飞．试论人工智能技术范式下的传媒变革与发展：一种对于传媒未来技术创新逻辑的探析［J］．新闻界，2017（1）：39-43.

重点呈现网络舆情信息的时间和地域分布，强调对网络舆情信息的直观描述。事实上，网络舆情是由节点、主体、信息和平台等多要素驱动的复杂系统。因此，在网络舆情决策仿真时应从空间逻辑入手，统筹考虑节点、主体、信息和平台的要素互动过程，加深对网络舆情演化规律的认识，从而为网络舆情的智慧治理提供综合性的决策支持。而且，现有的网络舆情的治理决策平台相对分散，在面对复杂多样的网络舆情时，单一的网络舆情决策平台难以处理庞杂的舆情反馈信息。因此，在网络舆情智慧治理时应尝试利用系统动力学的多种模拟仿真平台，依托电子决策剧场等新技术手段，建构网络舆情智慧治理的统一决策平台。

（五）建立网络舆情的信息资源共享机制

建立开放的网络舆情信息资源共享机制，从而实现舆情信息的高效分析、集约利用。政府应基于智慧城市体系架构建立互联互通的信息共享网络，搭建统一开放的治理平台，嵌入网络舆情信息交流与共享，有效分析和识别城市空间的舆情信息。具体而言，政府应整合现有舆情监测基础数据信息，以钱学森综合集成思想为指导，将云计算平台、超级计算机和可视化系统等互联，建立网络舆情信息资源互联互通的共享网络，提升网络舆情信息的整合利用效率。同时，网络舆情治理主体通过建立有效的领导机制，加强不同职能部门的协调，采取各种激励方式鼓励各级部门加大对网络舆情信息共享的各项投入，[1] 逐步构建完善的网络舆情信息共享的常态机制。

（六）建立网络舆情治理的一体化决策支持体系

在网络舆情智慧治理时必须依托决策仿真平台、信息资源共享机制、人工智能技术手段，建构舆情治理的一体化决策支持体系。在建立网络舆情的决策支持体系时，网络舆情治理主体应充分考虑网络舆情演化的复杂性，在平台层面，搭建统一的决策仿真平台；在信息层面，实现舆情信息资源的共享；在主体、节点层面，运用人工智能技术，分析网络舆情的主体分布、节点状态。在此基础上，划分专题数据库、决策专家库、决策程序库、输出界面库，建立集监测、分析、协同、力量、资源、决策、行动于一体的决策支持平台，[2] 提高决策速度和决策质

1　曾润喜.网络舆情信息资源共享研究［J］.情报杂志，2009，28（8）：187-191.
2　曾润喜，朱利平.基于政治信息视角的网络谣言风险发生机理与治理研究［J］.图书与情报，2016（4）：1-7.

量，为网络舆情治理提供决策支持和政策方案。

六、结语

总之，鉴于网络舆情的系统性、复杂性和关联性的特点，网络舆情往往呈现出多问题、多事件、多领域相互关联的状态。网络舆情根源于现实社会环境中的结构性问题，又受到虚拟社会中网络信息技术的加持。网络舆情的智慧治理主体必须在总体国家安全观指导下，依照系统性的治理思路，既要把握社会环境的现实根源，又要重视技术环境的深刻影响，推动网络舆情治理模式由危机管理向智慧治理转变。一方面，必须提高非传统安全意识，不断提升社会治理水平，提高社会治理质量，改善网络舆情产生的社会基础。另一方面，在系统动力学的指导下，建立网络舆情的技术模型，借助大数据、云计算和人工智能分析技术，为网络舆情的治理实践提供新的启示。

基于政治信息视角的网络谣言风险发生机理与治理

一、引言

网络已成为当前谣言传播的"重灾区"，加快治理网络谣言，是保障网络安全及社会秩序的题中之义。按照普赖斯指数计算，国内网络谣言研究文献连续增长率约为 45.07%，而文献量翻倍的时间跨度约为 1.54 年。这表明，我国网络谣言研究虽起步较晚但已发展成为一个稳定的研究领域，在今后相当一段时间内仍将持续高增长。

有研究对 2002—2013 年的研究主题关键词进行分析发现，"网络谣言""谣言传播""谣言治理""网络环境""媒介素养""网络推手""自媒体"等极大丰富了网络谣言研究的前沿热点[1]，印证了当前相关研究主要集中于网络谣言的概念、特征、成因、传播机制、影响效果、消解模式及治理策略等诸多方面。

这些研究主要从危机传播、网络集群、社会资本、文本诠释、司法解释等理论视角出发，运用了案例分析、内容分析及仿真建模等方法。不过学术界对网络谣言的内涵界定仍存在较大争议，且尚未有学者从政治信息及风险假设方面系统认识网络谣言的内涵及其发生机理。本文将通过比较谣言与网络谣言的联系与区别确定网络谣言的风险内涵及传播特征，在此基础上考察网络谣言的传播阶段及风险发生机理，并提出治理启示及与对策。

二、网络谣言概念的构成要件

（一）谣言与网络谣言的定义辨析

谣言作为社会现象之一，是社会互动的重要形式。网络谣言是谣言的一种传播形式，其核心要义仍在于"未经证实的信息"。既不能笼统说是"没有事实根据的消息"，也不能等同于与事实不相符合的虚假信息。（国内外谣言和网络谣言方面比较有代表性的定义界定见表 1。）

1　童文胜，王建成，曾润喜．我国网络谣言研究议题与内容文献分析：以 CNKI 数据库 2002—2013 年为样本［J］．情报杂志，2014，33（7）：135-140.

表1 谣言与网络谣言的代表性定义

对象	学者	定义	文献
谣言	Allport & Postman（1947）	是借由人际间口头传递的未经公开证据支持的特定或当前主题，人们并不在意其真实性是否已经被证实	[1]
	Peterson & Gist（1951）	指未验证的事件的解释或分析，与对象、事件或公众关心的问题有关的群体间的传递	[2]
	Shibutani（1966）	在一群人议论过程中产生的未经官方证实的即兴新闻	[3]
	Rosnow & Kimmel（1979）	是与积极参与传播主体有局部相关性但未验证的信仰主张	[4]
	Kapferer（2008）	在社会中出现并流传的未经官方公开证实或者已被官方辟谣的信息	[5]
网络谣言	邓国峰，唐贵伍（2005）	通过计算机互联网络产生或者传播的谣言	[6]
	巢乃鹏，黄娴（2005）	在网络这一特定的环境下，网络使用实体以特定方式传播的，对网民感兴趣的事物、事件或问题未经证实的阐述或诠释	[7]
	王国华等（2011）	在网上生成或发布并传播的未经证实的特定信息	[8]
	周裕琼（2012）	一种未经相关主体证实而在网络上广泛传播的特定信息	[9]

1 ALLPORT G W, POSTMAN L. The basic psychology of rumor [J].Transactions of the New York Academy of Sciences, 1945, 11（8）：61-81.

2 PETERSON W A, GIST N P. Rumor and public opinion [J]. American Journal of Sociology, 195, 57（2）159-167.

3 TAMOTSU S. Improvised news: A sociological study of rumor [M].Bobbs-merrill, 1966: 14-15.

4 ROSNOW R L, KIMMEL A J. Lives of a Rumor [J]. Psychology Today. 1979, 13（1）：88-92.

5 让-诺埃尔·卡普费雷.谣言：世界最古老的传媒 [M].郑若麟，译.上海：上海人民出版社，2008：15-16.

6 邓国峰，唐贵伍.网络谣言传播及其社会影响研究 [J].求索，2005（10）：88-90.

7 巢乃鹏，黄娴.网络传播中的"谣言"现象研究 [J].情报理论与实践，2004，27（6）：586-589.

8 王国华，方付建，陈强.网络谣言传导：过程、动因与根源——以地震谣言为例 [J].北京理工大学学报（社会科学版），2011，13（2）：112-116.

9 周裕琼.当代中国社会的网络谣言研究 [M].北京：商务印书馆，2012：14.

续表

对象	学者	定义	文献
网络谣言	张钦朋（2013）	通过互联网媒介得以广泛传播的不实消息和言论	[1]
	丁先存，王芃（2014）	谣言制造者通过互联网这一信息载体，出于某种动机制造、传播没有事实根据、夸大或扭曲事实的虚假信息	[2]

从上述界定可以看出，谣言和网络谣言的性质构成包括事件的主题性、内容的未经证实性和本质的信息性。只不过传统的谣言主要通过口头传播，而网络谣言主要借助网络媒介扩散。在某种意义上，网络谣言是谣言在网络媒介中的延伸。

有时谣言也被认为是人们内心在信息行为上的折射，是关于现实的一种情感阐释，只不过一般倾向于消极方面。如罗伯特·纳普（Robert Knapp）在对"第二次世界大战"期间的千余条谣言进行内容分析时发现，66%的谣言是恐惧型谣言，25%是敌意型谣言，只有2%是愿望型谣言[3]；罗斯诺（Rosnow）也曾根据引发焦虑的不同能力将谣言分为期望型谣言和绝望型谣言，现实中绝望型谣言比期望型谣言传播更多[4]。国内相关研究在Knapp传统三分法的基础上分析了2010—2012年168起谣言事件，发现6.2%是恐惧型谣言，63.8%是敌意型谣言，6.2%是愿望型谣言，22.9%是误传型谣言[5]。这说明，谣言得以传播的决定性因素不在于信源的模糊性，而在于它的内容与意图。也就是说，人们会根据谣言的内容将来能多大程度上映射自身的情感偏好来选择是否传播。由此看来，谣言和网络谣言作为"未经证实的信息"所导致的事件不确定性更为本质。

（二）网络谣言与谣言的性质比较

谣言与网络谣言既有联系又有区别。两者在内容真实性、事件主题性、时效

1 张钦朋.网络谣言的传播机理及其治理路径：基于传播心理的分析[J].中共天津市委党校学报,2013,15(2)：87-90.

2 丁先存，王芃.国外网络谣言治理及启示[J].中国行政管理,2014(9)：119-123.

3 KNAPP R H. A psychology of rumor[J].Public Opinion Quarterly,1944,8(1)：22-37.

4 ROSNOW R L, ESPOSITO J L, GIBNEY L. Factors influencing rumor spreading: Replication and extension[J].Language & Communication,1988,8(1)：29-42.

5 王理，谢耘耕.公共事件中网络谣言传播实证分析：基于2010—2012年间网络谣言信息的研究[J].上海交通大学学报（哲学社会科学版）,2014,22(2)：86-99.

性方面较为一致。其区别如下：①形式方面。第一，网络谣言中误传成为一种基本类型，而敌意型谣言成为最主要部分；第二，传统单一的口头传播方式演进为多极化的文本交互传播方式；第三，传播强度上，网络谣言速度更快，周期更短，涉及范围更广。②实质方面。网络谣言表现出了比谣言更强的风险性，经常成为政府、公众与社会相互博弈的工具，其危害显性化（表2）。

表2　谣言与网络谣言的性质比较

维度	谣言	网络谣言
真实性	未经证实	未经证实
事件主题性	特定主题	特定主题
时效性	强	强
情感阐释	空想、恐惧、敌意等	空想、恐惧、敌意、误传等
传播形式	单一，口头流传	多极化，文本交互
传播强度	速度慢，周期长，范围窄	速度快，周期短，范围大
风险	一般	较强
本质	信息	信息

鉴于此，本文认为，网络谣言是通过网络传播且未经证实的会增加事件不确定性的信息。谣言制造者、传播者等能够在网络的任何节点将彼此的价值认知关联在一起，生产、分配、交换、流通、消费和管理未经证实的信息，形成一个有着社会政治意图的网络谣言共同体。这说明网络谣言的构成要件有针对特定主题的未经证实的信息、主要在网络媒介中传播扩散、增加了事件的不确定性。其主要特性包含以下五个方面。

（1）交互扩散性。谣言经由网络传播后就会表现多极化、再传播及情绪渲染等特征。

（2）文本可视化。谣言要在网络中传播就需要以 Web 等为载体，其内容必然以文本为主[1]，并出现图像、视频等多媒体形式，而不再是口头传播。

1　李丽. 网络谣言问题的诠释学结构分析［J］. 东北大学学报（社会科学版），2015，17（3）：240-245.

（3）风险性。网络谣言在公共事件中表现出了频发性和破坏性，极大地增加了事件的不确定性。

（4）未经证实。网络谣言与谣言一样具有内容上的未经证实性，权威认证主体并非一定需要官方，政府也偶有造谣的事实，今日的谣言也可能成为明日的事实。

（5）时效性。谣言一旦被证实则失去传播价值，而网络传播极大地缩短了其被证实的周期。因此，网络谣言是一种实时信息，这也可以解释为何"澄清性新闻"能够有效制谣[1]。

三、网络谣言的风险发生与传播过程

（一）风险产生：在谣言沉淀中激活

如前所述，网络谣言会明显增加事件的不确定性。这并非对网络谣言污名化，而是因为谣言是人们无法摆脱"不为真即为假"谬误陷阱的一种异态阐释。在研究谣言的发生机制时，早期传播学者克罗斯曾将公众批判能力引入奥尔波特和波斯特曼的谣言公式：$R=i \times a$（$i=$ 重要性〔事件的〕，$a=$ 模糊性〔事件的〕）[2]。他指出受众的批判能力越强，谣言产生的可能性就越小，反之则越大。国内研究网络谣言的发生机制也基本沿用此公式。实际上，除了这三个对谣言产生至关重要的因素，还需考虑监督公权力、群体认同、媒介体制甚至经济利益诱惑等因素。人们的情绪、偏见或利益在长期的谣言沉淀中一旦被激活，就会趋向于增加事件的不确定性，社会风险也由此产生。

在政治权力不均的情况下，谣言作为"弱者的武器"用于发泄情绪和表达利益诉求。网络谣言多传递恐惧和愤怒的负面情绪[3]。正如罗斯诺所认为的"谣言作为解释对不确定的形势有重要意义并提供控制感，与处境相关的焦虑或恐惧加快谣言的传播，可能因为传播谣言有助于发泄焦虑"[4]。社会底层的边缘化弱势群体往往容易产生这种负面情绪，相比而言，他们较频繁地感受到来自生活的压

1　陈芳.再谈"两个舆论场"：访外事委员会副主任委员、全国人大常委会委员、新华社原总编辑南振中〔J〕.中国记者，2013（1）：43-46.

2　CHORUS A. The basic law of rumor〔J〕.The Journal of Abnormal and Social Psychology, 1953, 48（2）：313-314.

3　袁会，谢耘耕.公共事件网络谣言的造谣者研究：基于影响较大的118条公共事件网络谣言的内容分析〔J〕.新闻记者，2015（5）：58-65.

4　ROSNOW R L. Inside rumor: A personal journey〔J〕.American Psychologist, 1991, 46（5）：484-496.

力，从而产生挫折感、无力感，将谣言作为心中不满或焦虑的舒缓工具；另外，人们也会迎合社会公众仇富、仇官的偏激心理，"勇敢"地抨击一些"人民公敌"或社会优势群体，从而获得快感、控制感和相对安全感。

在激烈政治竞争的情况下，谣言作为"政治的工具"用于政治斗争和制造政治偏见。政治谣言现象在国外比较普遍，其动机和目的是对有序政治生活造成冲击，对一些缺乏事实根据或故意、恶意捏造的社会政治信息进行宣传和放大，其舆情指向一般是特定的政治人物、重大社会政治事件[1]。有学者担忧传闻可能通过互联网放大操纵的威胁，开创一个前所未有的谣言时代[2]。在国外，由于政治谣言具有瓦解人与人之间信任的作用，选民为了将自己支持的候选人推上总统大位，会为其制造一些正面传闻以干扰其他选民的客观判断从而博得选票，或者捏造一些关于候选人竞争对手的谣言，降低其选民信任度。

在经济利益诱惑下，谣言作为"牟利的手段"用于牟取暴利和实现特定意图。网络推手就是一个典型代表，推手们从想要出名的人那里获取不当利益，使网络公关逐步形成一个灰色行业。在网络高度普及且谣言满天飞的韩国，"地下谣言生产线""小道消息"制作者之一曾在企业、媒体、国会等主要机构的信息部门任职，具有较大的网络运作能量，而信息提供商则负责制作"小道消息"，并在进行"重新加工"后在网络上流通[3]。

（二）风险蔓延：在谣言扩散中积聚

早在 2000 年，国内学者就提出，网络谣言、网络虚假信息等严重污染网络环境，已成为网络生态危机的重要来源[4]。有统计显示，随着信息传播媒介发展的不断融合，出现谣言的事件绝对多数经由微博与网络新闻等新媒体曝光[5]。更为关键的是，网络谣言会潜藏在网络舆情中滋生扩散，传统的媒体"把关人"和"议程设置"很难有效发挥作用，网民可以绕过这些门槛发布信息，使得谣言充

1　刘邦凡，刘莹，刘乃郗.浅析政治谣言在西方政党竞争中的运用［J］.学习论坛，2011，27（6）：49-51.

2　AYRES J M. From the streets to the Internet: The cyber-diffusion of contention［J］. Annals of the American Academy of Political and Social Science，1999, 566（1）：132-143.

3　李静.网络谣言拖累韩国国际形象［N］.世界新闻报，2008-10-09.

4　唐一之，李伦."网络生态危机"与网络生态伦理初探［J］.湖南师范大学（社会科学学报），2000，29（6）：15-20.

5　王理，谢耘耕.公共事件中网络谣言传播实证分析：基于 2010—2012 年间网络谣言信息的研究［J］.上海交通大学学报（哲学社会科学版），2014，22（2）：86-99.

斥网络空间危害网络生态与社会秩序。

1.谣言的信息传播者

传播谣言以互动形式引起部分网民的强烈共鸣。当接触到的谣言与自身境遇或心理期望相契合时，网民则表现出较大的传谣动力[1]，"相对剥夺感"尤其会促使公众自发地进行转发并持支持态度，试图获得某种合理的补偿，或者推动某项不合理制度的改革。这种情况下会谣言演变成玫瑰色谣言，即人们从某种美好的期待和愿望出发，将内心欲望视为现实的谣言[2]。

特殊的谣言信源，容易误导部分受众忽略事实本身。谣言的目的主要是说服，其有效性部分取决于信息发出者的可信度[3]。无论是权威型谣言还是"红色鲱鱼"谣言，均会极大地影响社会信任度与政府公信力。前者出于信息崇拜，原发造谣者本身可能并无造谣动机；后者出于蓄意误导以达到转移注意力的目的。由于专家在该领域有很深的资历和较高的造诣，他们的发言代表了学界的观点，会使得受众深信不疑而失去判断；研究表明，亲朋好友发送的带有谣言的电子邮件等更容易使接收者相信谣言，原因在于造成一种身临其境的错觉，进而又会促进带有谣言的电子邮件的转发[4]，此时谣言成为某一圈子联络感情的工具；政府官员位于权力顶层，掌握着最新的资源动态，网民会先入为主地认为该消息是完全正确的而不去验证，然后下意识地进行再传递。

传播者的综合素养欠缺，会加快谣言传播的速度。2012年席卷全球的"末日说"无疑是迄今为止最"成功"的一个谣言，除却对玛雅历法的误读而纷纷宣扬"末日说"，灾难性大片《2012》对该预言的描述更激化了人类对于世界毁灭的恐惧，在 Facebook 上甚至出现阿根廷人呼吁人们12月21日爬上乌里多尔科山进行集体自杀的传言。社会公众的科学素养不足导致其辨识能力不强，进而影响自身的观点和判断，使其只是随波逐流跟着散布谣言；而道德低下的散布者则带着煽风点火的恶意转发，企图误导公众舆论和破坏正常的社会秩序。

1　程萍，靳丽娜.网络谣言的传播及控制策略［J］.编辑之友，2013（8）：79-81.

2　王敏.新媒体语境下玫瑰色谣言的演化机理探究［J］.新闻世界，2015（5）：132-133.

3　HOVLAND C I, JANIS I L, KELLEY H H. Communication and Persuasion ［M］.Yale University Press, 1953.

4　GARRETT R. K. Troubling consequences of online political rumoring ［J］.Human Communication Research, 2011, 37（2）：255-274.

网络水军走向职业化，制造谣言为"事实"的假象。随着网络推手的行业化，网络水军也应运而生。水军们知道很多操作虚假谣言的技巧——社会流瀑效应、群体极化和偏见同化[1]。一旦接到指令，他们就会以极快的速度按照指令的要求进行回应，其目的是增加新闻热度，同时强化原有观点，诱导大众舆论使其走向极化。不明真相的观众面对如此大量的信息常常会失去判断，趋向于迎合权威或者群体的声音。

2. 谣言的信息监管者

政府选择不合适的媒体发布真相是导致谣言向紧急局势演变的关键。研究表明，使用高收视率但低信誉的媒体会造成普遍恐慌，引发一系列配套谣言和非理性行为。高收视率意味着消息所涉人群之广，而低信誉度的媒体往往只追求新闻的时效性而忽视真实性和客观性，两者结合为谣言的传播创造了一条极佳的渠道。使用高公信力但低收视率的媒体也不能有效地稳定紧张情况的演变[2]。

政府回应和澄清的不及时，导致公信力界限逐渐转向模糊。很多消息会在政府公布之前流出，在民间传得沸沸扬扬。2011 年 5 月，在白宫 Twitter 公布基地组织头目奥萨马·本·拉登死亡前，一个标题为"奥萨马·本·拉登已死"的 Facebook 页面已经累积了数以百计的用户评论。虽然很多时候这些传闻最后证实是真的，但政府放任而不制止这种"剽窃"行为，久而久之这种非官方的声音会被公众误认为是"官方发言人"，将其等同于具有极高公信力的政府，无形中也使谣言获得了强大的生命力和传播价值。这种"公信力"是很危险的，因为他们并不以组织的形式呈现在公众面前，不用对公众负责，即使捏造谣言也能有诸多借口脱身——他们本质上不是官方声音。可以说，官方媒体与自媒体在共同建构模糊信息[3]，从而导致官方权威的耗损。

不完善的法制建设缺乏威慑力，使得传谣者抱有侥幸心理。由于互联网依然是新鲜事物，而法律法规的制定滞后于事物的发生和发展，其对互联网的规制不

1 SUNSTEIN C R. On rumours:How falsehoods spread, why we believe them, what can be done [M].Penguin UK, 2011.

2 ZHAO L J, WANG Q, CHENG J J, et al. The impact of authorities' media and rumor dissemination on the evolution of emergency [J].Physica A: Statistical Mechanics and its Applications, 2012, 391（15）：3978-3987.

3 孔清溪，林彦君，张晓丽.灾难事件中网络谣言风暴的形成、传播规律及消解策略研究：以马航 MH370 事件为例 [J].现代传播（中国传媒大学学报），2014，36（12）：43-48.

可避免地出现真空地带。尽管目前在《中华人民共和国刑法》中已经加入对造谣者的刑事处罚，但如何认定证据及如何量刑等依然存在较大争议。造谣者固然有罪，但谣言得以大范围扩散的原因却在于公众，这一听谣传谣的庞大队伍有着不可推卸的责任，然而大多数法律法规并没有对此作出相应说明或制订规制方案。单纯寻找谣言的罪魁祸首实则简化了这一问题，使公众巧妙回避了真正的责任[1]。

3.谣言的信息服务提供者

数据服务商疏于运用技术手段清洗虚假数据，导致类似全球金融危机或计算机病毒的"传染性"放大谣言传播的风险成为新常态。在人际传播过程中，谣言采取口耳相传方式进行，一般局限于某一个地理区域，影响范围有限。而网络谣言在现有社交网络拓扑结构比在其他网络拓扑结构传播更快，其关键之处在于拥有很多连接的枢纽中心，这些看似孤立的节点可以迅速连接到周围其他节点，枢纽中心则将信息从一个"邻居"传递到下一个"邻居"[2]，这种类似于病毒式的传播方式放大了谣言可能产生的社会风险。

互联网服务提供商作为把关人，疏于审批信息来源。在猎奇心理支配和经济利益驱动下，把关人总是难以抗拒新奇而博人眼球的新闻。美国知名新闻网站"福克斯新闻频道"的微博账号曾遭黑客控制，发布一系列关于奥巴马被暗杀的微博，其间有若干家微博转发这则"独家猛料"。网民高呼的网络自由在某些程度上也给把关人正常开展工作造成了一定影响，意志不坚定的把关人会擅自放宽自由的边界，将非法的、损害公共利益和他人合法权益的信息"合法化"。

四、网络谣言风险治理启示与对策

（一）良好的媒介素养教育是谣言得到完善治理的前提

广泛开展网络文明教育和网络信息安全教育，使媒介素养教育落实为常规教育，提高公民的网络素养。培养公民不唯上、不唯权的怀疑和批判性思维，杜绝三人成虎。谣言止于智者，鼓励科学教育，增加公民的基本科学常识，缩小知识鸿沟，从而提高甄别网络谣言的能力，同时鼓励对谣言有辨识能力的公众以及意见领袖起到良好的把握正确舆论导向的示范作用，强化网络道德建设，规范公众

1　张雷.论网络政治谣言及其社会控制［J］.政治学研究，2007（2）：52-59.

2　DOERR B, FOUZ M, FRIEDRICH T, Why rumors spread so quickly in social networks［J］. Communications of the ACM, 2012, 55（6）：70-75.

行为，共同营造健康有序的网络环境。

（二）完善的法律法规是遏制网络谣言的"利剑"

中央网络安全和信息化领导小组已将制定立法规划、完善互联网信息内容管理、关键信息基础设施保护等法律法规提上议程。用法治思维处理信息化社会矛盾冲突 [1]，将网络谣言治理纳入立法范畴是必然选择。在现行法律制度的基础之上做适度调整，使其更能适应打击网络谣言的现实需要 [2]。建立专门惩治制造网络谣言者和散布者的相关立法机构，制订更严格、更细化、可操作性强的针对网络虚拟行为的法规。对谣言制造者与散布者一视同仁，惩戒的同时给予不同程度的素质教育。互联网存在的问题层出不穷，法律法规只有与时俱进才能真正起到约束作用，这就要求法律制定者保持清醒的头脑并时刻关注互联网发展动态。

（三）治理网络社会需要建构多中心协同治理结构

虚拟社会并不真的"虚拟"，它是人类基于互联网而形成的与现实社会相互补的社会关系体系，这一体系是在不同主体的博弈过程中所形成的社会规则和社会秩序。因此，建立由政府监管主体、互联网服务提供商、网民等多主体组成的协同治理体系是虚拟社会管理的前提 [3]。建立一体化互联网舆情平台体系，成立互联网舆情应急指挥中心，对现有中央及地方政府 RTX 通信指挥系统进行集成，基于电子决策技术开发互联网舆情统一决策和指挥平台，尽早建立全国通用的舆情应急协同指挥通道。

（四）互联网行业自律是对国家整治网络谣言的高效配合

切实加强网络行业自律，敦促其与政府共同承担治理谣言的社会责任。行业协会对外应认真履行"把关人"使命，执行行业规范公约 [4]，维持网络传播秩序。通过严格的行业自律机制有效地配合国家对互联网的法治化管理，在不给网络谣言提供传播渠道的前提下积极协助政府辟谣。对内严格要求新闻记者遵守职业道德，摒弃猎奇心理，提升专业素养，避免不必要的失误，从而撰写出高质量的新

---

1 《周强：用法治思维处理信息化社会矛盾冲突》，记者：许云峰，发布日期：2013-03-10，引用日期：2016-08-25，见中新网新闻中心国内新闻。
2 本报评论员.打击网络谣言法律可以更有力［N］.法制日报，2013-08-30.
3 谢金林.生态系统视角下的网络社会管理体制研究［J］.大连理工大学学报（社会科学版），2012，33（3）：97-102.
4 王彬彬.美国如何治理网络谣言［J］.理论导报，2013（6）：36-37.

闻报道。当事前把关失败造成假新闻的发布时，应及时发出更正并致歉，实现"政媒共治"[1]。

（五）先进的技术手段是卓有成效的追踪器和屏蔽网

整合现有舆情监测基础数据信息，建立集监测、分析、协同、力量、资源于一体的管理平台；基于云计算技术、大数据系统开发互联网舆情实时地图和计算中心，以地图方式全方位、即时性地展示互联网舆情状态。建设全国范围内的互联网舆情工作库、互联网舆情案例库、互联网舆情法规库、互联网舆情信息库等综合智能数据库，为舆情研判和舆情处置引导决策服务。尽快制订和出台互联网舆情软件开发标准和适用范围，大力攻关互联网舆情监测和预警的关键技术；建立互联网舆情软件国家评测认证机制，行业部委需要在软硬件的底层检测上把好关，防范互联网舆情软件滥用带来的政治风险。

五、结语

谣言是社会互动的重要形式。相对于传统传播方式，人们已经习惯于依赖网络来传播谣言。从政治信息视角看，网络谣言作为"未经证实的信息"，所导致的事件不确定性更为本质。当"内容事实"与"价值阐释"都存在认知偏差时，人们实际上能够借助网络传播谣言形成一个"谣言共同体"来满足自身的社会政治意图。特别是在公共领域，网络谣言正通过寄宿或侵蚀公共话语来显著增加事件的不确定性。显然，除了事件的重要性、时间的模糊性和受众的识别禀赋，舆论监督、群体认同、媒介体制甚至经济利益诱惑等因素也对网络谣言的产生至关重要。

谣言不仅实现了在网络媒介中的自我延伸，也通过突破信息流动时空约束近乎完美地实现了在网络空间中自我重构，社会风险也由此产生。一方面，人们能够在网络的任何节点制谣传谣，激活人们的情绪、偏见或利益，将彼此的价值认知关联起来，谣言成为"弱者的武器""政治的工具""牟利的手段"等；另一方面，谣言在网络空间中的制造、传播及管理等的本质是，通过增加事件的不确定性来扭曲网络空间中议题建构权的分配正义。

1　曾润喜，魏冯.政媒共治：灾难事件中网络造谣与辟谣的信息行为研究——基于"8·12天津爆炸事故"谣言的内容分析［J］.电子政务，2016（5）：25-34.

因此，网络谣言治理应当从媒介素养、法律规制、互联网行业、信息沟通渠道以及信息侦测手段等多方面来统筹部署，建立一体化技术治理平台。更为关键的是，政府和社会应当重视人们制谣、传谣的"价值阐释"问题。其中涉及的相关利益主体及结构多元且复杂，构建网络谣言的多中心协同治理体系势在必行。人们客观、理性认识网络谣言的性质、风险及传播规律等，也将有助于上述问题的深入研究与解决。

网络辟谣舆情传播过程中不同主体的信息行为

一、引言

谣言被视为具有较强流动性的非制度化信息，在信息传播中演变成为社会互动的重要形式。不同于传统谣言在熟人社会以口耳相传方式传播，以网络谣言为代表的谣言主要通过新媒体在陌生社会进行传递和讨论。谣言研究的奠基式人物奥尔波特和波斯特曼归纳了谣言的基本特征：一是口头传播；二是谣言提供关于人、事件和环境的信息；三是谣言表达和满足群体的情感需求[1]。

在以往关于谣言的信息传播研究中，传染病模型普遍用于描述公众对谣言的信息传播过程，其信息传播方式与流行病相似[2]。谣言传播模型的研究始于20世纪60年代，现有的谣言传播模型大都起源于传染病模型[3]。此后社会网络分析方法被逐步引入，但国内研究并不多见。少数学者以食品安全微博谣言为研究对象，该研究发现微博谣言传播网络的小世界现象不是很显著，着重考察了网络中的"意见领袖"以及恐慌情绪的扩散过程[4]，而忽略了作为信息传播与治理主体的媒介与政府的社会网络关系状态。

本文探讨谣言的信息传播过程中政府主导的媒体平台及新兴媒体平台两个主体的信息行为方式及特征，利用数据挖掘法和社会网络分析等研究方法，选取有代表性的网络谣言个案"新疆滴血食物事件"进行定量研究，从网络中心性分析、网络结构洞分析和凝聚子群分析三个方面对网络结构进行描述性分析，探索在辟谣过程中媒介与政府的信息行为特征，提出有针对性的治理网络谣言的对策建议。

1　ALLPORT, G W, POSTMAN L J. SECTION OF PSYCHOLOGY: The basic psychology of rumor［J］.Transactions of the New York Academy of Sciences, 1945, 11（8）: 61-81.

2　NEKOVEE M, MORENO Y, BIANCONI G, et al. Theory of rumour spreading in complex social networks［J］.Physica A: Statistical Mechanics and its Applications, 2007, 374（1）: 457-470.

3　张芳，司光亚，罗批.谣言传播模型研究综述［J］.复杂系统与复杂性科学，2009，4（6）: 1-11.

4　洪小娟，姜楠，夏进进.基于社会网络分析的网络谣言研究：以食品安全微博谣言为例［J］.情报杂志，2014，33（8）: 161-167.

二、案例选取：新疆滴血食物谣言事件

有关"新疆艾滋病人滴血传病毒"谣言的首次大规模网上传播发生在 2011 年较早时段。从 2011 年年初开始，一条关于艾滋病病毒的谣言以微博、QQ 群及手机短信等形式进行传播，该谣言称，一伙新疆籍艾滋病感染者在全国部分城市将自己的血滴到食物里导致一些人被感染，制谣者试图引发民众恐慌，挑起民族矛盾。网络传言原文为：

> 兄弟姐妹们，在外面吃饭多注意点。紧急通知：最近不要在外面吃东西，尤其是大盘鸡、烧烤和凉拌菜。20 000 多名新疆艾滋病感染者在反华分裂恐怖势力的指挥下涌进全国各个城市，将自己的毒血滴到食物里。此事今天早晨已被公安部、卫生部证实，温州市已有多人被感染，收到后马上发给你关心的人，预防永远胜过治疗，有良心的转转转，朋友们千万别乱吃外面的东西！
>
> 所以现在你有两个选择：1. 无视，2. 转发。我选择了转发，因为我不想冷漠！

这条谣言被不少网站转载，也得到网民们的评论或转发，在社会上的影响逐渐扩大。随着谣言传播范围的不断扩大，有关新疆滴血食物的话题迅速升温，各大媒体与政府官方平台纷纷对该事件进行关注和报道。新疆维吾尔自治区公安厅通过官方新浪微博"平安天山"辟谣称，未发生新疆籍艾滋病人将血滴进食物投毒的案件；同时，依据《中华人民共和国治安管理处罚法》，抓捕四名传谣者并分别给予治安处罚。

选取本案例的理由在于，在网络谣言的信息传播过程中，本案例中两大传播主体——媒介与政府的信息治理行为是有一定借鉴意义的。同时，本案例兼具了涉政治性、涉民族性、涉地域性等多维度，有利于全面考察各方的辟谣反应和行动。在此案例中，新疆维吾尔自治区公安厅官方微博所发布的信息，具有权威的引导作用，该信息被其他网站及网民通过关注、转载、评论等方式扩散。在这一过程中，对谣言的进一步发展起决定性作用的是网络舆情传播过程中某一关键节点的关键传播者。事实上，在网络舆情的传播与扩散过程中，政府官方平台中人民网、央视网、中国新闻网等与普通新闻媒体中头条新闻、凤凰网、果壳网等显现出较强的影响力。在 2011 年 12 月 3 日新华网发布正式电文辟谣并报道相关造谣者被公安机关处罚后，该谣言基本得以平息。

三、数据采集与分析维度

本文的研究数据来源于华中科技大学舆情信息中心所建的网络舆情基本信息库，该信息库收集了自 2010 年至今我国较大影响力的网络舆情事件基本数据。

具体数据采集过程：首先，划分案例数据采集的时间阶段，以 2011 年 1 月初关于本案例的新闻评论产生为起始点，以 2011 年 12 月底此谣言所产生的社会影响基本消除为终止点，对其间的网络新闻数量采用 ROST 软件进行统计；其次，本文以网络中对"新疆滴血食物事件"进行评论和转发的信息平台为研究对象，提取"新疆滴血食物"事件关键词及"谣言"二字作为共同限定词进行检索。加入"谣言"二字后，因传谣者不会在信息中出现"谣言"二字，而辟谣信息则一般需要包含此词，因而确保所采集的信息均为辟谣信息，所构建的网络是辟谣舆情网络。

通过"滚雪球"的方法，获取网络中 2011 年 1 月到 12 月期间活跃度较高的个体节点 35 个，其中政府官方平台 17 个、普通新闻媒体 18 个（媒体具体名称详见表 1）。

表 1　多指标中心度测度结果

节点名称	点度中心度	接近中心度	中间中心度
中国新闻网	47.059	31.481	99.609
头条新闻	38.235	17.436	95.172
京华时报	35.294	16.749	0.333
央视网	29.412	15.525	64.386
中国性病艾滋病防治协会	29.412	36.170	14.668
人民网	26.471	16.346	95.811
凤凰网	23.529	15.385	68.085
扬子晚报网	23.529	15.385	58.793
网易新闻	20.588	15.044	5.278
奥一报料	20.588	16.585	40.108
中国民族宗教网	20.588	16.749	191.091

续表

节点名称	点度中心度	接近中心度	中间中心度
新疆维吾尔自治区公安厅	17.647	16.585	246.233
徐州论坛	17.647	17.172	1.658
搜狐网	14.706	15.111	66.605
土豆网	14.706	15.044	24.809
光明网	14.706	16.190	5.583
果壳网	11.765	13.992	64.649
山东大学新闻网	11.765	14.050	19.380
同济大学医学院	11.765	13.878	1.867
重庆大学	8.824	13.710	9.262
巴彦淖尔市网上公安临河区公安局	8.824	14.468	110.350
新疆日报网	5.882	15.525	165.533
健康直通车	5.882	13.821	1.001
中国网	5.882	13.934	2.216
新疆亚普禁毒防艾网	2.941	11.930	24.000
河北省工商行政管理局	2.941	13.077	59.000
商都网	2.941	2.941	1.216
国内新闻	2.941	2.941	0.716
南安市人民政府门户网站	2.941	13.281	0.000
亚洲财经	2.941	2.941	0.591
合肥警务网	0.000	2.857	0.000
中国中小企业甘肃兰州网	0.000	2.857	0.000
中国日报	0.000	2.857	0.000
鹰潭市公安局	0.000	2.857	0.000
宜州党政网	0.000	2.857	0.000

资料来源：华中科技大学网络舆情基本信息库。

本文从网络中心性分析、网络结构洞分析和凝聚子群分析三个维度对网络结构进行分析，发现网络中可能存在的关键节点和"小集群"情况。在整个网络中，我们发现，既有政府官方信息发布平台，如中国新闻网、央视网、人民网、新疆维吾尔自治区公安厅等，也有普通新闻发布平台或新兴媒体发布平台，如头条新闻、凤凰网、网易新闻等。总体而言，前者在辟谣主体中占比较高。其中，中国新闻网、头条新闻、人民网和央视网这四个节点在整个网络中表现最为活跃，他们发布的信息更容易引发关注和评论，在整个网络中处于比较重要的位置，其影响和作用值得关注。另外，南安市人民政府门户网站、宜州党政网等节点的互动程度不高，基本呈现分散状态。

四、研究结果分析

（一）网络中心性

网络中心度用于描述整个舆情网络中各节点或边所处的中心位置，节点的中心度较高代表相对较高的声望和相对较大的权力。本文采用点度中心度、接近中心度和中间中心度三种方法对网络中心度进行测度。舆情网络各项指标的中心性计算结果按照点度中心度从高到低进行排列后见表1。

计算结果显示，舆情网络的整体点度中心势为0.642 56。中心势超过0.5并有向1靠近的趋势，这说明，整个网络具有明显的集中趋势并存在关键节点。在本例中，中国新闻网节点的点度中心度为47.059，其所掌控及发出信息的能力较强；头条新闻、京华时报、央视网都拥有较大的点度中心度，这些节点与其他节点产生联系的能力较强。此外，新疆维吾尔自治区公安厅、中国民族宗教网、新疆日报网、巴彦淖尔市网上公安临河区公安局等节点的中间中心度较高，对网络谣言辟谣信息的控制权较大，其在整个传播网络中的被信任程度也相应较高。

而整个网络的中间中心势偏低，仅为0.185 6，这说明整个网络中大部分的节点的独立传播性较强，即大部分节点在舆情传播过程中不需要别的节点进行桥接点就可直接得到信息，也一定程度说明，各辟谣主体的合作性并不强。同样，在接近中心度方面，在整个网络中，中国性病艾滋病防治协会的接近中心度最高，接下来是中国新闻网以及头条新闻，这一结果与点度中心度的测度结果较为相似，说明这些节点获取信息相对容易和相对独立，受其他节点控制的程度较小。

这一结果显示，政府主导的媒体辟谣平台在整个舆情网络中表现出色，而头条新闻无论是点度中心度还是接近中心度都较高。一方面，其与中国新闻网、央视网等的点度中心度接近，表明其具备了大型媒体平台的特征；而中间中心度方面，仅次于与涉事方相关的中国性病艾滋病防治协会、中国民族宗教网、新疆维吾尔自治区公安厅等，表明其在某个专业领域的传播也具有较深的卷入。

（二）网络结构洞

网络结构洞用于描述整个舆情网络中各节点之间不同的协调和合作程度。本文采用网络限制指标和网络有效大小测度网络结构洞。网络限制指标的值越大，则存在结构洞的可能性越小；网络有效大小的值越大，网络重复程度越低，拥有较大网络结构洞的可能性越大。以结构洞方式对舆情网络限制指标和网络的有效大小等进行测度的结果见表2。

表2　结构洞测度结果

节点名称	EffSize	Constra	Hierarc	Indirec
中国新闻网	13.816	0.200	0.071	0.795
人民网	12.225	0.211	0.059	0.871
头条新闻	11.175	0.227	0.073	0.861
央视网	10.381	0.235	0.064	0.850
凤凰网	9.675	0.241	0.071	0.864
果壳网	9.941	0.250	0.117	0.719
京华时报	8.462	0.279	0.043	0.851
搜狐网	8.059	0.286	0.054	0.860
中国性病艾滋病防治协会	7.273	0.298	0.060	0.662
网易新闻	7.045	0.331	0.097	0.802
奥一报料	6.889	0.306	0.116	0.558
扬子晚报网	6.813	0.302	0.042	0.850
中国民族宗教网	6.438	0.353	0.113	0.582
新疆日报网	6.385	0.324	0.051	0.829

续表

节点名称	EffSize	Constra	Hierarc	Indirec
巴彦淖尔市网上公安临河区公安局	6.286	0.288	0.093	0.357
土豆网	5.333	0.357	0.056	0.826
中国中小企业甘肃兰州网	5.000	0.200	0.000	0.000
徐州论坛	4.714	0.380	0.116	0.429
新疆维吾尔自治区公安厅	4.000	0.451	0.081	0.817
山东大学新闻网	3.850	0.468	0.060	0.757
合肥警务网	3.643	0.489	0.015	0.836
中国日报	3.500	0.406	0.055	0.250
健康直通车	3.500	0.548	0.006	0.808
光明网	3.438	0.466	0.078	0.737
重庆大学	3.250	0.556	0.089	0.756
中国网	3.000	0.547	0.045	0.620
新疆亚普禁毒防艾网	3.000	0.333	0.000	0.000
河北省工商行政管理局	3.000	0.333	0.000	0.000
同济大学医学院	2.500	0.723	0.085	0.644
商都网	2.333	0.611	0.052	0.333
亚洲财经	2.000	0.500	0.000	0.000
国内新闻	2.000	0.500	0.000	0.000
鹰潭市公安局	2.000	0.704	0.057	0.646
南安市人民政府门户网站	1.000	1.000	1.000	0.000
宜州党政网	1.000	1.000	1.000	0.000

资料来源：华中科技大学网络舆情基本信息库。

结果显示，网络限制指标的最大值为南安市人民政府门户网站和宜州党政网，达到 1.000，较小值为中国新闻网、人民网、头条新闻、央视网等，均小于 0.25，这些节点占据较多的结构洞，可以被视为整个网络中的领导者。有效网络大小指标的最小值为南安市人民政府门户网站和宜州党政网，值为1.000，最大值为中国新闻网，达到13.816，随后是人民网、头条新闻以及央视网等，表明这些节点是最有可能掌握结构洞的节点，是网络中拥有结构洞最多的行动者。

（三）凝聚子群分析

凝聚子群用于描述整个舆情网络中所聚类形成的"小团体"或"派系"。在本文中，所构建的舆情网络是有向的，因而一个成分中的任何两个节点间均具有严格的双向途径，因而采用"强成分"分析方式描述各节点所处的位置。

1.成分分析

对整个样本数据进行强成分分析，共发现11个成分，见表3。

表3　新疆滴血食物事件舆情网络强成分测度结果

成分	节点数量	累计百分比/%	包含节点
1	24	68.6	新疆日报网、果壳网、凤凰网、搜狐网、土豆网、头条新闻、网易新闻、京华时报、中国民族宗教网、奥一报料、扬子晚报网、新疆维吾尔自治区公安厅、健康直通车、人民网、央视网、光明、中国新闻网、中国网、新疆亚普禁毒防艾网、河北省工商行政管理局、巴彦淖尔市网上公安临河区公安局、山东大学新闻网、重庆大学、同济大学医学院
2	1	71.5	商都网
3	1	74.4	亚洲财经
4	1	77.3	国内新闻
5	2	83.0	徐州论坛、中国性病艾滋病防治协会
6	1	85.9	中国中小企业甘肃兰州网
7	1	88.8	合肥警务网
8	1	91.7	中国日报
9	1	94.6	鹰潭市公安局
10	1	97.5	南安市人民政府门户网站
11	1	100	宜州党政网

资料来源：华中科技大学网络舆情基本信息库。

结果显示，成分1包含了样本中68.6%的节点，大部分节点集中在成分1之中。这一结果说明整个网络的成分特征并不具备某种明显的结构特征。进一步发现，成分1聚集了人民网、央视网、光明网、中国新闻网等一批国家级政府信息发布平台，这些平台积累了较多影响力和公信力，此外，也包括了新疆维吾尔自治区公安厅、新疆亚普禁毒防艾网、巴彦淖尔市网上公安临河区公安局等涉事地区的地方政府信息发布平台。因此，从成分分析可以发现，这些节点是传播过程中的核心团体，在整体网络中居于信息影响的权威位置。

2.子群分析

本文将子群最小规模值设定为3后进行子群分析，共发现45个子群。头条新闻、凤凰网、人民网、央视网、中国新闻网等同属于一个子群的数量（16个）最多，彼此间联系最为紧密，互惠度高，在整体网络中构成一个紧密的能反映网络中的意见信息的"小团体"，在整个舆情网络中起了中介作用。一个节点参与的子群数量代表该节点的信任度，因而这个"小团体"所构成的节点以及与该节点在一个子群的节点均具有较高的信任度；亚洲财经、国内新闻、中国中小企业甘肃兰州网等节点为单独节点，没有构成"小团体"；其余节点则形成了多个相互交叠的团体结构。

五、研究结论与对策建议

（一）研究结论

1. 按照整个涉民族类舆情网络的权力状态可以划分四种不同类型的媒体平台

一是政府媒体平台，以中国新闻网、央视网、人民网等为代表的具有官方背景的媒体微博。二是新媒体平台，以头条新闻等为代表的政府背景不浓或不具有政府的微博，其表现抢眼。三是谣言内容所涉及的专业性或地方性平台，如新疆维吾尔自治区公安厅微博、巴彦淖尔市网上公安临河区公安局、中国性病艾滋病防治协会等。四是谣言内容未涉及的地方性网站，如鹰潭市公安局、宜州党政网、合肥警务网等。

2. 不同类型的媒体平台在辟谣过程中表现出行为倾向一致性，共同为涉民族类辟谣舆情保驾护航

在整个辟谣过程中，较为活跃的"意见领袖"位居网络中心，控制着网络资源和信息权力；同时，尽管网络中形成"小团体"，但并未出现不同类型的媒体

平台的意见和观点处于交锋状态。因而,在辟谣时,各类主体的态度、观点和行为倾向更可能趋于一致。然而,整个舆情网络中的各主体也表现出较强的独立性,合作意识有待提升。

3. 不同类型的媒体平台在辟谣过程中的作用呈现差序格局,涉民族类媒体平台起了关键作用

政府媒体平台因具有官方背景,承担着传播党和政府态度和声音的责任,研究证明,其很好地履行了作为"党和政府喉舌"的使命,控制着整个舆情的发展和转向,在整个辟谣过程中发挥着领导者的作用。人民网发布的辟谣声明在各大论坛以及博客(微博)引起广泛转载和评论,引导了舆论方向。而以头条新闻等为代表的新媒体平台与中国新闻网、人民网、央视网等成为网络中拥有结构洞最多的四名行动者,也是舆情网络中最有可能掌握结构洞的节点,是政府媒体平台的重要补充和主要竞争者。涉谣的专业性或地方性平台也积极发声,新疆维吾尔自治区公安厅微博、巴彦淖尔市网上公安临河区公安局、中国性病艾滋病防治协会等平台具有地方或专业权威性,在差序格局中表现温和。一些非涉谣地方性网站作为地方政府信息发布平台,尽管在整个舆情网络中影响力有限,属于差序格局中的跟随者角色,也起到了对当地受众辟谣的作用。

4. 以头条新闻为代表的新兴媒体在大数据背景下的信息传播角色值得重视

研究结果表明,头条新闻在整个舆情网络中具有较大影响力,具有较完善的信息发布机制和反应机制,也是非政府平台中的领军者。在大数据背景下,传统媒体面临着信息过量和有效信息不足这一组悖论挑战,头条新闻则基于海量数据收集网民浏览新闻的信息和习惯,分析网民兴趣点和公共事件热点,以"用户生产内容""用户决定内容"的方式使受众参与新闻生产过程,提高信息传播的效率和即时性。

(二)对策建议

1.建构多中心协同信息治理结构

虚拟社会是人类现实社会在互联网中的非对称性映射所形成的具有相互作用的相对独立的社会关系体系。网络社会同现实社会一样,在众多主体的长期博弈、相互影响下诞生了自己的一套社会秩序,也出现了各种行为主体,各行为主体有

义务共同维护该秩序。在辟谣等维护互联网社会的过程中，政府承担着重要的责任，但新兴媒体平台也应积极发挥主体作用。因而，应进一步发挥政府平台作用并激励新媒体平台积极参与，构建政府、公众、媒体"三位一体"的预防和管控网络信息传播的多维机制[1]。

2.媒介自律与网民媒介素养是信息治理的必要条件

行业协会对外应认真履行"把关人"使命，执行行业规范公约[2]，切实加强网络行业自律，敦促其与政府共同承担治理谣言的社会责任。媒介通过严格的行业自律机制有效地配合国家对互联网的法治化管理，在不给网络谣言提供传播渠道的前提下积极协助政府辟谣。成立媒体间合作联盟，形成媒体间交流机制，增加媒体之间的互动交流。

3.畅通信息沟通渠道是粉碎网络谣言的有效途径

只有在信息自由流通的语境中谣言才会被粉碎，因为"人们总是倾向于认为，被删、被封的有可能是真相，于是会想方设法搜索被删、被封的东西"[3]，结果只会助长谣言的散播。当谣言出现时，政府应第一时间根据局势的严重性选择高用户粘性、高信誉度的媒体向公众发布真相，缓解恐慌的情绪。有必要时，成立官方辟谣网站，降低谣言的可信度。适当使某些政策议程提前，转移公众注意力，号召公众加入有意义的讨论中。

1　童文胜，王建成，曾润喜.基于政治传播学视角的网络政治谣言生成机制及控制策略研究［J］.电子政务，2015（1）：24-33.

2　王彬彬.美国如何治理网络谣言［J］.理论导报，2013（6）：36-37.

3　胡泳.谣言作为一种社会抗议［J］.传播与社会学刊，2009（9）：67-94.

灾难事件中网络造谣与辟谣的政媒共治机制

一、引言

与以往"胡彬替身"谣言发源于贴吧并经贴吧扩散的模式不同，也有异于"艾滋""割肾"等经久不衰的恐慌性谣言，这些谣言都在事件发展过程中逐渐酝酿，或一直处于"细水长流"状态；有关"8·12天津爆炸事故"的网络谣言展现的却是另一番景象：谣言在一开始即保持高速喷溅状，仇官仇富、制造恐慌、打赏骗捐等"风格各异"的谣言接踵而至，引发大规模的谣言风暴，但谣言的生命周期却很短，几乎在两天之内即经历从产生到消失的全过程。纵观这一风暴持续发生在事发后数日内的谣言传播特征，我们发现，伴随着突发性的多个谣言陆续在互联网扩散，辟谣信息遵循着"黄金48小时"原则，从搜集的谣言样本来看，几乎每条谣言的背后都有信度较高的辟谣信息。管理部门也迅速采取了有力措施，中央网信办查处360多个微博、微信账号及50多个网站。本文试图以"8·12天津爆炸事故"为例，通过对典型谣言的传播特征进行分析，对"天津爆炸事故"中27条典型谣言文本进行逐一编号，分析政府辟谣速度是否落后于造谣速度，了解网民和政府的角色表现和言论传播途径，试图总结治"谣"之道。

二、基本概念与文献回顾

（一）灾难事件中的网络谣言

"灾难之后尽谣言"[1]，传统大众媒体提供灾难新闻上的时效性不高，网络谣言因其时效性和海量性，对公众而言更易变成替代性新闻，混淆事实与观点[2]。由于事件本身的重要性和模糊性，灾难通常伴随谣言频发的舆论危机[3]，借网络之力形成谣言风暴。研究发现，网络已成为谣言传播的主要渠道及人们相对信任的信息获知通道[4]。网络技术带来的虚拟"在场"感，易蛊惑人们对谣言进

---

1 孙燕.谣言风暴：灾难事件后的网络舆论危机现象研究［J］.新闻与传播研究，2011，18（5）：52-62.

2 陈雪奇.灾难事件中谣言的新闻学意义阐释［J］.理论与改革，2014（3）：130-133.

3 ALLPORT W G, POSTMAN L J. The Psychology of rumor［M］.Rinehart and Winston, 1947.

4 赵文晶，王馨慧.全媒体时代谣言的传播规律研究：以"十大网络谣言"为样本［J］.现代传播（中国传媒大学学报），2014，36（5）：47-51.

行复制粘贴、分享转发，在质疑和认同中，人们将谣言推到舆论中心，给谣言信息的制造和传播带来便利[1]。

中国目前处于深刻转型期，随着公众利益诉求日益多元化，宣泄不满的渠道越来越有限[2]。随着谣言传播心理因素加剧和传播主体隐蔽性加强，谣言在互动中泛滥。借助网络的结构网状化、信息碎片化、传播及时等特性[3]，谣言传播的范围更广、速度更快、内容更丰富、渠道更多[4]。网络传播的这些特点进一步塑造了人们消解权威的诉求。

（二）造谣者与辟谣者的信息特征

造谣者和辟谣者作为共生对手，存在于舆论生态系统中。[5]谣言通过主体因子传播未经证实、未得到官方确认的负面信息，通常为受传者喜闻乐见、具优先传播的特征；网络环境下的谣言信息呈现出"传播速度加快""互动不断完善""内容蛊惑性加大""影响力加剧"等特点[6]。与传统传播途径不同，网络谣言具更大精确性，很多谣言在传播途中作为"固定事实"传递下去，引用大量"专家"和"科学逻辑"来进行严密的谣言生产，增强谣言的合理性[7]。在突发事件中的危机谣言可分为"无中生有""添油加醋""移花接木"等类型，谣言与公共危机相伴相生[8]。

辟谣信息是通过官方微博、主流媒体报道等方式针对谣言信息展开的澄清与反应。在过去研究中，政府的辟谣行为被描述为被动的、无效率的官僚化行为。例如，谣言蔓延扩大的原因正是权威发布不及时[9]，习惯漠视民意和搪塞敷衍的

1　雷霞.虚拟的在场：新媒体时代谣言传播的技术动因［J］.现代传播（中国传媒大学学报），2015，37（3）：135-138.

2　李彪.舆情：山雨欲来：网络热点事件传播的空间结构和时间结构［M］.北京：人民日报出版社，2011：47.

3　孙嘉卿.微博谣言特征及辟谣策略研究：基于新浪微博的质性研究［J］.中国出版，2012（10）：19-22.

4　姜胜洪.网络谣言的形成、传导与舆情引导机制［J］.重庆社会科学，2012（6）：12-20.

5　姜景，李丁，刘怡君.基于竞争模型的微博谣言信息与辟谣信息传播机理研究［J］.数学的实践与认识，2015，45（1）：182-191.

6　陈虹，沈申奕.新媒体环境下突发事件中谣言的传播规律和应对策略［J］.华东师范大学学报（哲学社会科学版），2011，43（3）：83-91.

7　陈子晨.心理学视角下的网络谣言特点分析［J］.吉林省教育学院学报，2010，26（1）：106-108.

8　赵军锋，金太军.论公共危机中谣言的生存逻辑：一个关于谣言的分析框架［J］.江苏社会科学，2013（1）：130-135.

9　张雷.论网络政治谣言及其社会控制［J］.政治学研究，2007（2）：52-59.

地方政府在谣言面前毫无应对之策[1]，往往陷入被动地位[2]。一些学者总结出了"反驳谣言""谣言＋反驳""唤起情愫"等多种不同的辟谣策略。[3]总体而言，目前关于网络谣言的研究集中于谣言的传播机制上，而对政府的研究则集中在"责问政府"。

三、数据来源与采集

本研究目的在于，通过内容分析考察在整个事件发展脉络中网民造谣和政府辟谣之间存在何种关系。研究发现，从政府辟谣的反应时间而言，绝大部分谣言都在 12 小时内得到辟谣，辟谣速度赶上了造谣速度；辟谣的主体是政府和官方媒体，网民在自发辟谣过程中表现平平，却在造谣过程中表现积极，因而出现了微博集聚造谣和辟谣两大阵营的分化态势。从文本所体现的情感角度也发现，出现了"质疑""恐慌"与"正能量"的话语对立。

（一）研究样本

本研究通过多方权威信源的搜集与整理，力图涵盖造谣和辟谣文本，力求全面梳理爆炸事故中的谣言从产生到消亡的过程。样本以"天津爆炸"为关键词，一方面以百度搜索为平台，综合人民日报、新华网、中国青年网、中国新闻网等新闻报道，另一方面以新浪微博为工具，收集关于"天津爆炸"标签的谣言信息，综合整理出具有代表性、影响广泛的 27 条谣言。同时，根据收集到的 27 条谣言信息反查是否存在对应的辟谣信息，将辟谣信息一并整理（整理后的结果见表 1）。

表 1　天津爆炸事故造谣与辟谣情况

编号	类别	首发时间	首发主体	首发渠道	内容
1	造谣	8.13（晚上）	网民	微博	爆炸企业负责人只峰，系副市长只升华之子
	辟谣	8.14（16:13）	地方政府（天津公安）	微博	只升华只有一女

1　施爱东.谣言的鸡蛋情绪：钱云会案的造谣、传谣与辟谣［J］.民俗研究，2012（2）：105-125.
2　王国华，汪娟，方付建.基于案例分析的网络谣言事件政府应对研究［J］.情报杂志，2010，30（10）：72-76.
3　熊炎.辟谣信息构成要素：一种整合框架——二战以后西方辟谣实证研究回顾［J］.国外社会科学，2015（1）：78-88.

续表

编号	类别	首发时间	首发主体	首发渠道	内容
2	造谣	8.13（01：36）	网民	微博	父亲爆炸身亡，求网友打赏
	辟谣	8.14（20：36）	地方政府（广西防城港市公安局）	微博	该网民涉嫌诈骗，已被刑拘
3	造谣	8.13（13：45）	网民	微博	半小时没出来，告诉我妈我爱她
	辟谣	8.13（22：28）	媒体（观察者网）	官网	不实信息，该网友已清空微博
4	造谣	8.13（上午）	网民	不明	福特车逼停漫天要价黑出租
	辟谣	8.16（14：24）	媒体（人民日报）	微信	该车主称是7月初发生的事
5	造谣	8.13（中午）	网民	微信	内部通知，爆炸物有毒气体两点飘到市区
	辟谣	8.14（15：37）	媒体（天津日报）	官网	均称没有收到这样的内部通知
6	造谣	8.13（15：18）	网民	微博	15个人15个装尸袋
	辟谣	8.13（21：45）	媒体（新闻1+1）	电视	中央新闻台1+1近景显示为担架
7	造谣	8.13（19：16）	网民	微博	发布会现场有人睡觉，真是呵呵了
	辟谣	8.13（22：59）	媒体（人民日报）	客户端	实为人民日报天津分社记者靳博太过疲惫
8	造谣	8.13（02：23）	网民	微博	有害气体影响北京
	辟谣	8.13（13：44）	政府（中央气象台）	微博	事故现场刮西南风，不会对北京空气质量造成影响
9	造谣	8.13（不明）	网民	微信	天津发布空气污染预警
	辟谣	8.13（11：06）	媒体（天津日报）	微博	实为8.11发布消息，并无关联

续表

编号	类别	首发时间	首发主体	首发渠道	内容
10	造谣	8.13（01：00）	网民	微博	请大家为生命让路，送血车队12时6分出发
	辟谣	8.13（09：31）	媒体（观察者网）	官网	实为8.5发布的救助8岁女孩的公告
11	造谣	8.13（上午）	网民	不明	CNN记者现场直播被"行政人员"强制掐断
	辟谣	8.13（12：27）	媒体（CNN）	推特	中断是因受害者朋友及家属所致
12	造谣	8.13（上午）	网民	微博	《天津日报》没有在头版报道
	辟谣	8.13（上午）	媒体（天津日报）	报纸	《天津日报》头版均为事故消息及救援情况
13	造谣	8.13（不明）	网民	贴吧	滨海新区秩序混乱
	辟谣	8.13（已删，有报道佐证）	政府（天津网警巡查执法）	微博	整体平稳
14	造谣	8.13（下午至晚上）	网民	微博	急需利多卡因等药品
	辟谣	8.13（22：28）	媒体（观察者网）	官网	不实信息，该网友已清空微博
15	造谣	8.13（02：33）	网民	微博	两公里内人群去医院检查身体
	辟谣	8.13（11：07）	专家（前浙江援疆外科副主任@白衣山猫）	微博	冲击波过后耳朵不痛、听力无下降，内脏不会受伤
16	造谣	8.13（01：03）	网民	微博	寻找奇家乐，叔叔电话：15××××
	辟谣	8.13（09：31）	媒体（观察者网）	官网	不实信息，电话归属地为鄂尔多斯

续表

编号	类别	首发时间	首发主体	首发渠道	内容
17	造谣	8.13（03：46）	媒体（法制晚报）	微博	8 岁男孩急需 RH 阴性血
	辟谣	8.13（11：06）	媒体（天津日报）	微博	此谣言早在愚人节前后出现过
18	造谣	8.13（08：49）	网民	微博	一小区全灭，现场消防员全部壮烈牺牲
	辟谣	8.13（09：31）	媒体（观察者网）	官网	虚假信息
19	造谣	8.13（00：40）	网民	微博	乙醇罐爆炸，关好门窗
	辟谣	8.13（00：41）	媒体（央视网）	官网	系集装箱易燃易爆物
20	造谣	8.13（不明）	网友	微博	天津爆炸与恐怖分子有关
	辟谣	8.13（16：45）	政府（云南网警巡查执法）	微博	主观联系，证实是危险品仓库爆炸
21	造谣	8.13（12：56）	网民	微博	国际通用"Burn Down 原则"
	辟谣	8.14（07：27）	专家（刑事侦查专家@警察蜀黍）	微博	"Burn Down 原则"并不存在，但实践中存在"化工物爆炸、等其烧完再处理"的先例
22	造谣	8.14（09：20）	网民	QQ 空间	死亡人数达 1 300 人
	辟谣	8.16（10：40）	政府（平安天津）	微博	散布虚假信息，被拘 5 日
23	造谣	8.14（13：07）	媒体（界面新闻）	官网	瑞海国际与中化集团多有交集
	辟谣	8.14（无法精确时间）	企业（中化集团）	官网	无任何关系

续表

编号	类别	首发时间	首发主体	首发渠道	内容
24	造谣	8.15（不明）	媒体（不明）	不明	第一批进入火场的消防员是临时工
	辟谣	8.15（11:51）	媒体（中国交通报）	微博	天津港公安局消防员是企业内部消防队伍，不属公安系统，但并非编外临时工
25	造谣	8.15（不明）	网民	不明	700吨氰化钠泄漏毒死全中国人
	辟谣	8.15（12:13）	媒体（环球网）	官网	未对隔离区外空气、水造成污染
26	造谣	8.15(11点左右)	媒体（新京报）	官网	方圆两公里内人员全部撤离
	辟谣	8.15（17:00）	政府（天津市公安消防局局长）	新闻发布会	没有组织撤离
27	造谣	8.15（下午）	网民	微博	城管抢志愿者东西
	辟谣	8.15（19:29）	网民（大V@奏耐天津）	微博	泰达医院请城管协助转移物资

（二）数据分析方法与编码

本文采用内容分析法对谣言文本和辟谣信息进行结构化编码，建立可理解的类目分解内容，进一步分析谣言特征。编码规则如下。

1. 时间类目

以百度、微博为平台，逐条搜索27条谣言文本，试图找到此条谣言发布的最早时间、辟谣的最早时间，试图精确到某天某时某分以计算传谣和辟谣的最小时间差。但实际进行中部分谣言文本难以追寻，时间单位仅能精确到某天，因此把"黄金4小时内""超过黄金4小时""无法确定"编码为1，2，3。

2. 传播主体

传播主体是观察谣言特征的重要指标之一，可以观察传谣和造谣各阵营中的首发角色占比。本研究将传播主体分为"政府""媒体""专家""企业""网民"5大角色，分别编码为1，2，3，4，5。

3. 发布渠道

由于天津爆炸事故中的谣言多通过网络发布，本研究根据"网络"发布平台的不同，分为"微信""微博""官方网站"等，但也有极个别谣言通过电视、推特、报纸首发辟谣，因此本研究将"微博""官网""微信""其他（电视、报纸、推特等）""未知"依次编码为1，2，3，4，5。通过分析发布渠道，可以考察谣言的发源载体以及辟谣途径。

4. 文本特征

本研究根据谣言文本的主题，将其区分为不同类型的大类和具体亚类。此类型的划分根据造谣者的动机与情绪指向。比如"父亲身亡求打赏"这一谣言，事后虽证明是骗捐事件，但造谣者以"请求帮助"的陈述方式造谣，因此该谣言的编码为正能量（大类）的请求帮助（亚类）。通过对27个谣言文本分析，大类可以分为"质疑""恐慌"和"正能量"三大谣言主题，分别编码为1，2，3。

四、研究结果：天津爆炸事故中的造谣与辟谣信息特征

（一）传播时差：政府辟谣工作的进步

谣言风暴总是伴随事故席卷而来，与2011年"7·23甬温线特别重大铁路交通事故"、2014年"马航MH370航班失联事件"的谣言风暴呈波浪态势不同[1]，天津爆炸事故中的谣言风暴衍生态势最强，呈高速喷溅态势（参见图1）。而在事故造谣与辟谣第一时间分布中（参见图2），事发首日天津爆炸事故谣言的"发明"量达到峰值，辟谣速度几乎与造谣速度持平，结果显示，有3例谣言在4小时内即被辟谣，近半谣言被澄清的时间虽然超过4小时，但都在12小时内被澄清。灾难发生时，通常公民比政府更易出现在现场，信息加速流通使得谣言飞速扩散，从造谣到辟谣的时间大大缩短，政府对谣言的反应速度与过去相比有了巨大提升。

---

1 孔清溪，林彦君，张晓丽．灾难事件中网络谣言风暴的形成、传播规律及消解策略研究：以马航MH370事件为例［J］．现代传播（中国传媒大学学报），2014，36（12）：43-48.

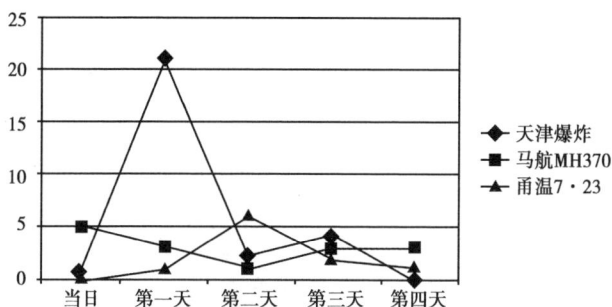

图1　三起突发事件中谣言出现的数量对比

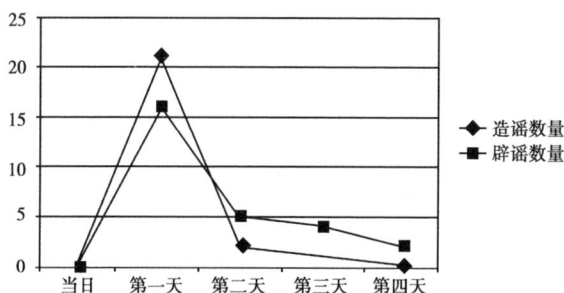

图2　天津爆炸事故中造谣与辟谣首发时间分布

（二）传播主体：网民、媒体、政府的角色

当前的中国正处于高风险时期，出于防范风险和规避利益受损的需要，任何细微变动都会成为公众焦点并诱发谣言。当网络谣言释放负面情绪，使公众的不满情绪共鸣，网民往往处于非理性状态，参与到造谣大军中去。表2显示，网民是天津爆炸事故造谣的主力军，约占85%（23例），而媒体占4例。这说明，一方面在重大突发事件面前，网民会创造新的解释框架，其媒介素养亟待提高；而另一方面，媒体由于对事件的关注度显著上升，常成为谣言推手和辟谣角色。在造谣者和辟谣者之间，网民、媒体和政府构成了复杂的传播主体，实现了信息的叠化和强化。

表2　传谣、辟谣首发传播主体

主体	类别		数量
造谣角色	网民	多为微博用户	23（85.18%）
	媒体	其他省市	4（14.82%）

续表

主体		类别	数量
辟谣角色	政府	天津本地	5（18.52%）
		其他省市	1（3.70%）
	媒体	中央级	6（22.22%）
		天津本地	4（14.82%）
		其他省市	6（22.22%）
		国外媒体	1（3.70%）
	专家	医学、刑侦专家	2（7.42%）
	企业	中化集团	1（3.70%）
	网民	本地大V	1（3.70%）

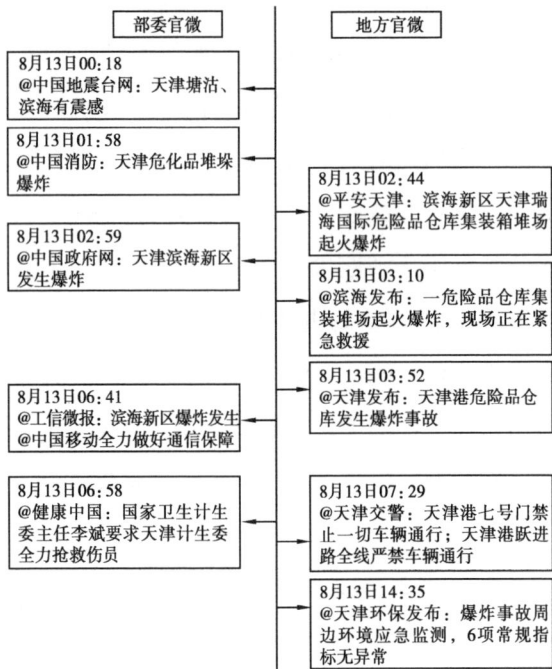

图3 部委官微与地方官微的首条微博

随着网信办查处多个微博、微信账号，在官方与媒体共同辟谣下，参与传播谣言的网民由狂热趋向冷静。在辟谣方中，政府和媒体是主要声音。就政府表现而言，一方面，当地官微"@天津发布""@平安天津""@滨海发布"等以及政府部门举办的新闻发布会，每日都会更新进展。比较5家国家部委和5家天津官方首发微博（参见图3），发现均有部委和地方官微在"黄金4小时"之内，做到权威信息的首发；另一方面，8月13日至23日，天津当地共召开14次新闻发布会，频度之高、信息之大在国内鲜见。此外，网信办对涉谣内容多次"拉闸"，不仅永久关闭车夫网、美行网等18家网站，还对造谣传谣者进行司法惩治，有力遏制了谣言的传播。总体上，辟谣信息均由媒体和政府提供，谣言火势得到全力扑救。

（三）发布渠道：微博集聚造谣和辟谣两大阵营的分化

借助网络主体多元、扩散迅速、途径多样、内容丰富等特点，谣言具备联网能力。有研究认为，微信的崛起征示微博的衰落。尽管朋友圈俨然已经成为谣言的"集贸市场"，但微博在公共事件中所发挥的作用依然不可小觑。据《新媒体蓝皮书：中国新媒体发展报告No.6（2015）》显示，59%的虚假新闻首发于微博，因其平台开放性高，微博往往作为公开的信息交流广场，成为众多谣言的最佳"母体"，这意味着，一条网络谣言在网络"弱把关"特点面前将以"核裂变"速度传播。表3显示，新浪微博成为传谣、辟谣双方的首发渠道。传谣渠道上微博以62.96%（17例）比例高居榜首，官网和微信各占7.41（2例）；辟谣渠道上同样以微博为主，约占44.44%（12例），官网占33.33%（9例）。在天津爆炸事故中，微博作为首发渠道，多次介入公共事件。这意味着，具备分化传播权力、多元表达空间等优势的微博，正成为官民传播诉求实现的最佳平台。

表3 传谣、辟谣首发渠道

类别	传谣数量	辟谣数量
微博	17（62.96%）	12（44.44%）
官网	2（7.41%）	9（33.33%）
微信	2（7.41%）	1（3.71%%）
其他（QQ空间、贴吧、电视等）	2（7.41%）	5（18.52%）
不明	4（14.81%）	0（0.00%）

（四）谣言文本："质疑""恐慌"与"正能量"的话语对立

"信任是苹果，动机即蛀虫。"[1]英国哲学家奥斯汀认为，言语具有施为性力量——一个人说一句话，可能的动机和陈述的方式会通过呈现"内心活动"或对于动机的表白而试图引导听众的判断[2]。为探寻网络谣言的文本特征和进一步分析造谣动机，按照"编号—主题词—集体情绪"对27例谣言文本进行提炼和解读，发现本次天津爆炸事故中出现的谣言风暴可以归结为3类（参见图4）。

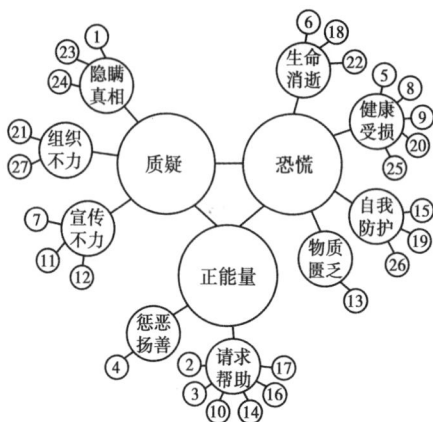

图4　天津爆炸事故谣言主题关联示意图

1. 质疑类谣言

针对涉事主体，如质疑政府组织不力、宣传不力或隐瞒事实。1号（只峰是副市长儿子）、23号（瑞海和中化有交集）和24号（第一批消防员是临时工）在于揭示被政府隐瞒的"真相"；21号（Burn Down 原则）和27号（城管抢物资）表达发布者对救援开展中救援工作和城管群体的不满；7号（发布会有人睡觉）、11号（CNN记者受阻）、12号（《天津日报》无头版）直指政府或媒体宣传工作纰漏。

2. 恐慌类谣言

源自造谣者和传谣者的心理特征，以"生命消逝"为主题的有6号（15人15个装尸袋）、18号（消防人员全部牺牲）和22号（死亡人数1300人）等谣言，

---

1 加里·阿兰·费因，陈国战. 谣言、信任与公民社会：集体记忆与判断的文化［J］. 文化研究，2015（3）：85-101.

2 JUSTIN J L, URMSON J O, SBISA M. How to do things with words［M］. 2nd ed. Cambridge, Mass.: Harvard University Press, 1975.

发布者所传信息与政府公布死亡人数形成强烈反差，表层含义或在昭告受难人数的真实情况，实际上引发了网友对政府工作的质疑；以"健康受损"为主题的有5号（有毒气体两点飘到市区）、8号（有害气体污染北京）、9号（天津发布空气污染预警）、20号（与恐怖分子有关）、25号（700吨氰化钠毒死全中国人），均在表达"恐慌"情绪，传谣者出于有意或无意制造恐慌，试图唤起人们对自身健康或生命安全的关注；以"自我防护"为主题的有15号（2公里内人群检查身体）、19号（乙醇罐爆炸关好门窗）和26号（2公里内人员全部撤离），这类谣言的重点在于让人们在突发事件中规避风险；而13号（滨海秩序混乱）则告知人们事故地段物资匮乏，或是救援、安防工作不到位，方才导致"某商场、超市被抢"。

3. 正能量类谣言

同样来自造谣、传谣者的心理偏好，多以"请求帮助"的陈述方式表现，如2号（父亲身亡求打赏）、3号（告诉我妈我爱她）、10号（请大家为生命让路）、14号（需要利多卡因等药品）、16号（寻找奇家乐）、17号（8岁男孩急需RH阴性血）等谣言中，出于让网友施以援手的动机，造谣者或骗捐，或为涨"粉"。此外，4号（福特车逼停黑出租）或属于造谣者营造"惩恶扬善"氛围。

而就政府辟谣内容来看，其多停留在"不属实""没有组织撤离"等直接反驳方式，相对缺乏论证，曾一度诱发人们的逆反情绪。本文认为，这可能由于信息不完备，人们易降低对官方宣传的信任，人们对涉及人身和财产安全的谣言信度增加；也可能由于官方辟谣的首发渠道采用微博，由于140字的平台限制，官方无法展开辟谣细节的进一步论述。

五、结论与讨论：谣言喷涌下地方政府需走出"围城"

研究得出如下结论：①政府辟谣速度几乎与造谣速度同步；②在首发造谣和辟谣上，网民形成造谣大军，极少数媒体涉及造谣，而辟谣大军基本由政府、媒体组成；③微博成为造谣者和辟谣者话语表达的首发平台；④谣言文本呈现"质疑类""恐慌类"和"正能量类"集体情绪，辟谣文本可能由于平台限制和事件情境，部分采取"直接反驳"形式。综上，本文提出图5所示的谣言机制生成机制模型。

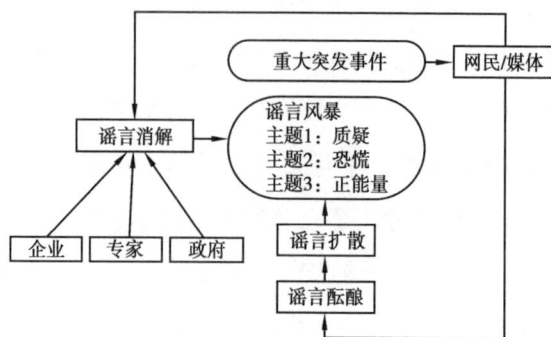

图5　天津爆炸事故谣言生成机制

　　在类似"天津爆炸事故"这类突发事件中，公共政策者如何减少公众的负面态度？这值得进一步探讨。目前，国内众多突发事件均发生在城镇、乡村等局部性范围，在局域空间内，即使地方政府做好危机公关，可视范围仍然有限，用传统"对链式"的传播流来堵塞言论只会提高谣言传播效率。面对井喷式的谣言，除了防止次生舆论之外，还须掌控突发事件信息的流向，将视野延伸至网络"公海"。

　　（一）舆论涌动：预测与监管

　　"居安思危，思则有备，有备无患。"网络舆情是网络谣言传播的滋长环境，对网络舆情进行汇集、分析、预警和研判，将有利于把握突发事件中的网络谣言的发展态势。一方面，政府须提高对网络媒体重要性和影响力的认知，成立网络舆情应对小组，关注微博、微信、贴吧和论坛等渠道，掌握舆情走向，建立预警机制和信息收集机制，制定应急预案；另一方面，舆情应对小组应提出应对策略，建立政府、专家、媒体和公民代表的咨询机制，建立舆情应急方法库，为领导部门提供信息参考，提供可行的回应措施。

　　为避免突发事件被谣言操控，政府还可对外招聘一支草根意见领袖队伍，对舆情进行适度纠偏。在"天津爆炸事故"中，网民舆论"一边倒"地指向"政府"救援工作，而草根意见领袖往往深谙舆情演变之道，可以定期搜集网民意见，提前向上报送舆情报告，避免群体极化。

　　（二）众声喧嚣：阻断与协同

　　要刹住谣言马车，离不开权威发布。当谣言已产生，政府须明白，其盛行原因在于政府与公众之间的信息不对称。由于网络谣言传播的实时性、海量性等，政府发布的辟谣信息不可能做到无缝对接，不可能堵塞所有谣言。而政府辟谣这一角色面临两个"度"。

合法有效打击谣言是其一。在天津爆炸事故中，地方政府仅依靠新闻发布会和官腔式的辟谣话语远远不够，还应当成立专题网站，发布政府得到的最新消息，第一时间抢断话语主导权，有的放矢建立信息梯度发布机制，以引导和控制网络谣言，让真实信息与网络谣言赛跑，防止谣言大范围扩散。此外，在辟谣信息的话语呈现上，可开辟多元表述方式，"直接反驳"应作为辟谣信息的运用手段之一，而非唯一。

有学者认为，理想的辟谣方式是联动协同辟谣，多元化信息素材与权威信息的及时供给是辟谣的关键点 [1]，协同不仅在政府、媒体和网民间，部门间也应做好总体统筹及协同沟通。而活用传播方式，是各部门提高辟谣效果的有效手段，天津爆炸事故中政府的辟谣方式乏善可陈，往往依赖微博的单一渠道，但是官方平台由于其地方局限性，网民并不会第一时间关注，这往往使得辟谣信息落后于谣言信息。政府可开辟 Twitter、Facebook 等平台，与公共论坛、门户网站建立合作机制，让真相"跨界"，与谣言"赛跑"。针对谣言同步发布实时信息，在语言表达上可更接地气，体谅受灾群众和普通群众的情绪。

不过度限制言论自由是其二。政府在辟谣时须防止"权力扩张"，允许人们对官方辟谣信源质疑和不满，以开明态度面对谣言，解读谣言背后隐藏的民意。在天津爆炸事故中，"@天津发布""@平安天津""@滨海发布"等政务微博的名称认证缺乏系统管理，公众可能无法第一时间找到权威发布信源，此时政府须容纳更多来自"专家""媒体"和"普通民众"的多元声音。

（三）风暴过后：追踪与众智

谣言风暴的终结并非永久终结，由于过去"官商勾结""权钱交易"等刻板印象，突发事件总能再度激起"质疑""恐慌"等非理性情绪。在以往实践中，曾经发生过不少因谣言终结后未澄清最新事实而导致谣言"死灰复燃"的案例。

---

1 郭小安，董天策．谣言、传播媒介与集体行动：对三起恐慌性谣言的案例分析［J］．现代传播（中国传媒大学学报），2013，35（9）：58-62.

这意味着，地方政府在谣言结束后，要认真总结爆炸事故后的规律，进行分析总结，并重视官微、门户网站的建设，保障受众的知情权。在天津爆炸事故中，媒体和政府汇总了辟谣信息这一行为是值得称道的。

谣言不仅止于众"治"，还止于众"智"。鉴于中国网民的"草根"特性，一旦地方政府呈现出态度上的"软化"和话语上的"接地气"，网民们都会"识相"退出，将焦点逐渐转移，这就要求政府一方面与网民真诚对话，摒除官本位思想，另一方面鼓励网民做理性公民，坚持不信谣、不传谣、不造谣，提高公众的制度化参与水平。此外，还需要健全网络谣言法律法规，保障公民言论自由。总之，信息的真伪判断，本身就具有滞后性。随着信息流动方式的多元化浪潮袭来，作为辟谣信源的把控主体，政府应在谣言风暴的全过程中担任一个更谨慎、更多元、更开明的角色。

网络社会安全风险评估指标体系

一、引言

随着信息技术的迅猛发展，与现实社会不尽相同却又对现实社会影响巨大的网络社会已经形成[1]。网络社会规模不断扩大的同时，风险态势也越发严峻。软硬件等基础设施遭到破坏、网络虚假信息传播、公民隐私泄露、网络暴力等现象，给网民的日常生活带来了极大的负面影响。现实社会中的棘手问题通过网络的渲染放大之后极易引发群体的不满情绪，导致网络群体性事件的发生。特别是在移动互联网时代，网络社会所潜藏和产生的风险及风险的衍生、次生等问题越来越复杂，引发社会重大风险的可能性不断增大，网络社会安全形势将会更严峻。面对严峻挑战，党中央将网络社会的发展与治理提升为新时代下的国家重大战略，习近平总书记多次提出"使互联网这个最大变量变成事业发展的最大增量""没有网络安全就没有国家安全"等重要论断，网络社会安全在国家总体安全战略体系中占据着重要位置。

在网络社会安全形势严峻以及党中央高度重视的双重背景下，提升网络社会治理能力迫在眉睫。有效治理的前提是足够了解，尽管网络社会治理问题已经引起了各级政府的关注，但目前还未有一套专门评估网络社会安全风险的指标体系。基于此，本文结合《国家网络空间安全战略》《中华人民共和国网络安全法》（以下简称《网络安全法》）以及我国网络社会发展的现实情况，对网络社会潜在的威胁因素进行挖掘筛选，构建评估指标体系，使评估我国网络社会安全的风险状况成为可能，这使政府增强网络社会安全风险意识、提升网络社会治理能力、推进网络强国建设等均具有重要意义。

二、网络社会安全风险评估指标体系研究现状

网络社会是基于互联网络形成的具有特定结构和关系的一种社会形态[2]，其

---

1 何哲.网络社会的基本特性及其公共治理策略［J］.甘肃行政学院学报，2014（3）：56-66.
2 徐晓林.互联网虚拟社会的特征与管理［J］.电子政务，2011（9）：10-11.

本质是网民及其他组织基于互联网技术而形成的新的社会关系格局和结构形态，是现实社会的综合反映、表达和延伸[1]，同时具有一定的独立于现实社会运行的特性。作为现代生活的重要组成部分，网络社会因其地域性、复杂性、隐匿性等特点，在公共舆论、组织动员等方面均存在潜在的风险或威胁[2]。目前，互联网中较为盛行的网络犯罪、网络群体性事件、网络侵权等现象对政治、经济、社会等各方面均会造成诸多不利影响[3, 4]。

随着现代科学技术的发展，与过去相比，人类所面临的风险已经发生了根本性的变化，风险结构的主导由自然风险逐渐演变成不确定性的人为行为[5, 6]。不过，风险并不等同于灾难，而是灾难发生的可能性，因此对于风险的评估也指这种可能性所能带来的危险程度。风险社会意味着灾难的可能性与不确定性已成为社会结构的构成要素，而这也正是网络社会的重要特征，因此，网络社会本质上也是一个风险社会[7]。基于此，本文所定义的网络社会安全风险评估评价的是网络社会在未来结果关系中灾难发生的可能性及危险程度。

当前，我国对于网络社会安全风险的研究主要集中于两方面。一是对网络社会的风险因素及相关规律进行梳理[8]，从理论层面将网络社会面临的威胁与风险归纳为政治、经济、社会等方面[9]，在与网络社会这一概念较为接近的网络空间、虚拟社会的背景下，相关研究对于风险与威胁的划分更为细致[10]，但在一定程度上缺乏归纳性。同时，已有研究指出，网络社会风险存在信息分化、信息污染、空间分割等风险[11]。另外，针对我国网络社会所面临的问题，研究者也提出了应对策略，包括创新网络社会治理、推进网络社会建设以及提出了协同共治、全民

1　徐汉明，张新平.网络社会治理的法治模式［J］.中国社会科学，2018（2）：48-71.

2　何哲.网络社会治理的若干关键理论问题及治理策略［J］.理论与改革，2013（3）：108-111.

3　曾润喜，王国华，陈强.国家与社会关系视角下的网络社会治理［J］.北京理工大学学报（社会科学版），2010，12（5）：121-125.

4　李传军，李怀阳.基于网络空间主权的互联网全球治理［J］.电子政务，2018（5）：9-17.

5　乌尔里希·贝克，郗卫东.风险社会再思考［J］.马克思主义与现实，2002（4）：46-51.

6　赵延东.解读"风险社会"理论［J］.自然辩证法研究，2007，23（6）：80-83.

7　黄少华.风险社会视域中的网络社会问题［J］.科学与社会，2013，3（4）：14-22.

8　陈璟浩，李纲.突发社会安全事件网络舆情演化的生存分析：基于70起重大社会安全事件的分析［J］.情报杂志，2016，35（4）：70-74.

9　熊光清.推进中国网络社会治理能力建设［J］.社会治理，2015（2）：65-72.

10　于震，齐鹏.我国虚拟社会治理路径探析：基于安全问题的视角［J］.人文杂志，2017（9）：117-125.

11　谢俊贵.网络社会风险规律及其因应策略［J］.社会科学研究，2016（6）：102-110.

治理、虚实结合、以法治网等原则。而对于评估我国网络社会安全风险的研究还较为缺乏，相关指标主要对网络安全事件自身的传播强度和热度[1, 2]、演变规律[3, 4]、传播过程与参与主体[5]、影响因素[6]等进行评估。

总体来说，在风险梳理方面，当前学术界对网络社会所面临的安全风险进行了初步归类，基本上都涉及政治、经济、文化、社会、生态五个方面，但还不够清晰、完整；在评估指标体系方面，已有指标体系主要围绕着与网络社会安全相关主题展开，而针对网络社会安全风险评估指标体系的研究则相对较少。

三、指标体系设计的原则、思路与过程

（一）设计原则

首先，在选取网络社会安全风险评估指标的过程中，本文遵循了以下原则：一是代表性。选取指标是为了使评估结果更为全面与准确，只有所选取的指标与评估对象关联性强、结合度高，评估对象的现实状况才能被准确地呈现出来。因此，本文在设计和筛选指标的过程中，尽可能地选取那些特征明显的指标。二是稳定性。在设计指标体系时要充分考虑网络社会发展过程中的不确定性，体现动态性和适应性。既要选择能反映当下网络社会安全风险的指标，也要考虑一些能预测其未来发展趋势与方向的指标。

（二）设计思路

现实社会一般被划分为政治、经济、文化、社会、生态等几方面，这在一定程度上源自我国推行的"五位一体"建设战略。从具体形式上来说，网络社会与现实社会尽管存在差异，但同样作为社会结构形态的两者关系越来越紧密，相互渗透。从网络社会内部来看，各类网络信息和事件尽管不计其数，但总体上可以按照内容被分为政治、经济、文化、社会、生态五大方面；从网络社会外部来看，

1 张一文，齐佳音，方滨兴，等.非常规突发事件网络舆情热度评价指标体系构建[J].情报杂志，2010, 29（11）：71-75.

2 王青，成颖，巢乃鹏.网络舆情监测及预警指标体系构建研究［J］.图书情报工作，2011, 55（8）：54-57, 111.

3 戴媛，姚飞.基于网络舆情安全的信息挖掘及评估指标体系研究［J］.情报理论与实践，2008, 31（6）：873-876.

4 张玉亮.基于发生周期的突发事件网络舆情风险评价指标体系［J］.情报科学，2012, 30（7）：1034-1037.

5 谈国新，方一.突发公共事件网络舆情监测指标体系研究［J］.华中师范大学学报（人文社会科学版），2010, 49（3）：66-70.

6 曾润喜.网络舆情突发事件预警指标体系构建［J］.情报理论与实践，2010, 33（1）：77-80.

网络社会所带来的优势与威胁都越发突出，涵盖了政治、经济、文化、社会、生态等领域。基于此，本文认为网络社会同样能够被细分为政治、经济、文化、社会、生态五方面。

该划分方式也在国家的政策法规中得到了体现。《国家网络空间安全战略》由国家互联网信息办公室于 2016 年 12 月发布并实施，该战略是我国处理国内外网络事务的根本准则[1]。它将互联网带来的严峻挑战划分为政治安全、经济安全、文化安全、社会安全等方面，同时《网络安全法》将关键信息基础设施的运行安全列为网络安全的重要方面。综上，根据网络社会与现实社会的关系并结合国家宏观政策，本文将网络社会安全风险分为政治安全风险、经济安全风险、文化安全风险、社会安全风险、生态安全风险五大方面。

政治安全风险指国家政治体系运转在互联网中受到不良影响的可能性；经济安全风险指网络空间中发生经济互动关系的各主体面临的潜在威胁；文化安全风险指国家或民族的基本价值观、社会主义核心价值观以及中华文化在网络空间受到侵蚀的可能性；社会安全风险指网民在网络空间中的正常生活秩序因各类伤害、欺骗性事件而被破坏的可能性；生态安全的原意指保障人类社会可持续发展的自然基础，维护生态安全就是划定并严守生态保护红线，相应地，在网络社会中，网络基础设施便是其赖以生存的"自然环境"，因此，本文中的生态安全风险指网络基础设施遭到破坏的潜在危险或挑战。

这五个维度虽然有着各自特殊的内容和规律，但它们相辅相成、相互促进、辩证统一。应对经济安全风险是根本，关乎国家经济发展的转型和新增长点；应对政治安全风险是保证，关乎国家政治制度的有效运行；应对文化安全风险是灵魂，关乎中国特色社会主义文化和优秀传统文化的传承；应对社会安全风险是条件，关乎网民日常生活的幸福和谐；应对生态安全风险是基础，关乎网络社会运转的基础设施建设。这五方面共同致力于提升我国网络社会安全状况，统一于建设网络强国的目标，科学地把握其内在关系，有助于清楚地掌握我国网络社会安全风险状况，从而实现针对性治理。这五大维度充分满足了本文对网络社会安全风险的定义，能够保证在评估时无重大缺漏。为了更好地评估这五大维度，又将

---

1 邵国松.国家安全视野下的网络治理体系构建［J］.南京社会科学，2018（4）：100-107.

每一维度分解至二级与三级指标。

（三）指标体系形成过程

为确保指标体系的合理性，本文还运用了德尔菲法即专家咨询法。考虑到专家的自身条件和本文的具体情境，邀请 16 位专家组成专家咨询委员会。这些专家均具有高级职称，并且在网络社会治理领域具有丰富的研究经验。在具体操作上，本文根据评估指标体系制定了专家咨询表并通过电子邮件等方式进行了咨询，然后根据专家给出的意见和建议，对指标体系进行了优化，舍弃了部分与指标体系关联性较低的指标，补充了部分遗漏的重要指标，最终形成了相对完善、合理的评估指标体系。此外，基于已经形成的评估指标体系，研究团队还与"腾讯安全"进行合作，根据腾讯安全反诈骗实验室提供的数据，对全国 31 个省级行政区和 32 个中心城市的网络社会安全风险状况进行了评估与排名，研制了《网络社会安全风险指数研究报告》，并发布于 2018 年第三届中国国际大数据产业博览会。

四、具体指标体系设计

（一）政治安全风险

政治安全风险指国家政治体系运转在互联网中受到不良影响的可能性。作为一种特殊形态，网络社会中的政治安全风险源于互联网络与政治体系的有机互动[1]，是现实政治的反映和其在网络空间的延伸[2]。引发政治安全风险的因素依政治、经济、社会等环境的变化而变化，在社会转型期，我国政治安全面临的威胁主要来自国家政治体系在自身运转过程中显现出的各种隐患和威胁，国家政权、意识形态、政治秩序等是其主要构成维度[3]。首先，互联网的特性为各种矛盾的聚集提供了空间，境外敌对势力也将网络空间作为意识形态入侵的主要阵地；其次，互联网削弱了国家的地域性，某些西方国家凭借网络话语霸权优势，影响民众的政治制度认同。可以看出，无论是现实的政治安全还是网络政治安全，政治制度、意识形态和政治秩序均在其中发挥着重要的作用。而网络政治的运转又是通过信息的交换和沟通实现的，因此，维护网络社会中的政治安全就是要防控

1　刘远亮.网络政治安全内涵探析［J］.中南大学学报（社会科学版），2016，22（6）：142-148.

2　刘达禹.虚拟与现实的互动：国家政治安全治理界限的扩展［J］.东北师大学报（哲学社会科学版），2017（5）：64-68.

3　舒刚，虞崇胜.政治安全：安全和国家安全研究议程的新拓展［J］.探索，2015（4）：100-106.

来自政治制度、意识形态、政治秩序这三方面威胁信息的风险。

具体而言，国家主权与政权主要由领土、政治制度等概念构成，并且其内容在网络空间中主要表现为信息安全[1]，因此，其威胁主要就来自对与该概念密切相关的领土、政治制度等的质疑、批判信息。当前，我国网络意识形态安全形势并不乐观，互联网上各种政治主张激烈争锋，试图夺得主导地位，若社会主流意识形态与社会主义核心价值体系不占领互联网，互联网上的意识形态格局将"鱼龙混杂"，甚至造成"颜色革命"等严重后果[2]；作为政治参与的工具和场域，网络社会如果充斥着网民无序政治参与，政治秩序将会混乱、政治生活将会不稳定等[3]。基于此，本文根据政治安全体系的构成要素以及网络社会政治安全的表现形式，将一级指标政治安全风险划分为国家主权与政权安全风险、主流意识形态安全风险、无序政治参与风险三个二级指标。

1.国家主权与政权安全风险

国家主权风险即破坏国家完整性和稳定性的因素，国家政权风险即一国的执政党使用国家权力建设国家与抵御外来侵害过程中所受的威胁。该指标主要考察我国主权受质疑与干预、领土完整受破坏、政治制度受质疑和批判的风险程度。具体的测量指标为，区域内检测、拦截、处理质疑与干预我国主权的信息的数量，破坏我国领土完整的信息的数量，质疑和批判我国政治制度的信息的数量。

2.主流意识形态安全风险

主流意识形态是当前国家政治状况与社会情况的集中反映，其风险主要来自非主流意识形态及多元文化价值观的冲击与挑战。该指标主要考察主流意识形态受冲击、网民受非主流价值观信息影响的风险程度。具体的测量指标为区域内检测、拦截、处理恶意对比中西方意识形态信息的数量，抨击我国社会理想与价值观等主流意识形态信息的数量。

3.无序政治参与风险

无序政治参与指网民将互联网作为工具，进行非法政治参与活动的风险程度。

1 杨嵘均.论网络空间国家主权存在的正当性、影响因素与治理策略 [J].政治学研究, 2016 (3)：36-53.

2 曾润喜，徐晓林.国家政治安全视角下的中国互联网虚拟社会安全 [J].华中科技大学学报（社会科学版），2012, 26 (2)：121-123.

3 葛宁，黄忠伟.我国网络领域青年有序参与研究：从"中东变局"中阿拉伯青年无序政治参与谈起 [J].中国青年社会科学, 2013, 32 (6)：72-78.

该指标主要考察网民受网络恶意与敌意政治信息和非法游行示威等活动影响的风险程度。具体的测量指标为区域内检测、拦截、处理网络恶意与敌意政治参与事件的数量，非法游行示威等活动信息的数量。

（二）经济安全风险

经济安全风险指网络空间中发生经济互动关系的各主体面临的潜在危险或威胁。根据社会经济互动关系所具备的普遍性特征，网络市场信息和网络市场交易是网络社会经济活动的两个核心要素[1]。其中，市场信息是一切经济活动顺利开展的基础，市场交易是一切经济活动得以顺利进行的必经环节。网络市场信息主要指市场主体主动或被动接收的与经济活动相关的各种信息，主要表现形式有广告、报表、自然语言等。个人、企业等交易主体的市场信息安全风险主要来自两个方面，一是受虚假违法等不实信息的误导与欺骗，二是遭遇信息泄露。网络市场交易主要指网络经济主体就商品交换所发生的交易行为以及完成商品交换所采取的交易方式，支付是网络交易过程中的重要环节。随着电子商务的不断发展，支付平台的应用越发广泛，但不断涌现的各类支付安全问题为网民带去了信息失窃、资金受损等多重风险，严重威胁着网络交易的安全性[2]。此外，目前互联网金融在网络社会发展迅猛，对整个经济秩序的影响较大，是需要重点关注的对象[3]。由于监管机制还不够完善，互联网金融的风险性也居高不下[4]，众多知名平台"爆雷"，损害了投资者的利益。因此，经济安全风险可从网络社会市场信息安全风险和市场交易安全风险以及互联网金融安全风险三个维度来反映。

1. 市场信息安全风险

市场信息安全风险指市场主体因接收各种不完整或不真实的经济活动信息而对自身造成的影响。该指标主要考察网民受虚假和违法市场信息影响的风险程度、网民个人信息与企业商业机密遭泄露的风险程度。具体的测量指标为区域内检测、拦截、处理虚假/违法广告的次数，区域内发生的网民个人信息和商业机密泄露事件次数。

---

1 李枫林. 网络经济中信息活动的性质及对网络经济发展的影响 [J]. 情报科学，2001，19（7）：768-770.

2 于秀丽. 电子商务中第三方支付的安全问题研究 [J]. 宏观经济管理，2017（S1）：134-135.

3 谢平，邹传伟，刘海二. 互联网金融监管的必要性与核心原则 [J]. 国际与保险，2014（8）：3-9.

4 《2017 年中国互联网金融行业发展报告》，发布日期：2018 年 9 月 30 日。引用日期：2019 年 1 月 3 日，见艾瑞咨询网站。

2. 市场交易安全风险

市场交易安全风险指网络经济主体在商品交换中发生的交易行为，以及完成商品交换所采取的交易方式中面临的可能给市场主体带来损失的因素。该指标主要考察网民受仿冒交易网站和虚假支付链接影响的风险程度。具体的测量指标为区域内检测、拦截、处理支付类仿冒网站的数量和虚假支付链接的数量。

3. 互联网金融安全风险

互联网金融安全风险指互联网金融平台因不稳定因素给用户带去不良后果的可能性。该指标主要考察网民受到有潜在安全隐患的互联网金融平台影响的风险程度。具体的测量指标为区域内可能存在风险的网络金融平台数量。

（三）文化安全风险

文化安全风险指国家或民族的基本价值观和优秀传统文化在网络空间受到侵蚀的可能性。维护文化安全的主要目的有如下几方面：

一是为了防止外来文化对本国价值观念、行为方式和伦理道德的冲击和重塑。互联网使不同国家间的文化交流更加密切，但外来文化产品所隐藏的意识形态却可能导致文化传承的割裂和价值观的混乱，在意识形态冲突和社会变迁的大背景下，网络社会的文化安全正面临着解构、转型与冲突等风险[1]，外来文化侵蚀是影响文化安全的外部因素，主要影响国家的文化主权。

二是阻止非主流文化对社会核心价值体系的消解，消除不良文化对人们健康品格的毒害[2]。非主流文化是威胁文化安全的内部因素，主要以三俗文化的形式影响人们的精神状态并冲击传统优秀文化，色情和血腥暴力是三俗文化的重要表现形式[3]，而庸俗文化在现代生活中往往体现为封建迷信活动。社会主义主流价值观正受到网络文化三俗化现象的冲击，不仅大众品位会降低，网民还将怀疑和抛弃中华优秀传统文化[4]。

因此，文化安全风险的二级指标主要包含外来文化侵蚀、三俗文化污染、优秀传统文化受冲击三方面。

1 陈联俊.网络社会中的文化安全及其应对［J］.学术论坛，2012，35（12）：67-72.

2 汪伟，韩璞庚.网络文化安全治理理论建构［J］.南京社会科学，2015（12）：139-144.

3 王坤宇."三俗"在文艺领域中的表现与危害［J］.中州学刊，2014（9）：10-14.

4 张筱荣，朱平.网络文化低俗化论析［J］.甘肃社会科学，2015（2）：230-233.

1. 外来文化侵蚀

外来文化侵蚀指本民族文化受到进入该民族内部的别族文化的负面影响的过程。该指标主要考察网民受外来文化价值观念影响的风险程度。具体的测量指标为区域内检测、拦截、处理网络中鼓吹外来文化价值观念信息的数量以及区域内外来网络文化产品所占比重。

2. 三俗文化污染

三俗文化污染指人们的精神状态受到庸俗、低俗和媚俗文化的影响程度。该指标主要考察网民受淫秽色情信息、血腥暴力信息、封建迷信信息影响的风险程度。具体的测量指标为，区域内检测、拦截、处理的淫秽色情网站和网络群组的数量，血腥暴力类游戏和网站的数量，封建迷信类网站和网络群组的数量。

3. 优秀传统文化受冲击

优秀传统文化受冲击指我国优秀传统文化遭受挑战和破坏的程度。该指标主要考察网民受冲击我国优秀传统文化的信息影响的风险程度。具体的测量指标为，区域内检测、拦截、处理的歪曲、恶搞、诋毁我国优秀传统文化的文本、图片、视频的数量。

（四）社会安全风险

社会安全风险指网民在网络空间中的正常生活秩序因各类伤害、欺骗性事件而被破坏的可能性。社会是否安全，关键就在于其是否拥有良好、稳定的运行环境，要想实现社会安全就需要将冲突和无序控制在一定范围之内。在对相关文献资料和国家网络安全治理政策法规进行梳理后发现，在当前网络社会中，网络暴力、网络谣言、网络欺诈、网络侵权、网络赌博、网络借贷这六类事件数量多、危害大，是当下网络社会治理的痛点和难点。这些事件对网民身心和财产造成的损害较大，容易引发纠纷并破坏良好的网络社会运转秩序，给社会安全带来了极大的隐患。网络暴力的主要表现形式为通过网络进行谩骂、侮辱等[1]，随着我国网民数量的增长，网络暴力成为破坏社会稳定的重要元素之一；网络谣言的泛滥将对公众造成干扰，不利于国民整体素质的提升；在网络社会中，对于财产权的

1　侯玉波，李昕琳 . 中国网民网络暴力的动机与影响因素分析［J］. 北京大学学报（哲学社会科学版），2017，54（1）：101-107.

侵犯主要伴随着网络攻击等行为，发生概率相对较低，主要的侵权形式是侵犯人格权和知识产权，网络侵权也是网信办等八部门联合开展的网络市场监管专项行动的重点打击对象；沉迷于网络赌博将对个人身心健康和家庭和谐造成严重影响，进而扰乱社会秩序；在非法的网络借贷中借贷双方的资信状况无法保证，欺诈和违约等行为容易发生，甚至部分以借贷为名的非法集资平台出现。因此，社会安全风险可以从网络暴力、网络谣言、网络欺诈、网络侵权、网络赌博、网络借贷六个维度来反映。

1. 网络暴力

网络暴力指网民通过网络实施的暴力行为，施暴人主要借助网络空间的虚拟性，用语言文字对他人进行攻击。该指标主要考察网民受侮辱、谩骂类信息影响的风险程度。具体的测量指标为区域内检测、拦截、处理的侮辱、谩骂类信息的数量。

2. 网络谣言

网络谣言指通过社交媒体、网站等网络平台传播的没有事实依据并带有一定攻击性和目的性的言论。该指标主要考察网民受谣言信息影响的风险程度。具体的测量指标为区域内检测、拦截、处理谣言信息的数量。

3. 网络欺诈

网络欺诈指以不法侵占为目的，利用互联网通过虚构事实、隐瞒真相的方式骗取他人财物或通过取得当事人信任后诱使其进行网络传销等欺骗性活动的行为。该指标主要考察网民受诈骗、传销类信息影响的风险程度。具体的测量指标为区域内检测、拦截、处理网络诈骗信息的数量。

4. 网络侵权

网络侵权指发生在网络社会中的侵权行为，按侵权的内容可分为侵犯他人人格权、财产权和知识产权。该指标主要考察网民受私人隐私泄露、网络著作侵权、网络抄袭影响的风险程度，分别体现了侵犯人格权和知识产权。具体的测量指标为，区域内检测、拦截、处理私人隐私信息的数量，网络著作权纠纷案件的数量，网络抄袭事件的数量。

5. 网络赌博

网络赌博指通过互联网进行的赌博行为，当前的主要渠道为赌博网站、

App、网络群组等。该指标主要考察网民受网络赌博信息影响的风险程度。具体的测量指标为区域内检测、拦截、处理的赌博类 App、网站、群组的数量。

6. 网络借贷

网络借贷特指通过网络进行的非法借贷行为。该指标主要考察网民受网络非法借贷信息影响的风险程度。具体的测量指标为区域内检测、拦截、处理网络非法借贷 App、网站、群组的数量。

（五）生态安全风险

生态安全风险指维持网络社会正常运转的基础设施受到挑战与破坏的潜在威胁。网络基础设施的安全事关整个网络社会的政治、经济、文化和社会等各个领域的安全。习近平总书记强调，在加强信息化建设的同时，也要加快构建关键信息基础设施安全保障体系，打造一个安全可信的网络环境。本文所指的网络生态安全主要包括物理域和信息域的安全。物理域指相关网络硬件设施设备的安全，信息域指网络空间中涉及文本信息的完整性、保密性和流动转换的安全。其中，物理域的物理硬件设施安全主要受到有害程序和网络攻击的影响，常见的有害程序主要有计算机病毒、特洛伊木马、代码炸弹三类，会对网络安全造成极大的危害，而常见的网络攻击行为则主要有僵尸网络、DoS、DDoS、漏洞攻击、DNS 劫持等[1,2]。信息域的信息安全主要受到信息破坏的影响，主要表现形式为对信息的篡改、窃取和泄露。《国家网络安全事件应急预案》也将有害程序、网络攻击、信息破坏三类事件定义为网络安全事件。因此，生态安全风险可以从物理硬件设施安全和信息安全来考虑，主要包含有害程序、网络攻击、信息破坏三方面。

1. 有害程序

有害程序指插入到信息系统中危害系统完整性与安全性的程序。根据主流的有害程序类型，该指标主要考察网络空间发生计算机病毒、特洛伊木马、代码炸弹事件的风险程度。具体的测量指标为区域内检测、拦截、处理的计算机病毒、木马、代码炸弹的数量。

---

1 张德顺，朱丽娜，孙维. 数据信息时代网络安全浅析［J］. 网络安全技术与应用，2018（1）：7.

2 张涛，王玥，黄道丽. 信息系统安全治理框架：欧盟的经验与启示——基于网络攻击的视角［J］. 情报杂志，2016，35（8）：17-24.

2.网络攻击

网络攻击指通过网络中出现的安全漏洞和缺陷对互联网信息系统中的软硬件与数据信息进行的攻击行为。该指标主要考察网络空间发生僵尸网络事件、漏洞攻击事件、DNS 劫持事件、DoS 事件、DDoS 事件的风险程度。具体的测量指标为，区域内检测、拦截、处理漏洞攻击的次数，僵尸网络处理的次数，处理 DNS 劫持的次数，处理 DoS、DDoS 的次数。

3.信息破坏

信息破坏指篡改、窃取、泄露网络信息的行为。该指标主要考察网络空间发生网页信息篡改、窃取、泄露事件的风险程度。具体的测量指标为，区域内检测、拦截、处理网页信息篡改的次数，处理网站信息窃取的次数，处理网站信息泄露的次数。

综上所述，具体指标设计见表 1。

表 1 网络社会安全风险评估指标体系

一级指标	二级指标	三级指标	测量指标
政治安全风险	国家主权与政权安全风险	我国主权受质疑与干预的风险程度	区域内检测、拦截、处理的质疑与干预我国主权信息的数量
		我国领土完整受破坏的风险程度	区域内检测、拦截、处理的破坏我国领土完整信息的数量
		我国政治制度受质疑和批判的风险程度	区域内检测、拦截、处理的质疑和批判我国政治制度信息的数量
	主流意识形态安全风险	主流意识形态受冲击的风险程度	区域内检测、拦截、处理的恶意对比中西方意识形态信息的数量
		网民受抨击我国主流价值观信息影响的风险程度	区域内检测、拦截、处理的抨击我国主流意识形态信息的数量
	无序政治参与风险	网民受网络恶意与敌意政治信息影响的风险程度	区域内检测、拦截、处理的网络恶意与敌意政治参与事件的数量
		网民受非法游行、示威等活动影响的风险程度	区域内检测、拦截、处理的关于非法游行、示威等活动信息的数量
经济安全风险	市场信息安全风险	网民受虚假和违法市场信息影响的风险程度	区域内检测、拦截、处理的虚假/违法广告的数量

一级指标	二级指标	三级指标	测量指标
经济安全风险	市场信息安全风险	网民个人信息、企业商业机密遭泄露的风险程度	区域内发生的网络个人信息、商业机密泄露事件次数
	网络交易安全风险	网民受仿冒支付网站影响的风险程度	区域内检测、拦截、处理的交易支付类仿冒网站的数量
		网民受虚假支付链接影响的风险程度	区域内检测、拦截、处理的虚假支付链接的数量
	互联网金融安全风险	网民受风险金融平台影响的风险程度	区域内检测、拦截、处理的可能存在风险的网络金融平台数量
文化安全风险	外来文化侵蚀	网民受鼓吹外来文化价值观念影响的风险程度	区域内检测、拦截、处理的网络中鼓吹外来文化价值观念信息的数量
		网民受外来网络文化产品影响的风险程度	区域内外来网络文化产品所占比重
	三俗文化污染	网民受淫秽色情信息影响的风险程度	区域内检测、拦截、处理的淫秽色情网站、游戏和网络群组的数量
		网民受血腥暴力信息影响的风险程度	区域内检测、拦截、处理的血腥暴力类游戏和网站的数量
		网民受封建迷信类信息影响的风险程度	区域内检测、拦截、处理的封建迷信类网站和网络群组的数量
	优秀传统文化受冲击	网民受冲击我国优秀传统文化信息影响的风险程度	区域内检测、拦截、处理的歪曲、恶搞、诋毁我国优秀传统文化的文本、图片、视频的数量
社会安全风险	网络暴力	网民受侮辱、谩骂类信息影响的风险程度	区域内检测、拦截、处理的侮辱、谩骂类信息的数量
	网络谣言	网民受谣言信息影响的风险程度	区域内检测、拦截、处理的谣言信息的数量
	网络欺诈	网民受诈骗、传销类信息影响的风险程度	区域内检测、拦截、处理的网络诈骗信息的数量
	网络侵权	网民受私人隐私泄露影响的风险程度	区域内检测、拦截、处理的私人隐私信息的数量

续表

一级指标	二级指标	三级指标	测量指标
社会安全风险	网络侵权	网民遭受网络著作侵权影响的风险程度	区域内检测、拦截、处理的网络著作权纠纷案件的数量
		网民遭受网络抄袭影响的风险程度	区域内检测、拦截、处理的网络抄袭事件的数量
	网络赌博	网民受网络赌博信息影响的风险程度	区域内检测、拦截、处理的赌博类 App、网站、群组的数量
	网络借贷	网民受网络非法借贷信息影响的风险程度	区域内检测、拦截、处理的网络非法借贷 App、网站、群组的数量
生态安全风险	有害程序	网络空间发生计算机病毒事件的风险程度	区域内检测、拦截、处理的计算机病毒的数量
		网络空间发生特洛伊木马事件的风险程度	区域内检测、拦截、处理的木马的数量
		网络空间发生代码炸弹事件的风险程度	区域内检测、拦截、处理的代码炸弹的数量
	网络攻击	网络空间发生漏洞攻击事件的风险程度	区域内检测、拦截、处理的漏洞攻击的次数
		网络空间发生僵尸网络事件的风险程度	区域内检测、拦截、处理的僵尸网络的次数
		网络空间发生 DNS 劫持事件的风险程度	区域内检测、拦截、处理的 DNS 劫持的次数
		网络空间发生 DoS、DDoS 事件的风险程度	区域内检测、拦截、处理的 DoS、DDoS 的次数
	信息破坏	网络空间发生网页信息篡改事件的风险程度	区域内检测、拦截、处理的网页信息篡改的次数
		网络空间发生信息窃取事件的风险程度	区域内检测、拦截、处理的网站信息窃取的次数
		网络空间发生信息泄露事件的风险程度	区域内检测、拦截、处理的网站信息泄露的次数

五、结语

首先，本文介绍了网络社会安全风险相关背景，分析了建立网络社会安全风险评估体系的重要性，指出对其进行有效评估是网络社会治理的前提；其次，本文对网络社会安全风险评估指标体系的研究现状进行了梳理，发现相应的评估指标较为欠缺；最后，本文结合《国家网络空间安全战略》《网络安全法》等国家重大战略以及我国网络社会的发展现状，遵从代表性、全面性、稳定性等指标选取原则，从政治、经济、文化、社会、生态五大方面设计了一套网络社会安全风险评估指标体系，并通过专家研讨方式对其进行了优化与修正。

本文存在一些不足之处：一是本文从五方面构建了网络社会安全风险评估指标体系，并将指标体系细分至三级，但并没有对指标进行赋值，在今后的研究中，读者可以结合德尔菲法、层次分析法等进行指标赋值；二是在指标体系构建上全面性有所欠缺，本文基于现实情况以及相关研究，构建了网络社会安全风险指标体系，相对来说，整体指标设计已较为全面，但网络社会构成复杂，诸多可能被研究者所忽视的安全威胁因素仍存在，笔者建议在今后的研究中，对网络社会安全风险测量指标进行更为全面的考量；三是本文构建了较为完善的网络社会安全风险指标体系，并且前期也通过数据对其进行了评估与验证，但部分指标的数据获取难度较大，在今后的研究中，读者可以提升数据获取能力，对我国各省市的网络社会安全风险状况进行更为全面的评估；四是网民在网络社会中的跨区域特征明显，如何科学准确地划分测量区域是今后研究需要考虑的问题；五是网民是网络社会的主要参与者，对于网络社会安全风险的评估读者应重视社会反馈，根据网民和公众的意见以及网络社会发展趋势不断调整评估内容。

｜后记

政策传播对提高政策的知晓度和理解度，促进政策顺利执行具有重要作用，但一直以来没有引起足够的重视。2022 年 6 月，《国务院关于加强数字政府建设的指导意见》（国发〔2022〕14 号）明确提出："发挥政务新媒体优势做好政策传播。积极构建政务新媒体矩阵体系，形成整体联动、同频共振的政策信息传播格局。适应不同类型新媒体平台传播特点，开发多样化政策解读产品。"这是以国务院文件的名义提出"政策传播"的新命题，意味着"政策传播"成为国家重大战略。

长期以来，国内新闻传播学界较为重视"政治传播"，而忽略"政策传播"，或有人认为"政策传播"附属于"政治传播"，还有人直言不讳地认为"政策传播"的提法既不符合文法，也不符合学术规范，是个生编硬造的伪概念。然而，且不说政策侧的政治学、公共行政和公共政策几者之间存在的极大区别，单就传播侧的传播学而言，政策自上而下或者自下而上的扩散过程，就是传受主体的互动过程，即可以被理解的有意义的传播过程。

近年来，中国的政策传播实践的理念和形式也发生了较大的变化，逐渐由"强制灌输"的控制模式走向"政策促销""回应发布""效果反馈"的互动模式，传受主体之间的协商色彩越来越浓。与西方传播学经典理论议程设置认为议程之间以竞争为主的观点所不同的是，在中国的政策传播实践中，议程设置更多地体现出议程协商的特征。

实际上，在公共政策过程中充满了更多的传播挑战，值得更多学者将注意力投入这个领域。媒体如何帮助政府发现和界定政策问题？如何有效促进媒介议程、公共议程和政策议程三者的互动，尤其是推动政策议程的形成？如何促进公共参与，并融入公共政策过程？如何促进特定公共政策的制定、执行和终结？媒体如何对内对外报道和解读政策才是有效的？媒体如何通过自己的努力，为公共政策过程提供反馈？媒体如何为监察、督促和纠偏公共政策贡献力量？媒体对公共政策过程的影响点、影响力、影响周期？这些问题既是新时代推进国家治理现代化需要解决的重点问题，也是媒体如何参与国家治理现代化的难点问题。

本书是我对上述问题的零星思考，但由于政策传播需要研究的问题实在太多，想要形成体系化研究是一件登天之难的事情，只能就一些关键问题或是自己感兴趣的问题进行回应。这些研究也是我和我的学生团队合作的成果，在这个合作的过程中，研究问题得到解决，学生也得到了锻炼，逐步成长起来。当然，本书的基本观点和研究的结构框架、文章的最后修改和定稿是由我完成的，书中不妥之处，概由我本人负责。本书的大部分内容已经发表在《电子政务》《国际新闻界》《现代传播（中国传媒大学学报）》《情报杂志》《图书情报工作》《现代情报》《图书与情报》《北京理工大学学报（社会科学版）》《中南民族大学学报（人文社会科学版）》《西南民族大学学报（人文社科版）》，由衷地感谢上述期刊对拙文的接收。

本书统稿之时，政治社会环境和传播技术环境正在经历跃点变迁。在推进国家治理体系和治理能力现代化的总体框架下，面临着推动制度优势更好转化为治理效能、推动媒体融合参与国家治理体系建设、提升国内外政策话语权和话语传播能力等一系列任务；在传播技术环境方面，以网络算法为代表的智能媒介技术无缝嵌入政策传播场域，既可能提升政策传播主体对政策信息传播的精准靶向能力，也可能扩大政策传播与公众接收的错位，加深公众对政策意图的误读曲解；智能传播也使得公共政策信息的流动从作为"喉舌"的主流媒体中心模式转变为多中心模式，媒体如何在智能传播时代参与和重塑政策传播尤其值得研究。

我目睹着这些变化，却来不及回应，只待来时再补。同时，本书的研究时间跨度较大，我的学术想法也在发生变化，书中已有研究的不足也很明显。虽然对部分观点和措辞做了适时性和技术性修改，但对于学术研究而言，能力、水平和时间是永远的"三座大山"，恳请读者批评指正。我也愿意与投身政策传播研究和实践的同仁一道，共同推进政策传播共同体的建设。我的联系方式是 zengrunxi@gmail.com。

曾润喜

2022 年秋于虎溪河畔